영유아 창의예술교육

안 미 숙

창지사

머 리 말

혁신적인 패러다임의 전환이 4차 산업혁명 시대에 접어들면서 일어나고 있다는 것은 부인할 수 없는 현실이다. 세계경제포럼에서는 4차 산업혁명을 선도할 혁신 역량으로 '창의력'과 '융합력'을 꼽았다. 특히 창의력은 미래 인재를 육성하기 위한 핵심 역량으로 4차 산업혁명 시대가 도래하면서 인간만이 가지고 있는 창의력의 중요성이 강조되고 있다. 창의력은 인간 누구나 가지고 있으며, 어떻게 계발하느냐에 따라 발전할 수 있다. 따라서 인간은 '창의력'을 계발함과 동시에 4차 산업혁명의 상징인 로봇이 갖지 못하는 '감수성'을 위한 교육 역시 중요하게 대두된다. 창의력과 감수성을 계발하기 위해 가장 중요한 것은 교육이다. 미래교육은 지식의 교육에서 문화교육으로, 경쟁교육에서 협력교육으로의 전환이 이루어져야 한다. 지식교육에서 문화교육으로 가는 가교의 역할을 하는 것이 예술이다. 예술은 감수성과 창의력을 기르기 위한 교육이다. 예술교육은 교육적인 효과뿐만 아니라 치료적 효과, 예술적 효과를 발휘하여 전인 발달에 도움을 준다. 4차 산업 시대에 로봇이나 인공지능이 할 수 있는 일은 많아지겠지만, 예술만큼은 인간을 대체할 수 없다. 또한 예술교육은 인간의 모든 자질이 조화를 이루게 하는 전인교육에 효과적이다.

사회학자 다니엘 핑크(Daniel Pink)는 21세기를 창의 시대로 규정하고 "미래 사회는 예술, 창의, 개념적 인재가 필요한 시대"라고 말한다. 그리하여 앨빈 토플러(Alvin Toffler)는 21세기 교육은 이러한 창의성 계발을 위한 능력을 키우는 것이 중요하며, 따라서 "창조적 인재 육성을 위해 교육 제도의 대혁신이 필요하다."라고 주장하였다.

이와 같은 시대적 맥락에서 볼 때, 21세기는 예술이 중시되는 창의 사회로 접어

들고 미래의 사회 구성원으로 성장하기 위한 기본적이고 기초적인 교육이 실시되어야 한다. 이 교육은 영유아교육으로 영유아기는 사고와 언어를 담당하는 전두엽이 활발히 발달하면서 호기심이 많아지고 상상력이 커지기 때문에 창의성 계발에 최적기라 할 수 있다. 이 중요한 시기에 예술교육을 통해 사물이나 현상이 얼마나 다양한 방식으로 이해될 수 있는지를 인식하게 되고 이를 통해 서로 다른 다양한 견해와 생각을 지닌 사람들과 소통하는 방법을 배울 수 있게 된다. 그리고 이는 창의적인 인지 능력의 향상은 물론 타인과 타문화를 이해하고 소통하는 능력을 향상시켜 문화 시민으로서의 역량을 함양하는 데에도 크게 기여할 수 있을 것이다.

단순한 지식보다는 상상력을, 결과보다는 과정을, 이성보다는 타인으로부터 정서적 공감을 이끌어 내는 감성적 기능에 초점을 맞추는 미래 시대가 요구하는 창의적 핵심 역량을 개발하기 위한 다양한 창의예술교육 프로그램을 기대해 본다.

이 책은 전체 4부로 나누어 제시한다.

제1부에서는 '예술교육의 이해'를 위해 제1장 예술이란, 제2장 예술교육, 제3장 유아 예술교육의 개념을 정리하였다. 먼저 예술은 유아기 언어가 가지는 한계를 넘어서 마음과 생각을 자신만의 방식대로 반응하도록 도와주며, 세상과 소통하게 해주는 생명력을 지녔다. 또한 유아가 예술경험의 주인공이 되어 만나는 예술교육은 지성, 감성 그리고 인성 간의 관계 파악을 통해 잠재되어 있는 자신만의 독특한 창의력을 발휘하고 심미적 경험을 통해 조화로운 인간으로 성장할 수 있도록 하기 때문에 '유아 예술교육의 중요성'을 강조하였다.

제2부는 '창의성교육의 이해'로 제4장 창의성의 기초, 제5장 영유아 창의성 발달을 제시하였다. 먼저 창의성의 기초에서는 창의성교육의 필요성을 인식하고, 창의성 개념과 이론의 내용 및 창의적인 유아 예술교육 프로그램을 만들어 가는 데 필요한 '창의성의 유형'과 '유아 창의성의 영역'을 중심으로 내용을 구성하였다. 제5

장에서는 영유아 창의성 발달 단계와 유아기 창의성 발달 특징 및 영유아기 창의성 교육원리와 창의성교육을 위한 교사의 역할을 제시하였으며, 창의성교육을 진행하는 데 있어 매우 중요한 환경인 창의성을 저해하는 요인 및 경감 방법을 알아보았다. 특히 창의성 발달의 방법론으로 교사의 발문에 대한 부분을 제시하였다.

제3부는 '창의적 예술교육'으로 제6장 예술교육과 창의성의 관계, 제7장 예술교육 영역을 제시하였다. 제6장 예술교육과 창의성의 관계에서는 예술경험의 가치와 이론, 예술교육과 창의성의 관계, 예술통합교육, 예술교육과 창의성교육을 위한 교사 역할로 구성하였다. 특히 예술경험으로 이루어지는 예술교육과 창의성의 관계는 예술통합교육으로 접근하였다. 이는 '예술을 통한 교육'으로 영유아기의 잠재된 창의성 발달을 돕고, 창의성교육과 예술교육에서의 교사 역할을 강조하였다. 제7장은 영유아교육과 커리큘럼에서 미리 교육되어진 예술 교과에 해당하는 예술교육 영역(교과목)으로 '창의적 예술교육 프로그램' 작성을 위해 각 예술교육 영역별 중요성과 핵심 요소 및 활동들을 간략하게 정리하여 제시하였으며, 제8장은 '창의예술 프로그램'에 대한 다양한 접근 방법을 제시하였다.

제4부는 '영유아를 위한 창의예술교육의 실제' 편으로 명화와 명곡감상을 중심으로 제시하였다. 그간 창의성을 계발하기 위한 많은 프로그램들이 현장에 제공되었고 지금도 제공되고 있다. 본서에서 제시된 영유아 창의예술교육 프로그램은 전경원(2004)의 유아종합창의모델(ACCM)을 활용, '창의성의 유형'과 '창의성의 영역'을 기반으로 한 현직 유치원 선생님들의 새로운 결과물로 구성되어 있다. 바쁜 유치원 생활에도 불구하고 영유아 창의예술교육 프로그램을 함께 정리해 준 강민정 선생님과 활동 자료를 제공해 준 유치원 선생님들께 감사함을 전한다. 더불어 멀리서 항상 기도로 응원하는 희원·희태에게 고마움을 전한다.

영유아의 창의예술 프로그램은 다양한 예술 영역의 요소들이 통합적으로 구성된 놀이로서 체험, 탐색, 표현, 감상의 활동을 경험하게 하여 영유아의 창의성 발달과 함께 예술성 향상에 긍정적 영향을 끼치며 전인적 성장을 할 수 있도록 한다. 이 교재를 준비하면서 가장 중요한 점은 예술교육에 대한 교사의 인식이다. 많은 연구에서 결과로 제시한 영유아의 창의성 증진은 교사의 역할이 중요함을 보여 주고 있다. 예술교육 활동 시 교사가 영유아의 창의적인 표현을 격려하고 동기를 부여하며 용기를 북돋아 주는 등의 역할을 할 수 있도록 창의적인 교사 역량을 갖추어야 할 것이다.

인공 지능은 예술을 기계화하려 하지만, 예술은 기계 시대에 인간의 존속을 유지시키는 열쇠이다. 감성과 직관에 의한 창의적 활동이 작품으로 등장하는 예술이야말로 기술 혁명 시대에 우리가 살아가야 할 길이다.

2020년 12월

저자 안 미 숙

차 례

제2부 창의성교육의 이해

제3부 창의적 예술교육

제1부

예술교육의 이해

CHAPTER 1

예술이란

"예술의 힘은 그것 자체가 주는 기쁨으로부터 인간을 자유롭게 하는 힘이 있으며, 삶에 활력소가 된다. 이러한 예술이 진정한 교육으로서 가치를 발휘하려면 외적 보상보다도 예술 자체를 추구하고 즐기면서 소중히 여길 줄 아는 사람을 키우는 교육이 되어야 한다. 더 나아가 다른 삶에 대한 존중감을 갖고 타인의 감정을 이해하는 능력을 겸비한 사람을 키우는 교육, 건강한 세계관을 지닌 사람을 키우는 교육이야말로 바로 예술교육이 실천해야 할 중요한 과제인 것이다."

1. 예술의 의미와 정의

Q '예술' 하면 떠오르는 단어는?

'예술' 하면 떠오르는 것들은 '아름다움', '즐거움', '행복', '표현', '상상', '자유로운 영혼', '춤' 등이다. 모든 예술은 아름다움을 발견하거나 경험하면서 미적 감각과 능력이 길러지고, 인간에게 위로와 즐거움을 제공하며 이를 통해 행복을 느낀다. 또한 예술은 자신의 생각과 감정, 그리고 내면세계를 '표현'하는 도구이자 매체이며, 보이지 않는 것을 보이게 만드는 창조 과정을 통해 외형의 모방이 아닌 의미를 모방하는 '창의성'의 산출물이다. 이러한 예술은 오랜 옛날부터 인간의 긍정적인 정서와 바람직한 인격 형성에 큰 영향을 미치는 요소로 사회가 점차 복잡해지고 대중화되어 가는 현대의 삶의 질을 결정하는 중요한 영역이다(Herberholz & Hanson, 1995).

인류의 기원으로부터 시작한 예술은 인간의 삶 속에 항상 공존해 왔다. 당시 사람들이 무엇을 위해 살았고 사회적 문제는 어떤 것인지 예술을 통해 읽어 낼 수 있고, 예술은 문자가 탄생하기 전까지 인류의 중요한 의사소통의 수단이며 문자 이전 시대를 이해하는 열쇠였다. 수렵과 채집으로 살아가던 원시 시대에도 그림을 그리고 노래와 춤을 즐겼다는 사실이 선사 시대의 동굴벽화와 동물 뼈를 깎아 만든 피리 등을 통해 입증되고 있다(이모영, 2011).

특히 동굴벽화는 살아 움직이는 실재하는 동물로 벽화에 그려 넣으면 실제로 들소가 늘어난다고 믿었으며, 벽화의 들소를 향해 창을 던져 사냥하면 실제로 들소가 죽어 나간다고 믿었다. 동굴 속 벽화에서 죽은 동물의 혈액이 발견되고, 그림을 향해 창이나 도끼로 공격한 흔적은 현실과 예술을 하나로 바라보았다는 증거이다. 또한 석탑이나 사찰의 건축물들 모두 그 형태가 인간의 필요와 일상으로부터의 산출물로 인간 문화의 역사 속에서 후세대의 사람들에 의해 지속적으로 계승되고 발전되어 온 것이다. 애초부터 누군가 특별한 사람들에 의해 고안된 산출물이 아니라, 누구나 쉽게 일상을 통해 향유하고 공유하면서 끊임없이 창조되어 온 것이라 할 수 있다.

이처럼 예술은 삶과 밀접한 관계를 맺고 있음을 알 수 있으며, 예술이 삶이고 삶이 곧 예술로 표현되고 있었던 것이다. 이러한 예술은 인간의 사상이나 감정을 타인이 감각할 수 있는 언어, 소리, 선, 색 등의 소재를 통해 의도적으로 표현화하고 이를 통해 소통하는 활동이라고 할 수 있다(Tolstoy, 1930).

인간은 본성적으로 자신의 감정이나 욕구 또는 생각을 표현하고자 하는 욕구를 갖는다. 이러한 욕구를 표현하기 위해 '이미지와 형상'으로 그림을 그리기도 하고, '소리'로 노래를 부르기도 하고, 춤을 추기도 하고, 더러는 '언어'로 표면화하였다. 이러한 사람이 바로 예술가로(손석춘, 2015) 예술이란 새로운 것을 창조하는 데에서 의미를 갖으며 인간의 전인적 잠재력을 개발하고 발전시킬 수 있는 동력이 된다. 예술은 숨 쉬는 공기처럼 우리 주위를 맴돌며 생명의 에너지가 되 듯, 우리 감성에 활력을 주고 삶의 존재 의미를 부여한다. 생활 속에서 예술을 느낀다면 그것이 바로 예술을 향유하는 것이며, 인간의 삶 그 자체가 예술작품이라 할 수 있다. 우리는 이러한 예술을 학습함으로써, 과거와 현재를 배우고 예술을 통해 의미를 창조하고 전달하는 방식을 배움으로써 자신을 알고 세계를 이해하게 되며, 다른 사람들과 경험을 공유함으로 창의·인성을 경험한다.

예술(art)이라는 단어의 어원을 살펴보면, 라틴어 'Ars'에서 유래를 찾을 수 있다. 'Ars'는 고대 그리스어 '솜씨'를 뜻하는 'Techne'를 번역한 말로 영어 'Technique'의 어원이기도 하다. 이처럼 그리스 어원에 의하면 예술이란 일정한 목적을 가진 특정한 일을 잘 해낼 수 있는 숙련된 기술을 의미하는 용어로 이는 우리가 흔히 알고 있는 예술뿐 아니라 수공이나 기타 실용적인 기술들을 모두 포괄하는 것이었다. 오늘날 이 단어는 테크닉(technic) 즉, 기술의 뜻으로 쓰이지만, 그리스에서는 예술과 기술이 동일한 의미를 지닌 말이었다. 그러나 18세기를 지나면서 예술은 생활에 유용한 것을 만들기 위한 실용적인 기술과 구별되는 좁은 의미의 미를 달성하는 예술 즉, 미적 목적으로 만들어진 것이 예술로 받아들여지기 시작하였다.

전통적으로 예술은 아름다움을 표현하는 것이라고 간주되었다. 예술이 추구하는 가치가 미(美)이므로 예술과 미(美)가 대체로 동일시되었던 것이다. 아름답지 못하면 예술작품일 수 없다는 생각은 정확하게 언제부터 성립되었는지 알 수 없다. 다만, 18세기에 바움가르텐(Baumgarten, 1714~1762)이 미를 감성적 인식으로 규정하고, 미를 예술과 따로 생각할 수 없다는 점을 강조하면서 '예술=미' 등식을 떠올리게 한 것만은 틀림없는 사실이다(철학아카데미, 2013). 이 시기 미학(Aesthetic)이라는 학문으로 예술 이론이 체계가 세워진다. 미학은 아름다움 즉, 미를 감상하는 능력의 문제·예술의 창조·미에 대한 감정이입 현상을 대상으로 하는 학문과 아름다움의 법칙성, 아름다움의 형식과 규범을 대상으로 하는 학문을 모두 가리키는 용어이다. 미학이라는 용어가 정착된 것은 바움가르텐부터이다. 당시 이성의 영역에는 논리학('logos' 어원), 의지의 영역에는 윤리학('ethos' 어원)이 형성되어 있는데 반해 감성의 영역에 해당되는 학문적 체계는 존재하지 않았다. 바움가르텐은 감성적인 영역에도 독자적인 학문이 존재한다고 파악한 후, '감성'을 의미하는 그리스어 'aisthesis'로부터 나온 '에스테티카(aesthetica)'라는 학명을 만들었으며, 이를 영어 'Aesthetic'으로 지칭한 것이다(고경화, 2013). 그는 미를 감성적 인식의 완전성으로 규정하고 이때부터 미적 예술을 '예술'이라고 불렀다.

우리는 언제나 아름다운 것은 모두 예술이라든가, 모든 예술은 아름답다든가, 또는 아름답지 않은 것은 모두 예술이 아니라든가 또는 추한 것은 예술의 부정이라고 가정한다. 이처럼 예술과 아름다움을 동일시해버리는 것이 언제나 예술의 감상을 곤란하게 만드는 원인이다. 그러나 예술과 연관된 미의 개념이 점차 퇴조함에 따라 19세기에는 예술가의 특별한 능력과 깊은 느낌과 통찰력, 심오함과 같은 개념이 감정의 표현 수단으로 사용되었으며, 현대 예술에서는 독창성,

혁신성의 개념이 사용되면서 예술은 개념의 발견, 변화, 창의가 포함된 예술 행위 또는 과정으로 여겨졌다. 리드(Read)는 예술이란 반드시 미를 추구하는 것만은 아닌 것이며 '예술'은 생산과 제작·창조의 의미가 강하며 '미'는 향수와 평가, 감상의 의미가 강하다고 하였다. 따라서 예술의 의미는 시대와 사회를 관통하여 일관된 흐름을 보여 주고 시대적 요구 변화와 예술가의 실천적 행위로 인해 예술의 개념은 다면적인 측면과 학자에 따라 그 정의가 달라지는 포괄적인 특성을 지님을 알 수 있다.

〈표 1-1〉 예술의 정의

학자	정의
마르탱(Martain)	지성의 표현
산타야나(Santayana)	기쁨
베르그송(Bergson)	통찰
프로이드(Freud)	욕구 또는 무의식
톨스토이(Tolstoi)	정성
듀이(Dewey)	경험의 표현
시제스먼드(Siegesmund)	이성적 지각
브라우디(Broudy)	지적인 감정 – 지성으로 충만한 감정 감정적 지식 – 감성으로 충만한 지식
에니스(Eniss)	비형식적 논리
마르틴(Martin)	감각 지각을 통한 앎
리처드 로티(Richard Rorty)	미적 이해
마르크스(Karl Marx)	실천, 실천적 지혜
비트겐슈타인(Wittgenstein)	삶의 형식
메를로퐁티(Merleau-Ponty)	지각
맥킨타이어(MacIntyre)	실천 전통

출처: 김연희(2007a). John Dewey의 질적사유와 예술교육; 김연희(2013). 존 듀이의 교육미학; 오병남(2003). 미학 강의, 재구성.

이외에도 네덜란드의 역사가이며 철학자인 호이징가(Huizinga, 1955)는 인간의 모든 문명과 문화는 놀이에 기초하고 있으며, 예술 역시 놀이에서 발생했다고 보고 있다. 랭거(Langer, 1967)는 예술을 인간의 감정을 상징하는 형식의 창조라고 설명하면서 예술의 표현적 특성을 강조하였다.

이와 같이 예술의 개념 정의를 통하여 공통되는 것은 세계화·정보화 시대에서 과학과는 달리 인간의 주관적인 사고 및 내면 의식의 표현이라는 점과 정서, 감성으로 표현되는 특수한 의식을 내포한다는 점이다. 예술을 인식의 관점에서 접근하는 경향은 예술교육을 위하여 중요한 시사점을 준다.

Q 내가 생각하는 예술의 정의는?

예술을 맨 처음으로 규정한 사람은 철학자 플라톤(Platon, B.C. 428~347년)이다. 플라톤은 실제를 모방하는 것이 예술이라는 모방 이론 즉, 예술이 현실을 반영하는 관점에서 미메시스(mimesis)로 출발하였다. 모방을 뜻하는 그리스어 'mimesis'는 그리스 학자들 간에 회자되면서 학자들마다 개념의 의미를 달리하였다. 플라톤의 '미메시스'는 현실의 단순한 모방으로서 의미가 한정되지만 '미메시스' 이론은 예술에 대한 첫 기초를 닦았다. 그러나 1839년에 발명된 사진술은 모방으로서의 예술의 죽음을 선언하기에 이르게 했고, 예술의 진정한 가치를 제대로 보지 못했다는 비판을 받고 있다. 복잡한 현대미술을 보면 오랫동안 예술을 규정한 미학의 개념인 '미메시스'는 더 이상 완벽한 예술에 대한 관점이 되지 못한다. 독창성이 없는 예술은 가치를 인정받지 못하며 독자적이고 충만한 자기 세계의 구축이라는 예술에 대한 정의가 이어져 갔다.

현대 사회에서 예술은 시대별 예술 개념이 모두 공존하는 것으로 정의할 수 있다. 심오하고 균형 잡히고 아름다움이 잘 전달되는 수준 높은 예술작품과 이러한 심미감과 상관없이 혁신성과 독창성만으로도 예술로 받아들여지면서 논란을 일으키기도 하며, 예술과 상품이 결합된 팝아트가 등장하여 예술가의 아우라와 특별한 능력 대신에 대량 생산과 소비, 대중성을 지향하는 예술의 의미도 존재한다.

UNESCO(2013)에 따르면 예술은 미술, 공연, 춤, 창조적 동작의 영역과 관련된 활동 및 시각 예술, 미디어 아트, 문학 등을 포괄하는 창의적 표현 활동이라고 한다. 이를 통해 창조적 예술 활동을 경험하고 자신에 대한 정체성 및 공동체의 정체감을 형성하며 다양성에 대한 지각과 존중을 경험한다고 하였다.

아이스너(Eisner)와 릿트보엣(Ligyvoet)은 예술은 인간이 생각하고 느끼고 믿는 것을 공유하게 하는 중요한 표현 형식들 중 하나라고 하였다. 예술은 정신 체계가 감각과 지각 가능한 세계로 변형되어 표현하며 음악, 미술, 동작과 같은 독특한 형태와 특성을 가지고 있다. 따라서 언어나 숫자로 표현할 수 있는 영역을 넘어선 상징적 체계를 이용하여 자신을 표현하는 수단으로 의미를 갖는다(Schirrmacher, 2002). 또한 교과에서 구분하는 음악, 미술뿐 아니라 문화의 혼용으로 그 경계가 모호해지고 있다. 음악, 미술, 문학 등의 구분을 넓은 의미의 예술로 표현하기 시작하였고, 예술은 사회와 문화로 이해되고 있으며, 예술이라는 말 속에는 음악, 미술, 연극, 영화, 만화, 애니메이션, 무용, 국악의 통합이라는 의미가 내포되어 있다고 할 수 있다.

이러한 예술은 의미를 전달하기 위해서 상징과 도구를 사용하는 과정이라고 할 수 있다. 여기서 '의미'란 인간의 생각, 감정, 혹은 더 깊은 내면세계의 원시적 충동 같은 것들로 인간의 자존감과 소속감을 일깨워 주는 감각적 자극에 대하여 스스로의 방식으로 표출하도록 돕는 행동 양식이다. 예술은 자신과 남에 대한 인식과 이해를 가능하게 하는 사고 체계이며 타자와의 관계 맺음을 성사시키는 매개체이다(고경화, 2003; 오종우, 2015). 감각적 경험을 통해 현실과 만나고 이를 표현하며 살아가는 인간의 일상적 삶에서 예술은 인간의 본능을 자극하는 정서의 발산이며 창의력의 발동으로서 상상력과 자기조절력을 기르도록 돕고 이를 통하여 자신감을 갖도록 한다. 이러한 관점에서 이제 예술은 철학의 도구로만 바라보는 입장을 떠나 예술에 대한 철학적 사고를 하게 하는 설득력을 제공한다. 예술은 본질적으로 자신만의 세계를 꿈꾸며 몰입하고 그것을 밖으로 표출시키는 의미 창조의 질서 체계이다.

2. 예술의 기능

Q 예술을 통해 무엇을 할 수 있다고 생각하는가?

예술의 기능은 개성에 맞는 아름다움을 추구하는 표현 활동이고 예술을 통한 아름다움의 추구는 또한 개성의 구체적 실현이다. 이를 통해 새로운 가치를 추구하고 자아 정체성을 찾을 수 있다. 다만, 시대와 상황에 따라 예술의 관점과 접근 방법이 다양하고 가변적일 수 있으나 예술의 기능은 예술교육의 중요한 함의를 제공한다. UNESCO가 간행한 *The Arts and Man*(1968)의 서론에 보면 예술의 기능을 다음 10가지로 제시하고 있다.

첫째, 발견으로서의 예술(Art as discovery)

예술은 삶의 경험을 발견하고 고조시키며 순화시킨다. 예술은 예술가가 작품을 통해 자신을 발견할 뿐만 아니라 일반인들은 작품을 통해 예술가의 세계를 발견할 수 있는 기회를 제공한다.

둘째, 강화로서의 예술(Art as intensification)

예술은 인간의 삶과의 관계를 밀접하게 강화하고 인간의 경험에 활기를 불어넣는다. 예술적 도전은 정서적이며 지적인 반응을 불러일으켜 인간의 힘을 강화한다.

셋째, 표현으로서의 예술(Art as expression)

인간에게 중요한 개별성은 표현을 통하여 드러나며 나아가 자신이 속한 문화를 구별 짓게 한다. 예술은 인간에게 유희를 위한 또 하나의 기회, 자기표현의 또 하나의 도구를 제공한다.

넷째, 기록으로서의 예술(Art as record)

예술작품은 인간 경험의 표출이며 역사의 기록이다. 인류의 역사와 함께해 온 예술의 흔적을 통해 우리는 인간의 삶을 이해할 수 있다. 마찬가지로 개인은 예술 활동을 통하여 자신의 삶의 독자성과 의미를 기록한다.

다섯째, 의사소통으로서의 예술(Art as communication)

'사회적 동물'로서 인간의 표현 행위는 의사소통의 다른 말이다. 개인적 측면의 표현은 사회적 측면의 의사소통과 동전의 양면과 같은 관계이다. 예술은 언어의 한계를 초월한 소통 수단을 인간에게 제공한다.

여섯째, 해석으로서의 예술(Art as interpretation)

예술은 인간의 삶을 해석하여 표현하며 예술가는 인간 경험의 설명자와 번역자로서의 역할을 담당한다. 예술은 인간의 삶의 해석으로 이어지고 인간 간의 공감대 형성을 조성한다.

일곱째, 개혁으로서의 예술(Art as reformation)

예술가는 의식적으로나 무의식적으로 인간 조건의 변경이나 개선을 추구한다. '표현의 자유'를 토대로 하는 예술은 이를 억압하거나 방해하는 사회적·집단적 조건에 저항함으로써 인류의 발전에 기여한다.

여덟째, 교양으로서의 예술(Art as enhancement)

예술가가 만들어 내는 다양한 '차이'는 인간의 삶을 풍부하게 한다. 주변 환경과 사물에 대한 예술적 시선을 통하여 새로운 문화를 창조해 가는 데 기여한다.

아홉째, 질서로서의 예술(Art as order)

예술작품은 내재된 형식에 의한 질서가 함유되어 있다. 질서는 인간이 형태를 만들고자 하는 힘에 자극을 주고 삶에 안정감을 준다.

열째, 통합으로서의 예술(Art as intergration)

예술은 인간의 감정에만 관계하는 것이 아니라 이성과 감성의 통합적 작용이다. 조화로운 인간의 발달에 예술은 의미심장하게 기여한다. 인간의 균형 있는 삶을 추구하는 데 예술의 역할이 무엇보다 중요한 것이다.

인간의 삶에 미치는 예술의 기능을 정리해 보면 다음과 같다. 우선, 주어진 현실은 예술의 소재가 되며 예술은 현실을 재현하고 재생산한다. 활동을 통해 만들어 낸 것은 '아름다운 것'을 의미하고 예술이 갖고 있는 심미감을 희노애락의 미(美)로 표현해 내는 것이며, 이를 예술적 형식을 통해 타인에게 전달하여 인간의 정서에 카타르시스(Katharsis)를 경험하게 한다. 이와 같이 예술의 기능은 자신을 표현함을 통해 구체화된다.

CHAPTER 2

예술교육

1. 예술교육의 의미

Q 예술은 교육을 통해 이루어진다고 생각하는가?

예술과 교육은 각각 독립적인 성격과 대상 영역이 있다. 예술은 새로운 것을 창조하는 데에서 의미를 갖고 독창성이 없는 예술은 가치를 인정받지 못한다. 독창성이라는 것은 예술작품의 예술성을 재는 척도이다. 교육에서도 독창성은 가치 있는 속성이며, 고유의 잠재력을 발휘하여 남다른 독창성을 발전시키는 일이 교육의 할 일이다. 그러나 예술에서는 창조적 표현이 자체 목적이겠지만 교육에서는 독창성을 통해 자아를 실현하는 것이 목적이다. 다만, 예술은 작가의 의도에 따라 실험적이고 파괴적인 시도를 할 수 있고 거의 혼자 하는 창조 작업이나 교육은 그 대상이 인간이라는 점과 다른 사람과의 관계에서 형성되어 가는 작용에서 예술과 다르다(고경화, 2013).

예술교육의 의미는 예술과 교육이 각자의 영역과 가치를 갖고 독립적으로 전개되는 하나의 영역 아래 '창조적 능력'과 '예술 감상 능력'을 높이는 교육(황연주, 정연희, 2005)이라고 할 수 있다. 좀 더 정확히 말하면, 예술교육은 인간 안에 잠재된 능력과 적성 등을 심미적 표현을 통해 끌어낼 뿐만 아니라 감수성을 세련되게 함으로써 대자적 관계와 대타적 관계를 새롭게 정립함으로써 경쟁과 다툼의 학습에서 협동과 공동의 학습을 가능하게 할 것이다(최경숙,이철우, 2018). 이는 공감 능력을 키움으로써 타인에 대한 존중 및 배려의 영역을 확장시키는 데 기여할 것이며 개인적으로는 인격의 성숙과 문화화된 식견을 갖추며, 사회적으로는 새로운 문화 창조를 통해서 문명 사회를 만들게 할 것이며, 인류사회의 갈등을 치유하고 통합시키는 데 필수불가결한 교육이 될 것이다. 이를 위한 예술 능력은 예술을 하는 데 요구되는 기초적인 능력으로 자신의 세계를 예술로 표현하고자 하는 데 필수적인 능력이다. 이 예술 능력은 자신의 머리와 마음에 존재하는 것을 구체적으로 가시화시키는 능력이라고 할 수 있다. 아무리 독특한 생각을 가지고 있다고 하더라도 그것을 외현화할 수 없다면 그것은 하나의 의미가 될 수 없기 때문이다. 따라서 예술교육은 단순히 어떤 기법을 습득하거나 반복하여 그 기술을 익히는 좁은 의미의 기능 교육이 아닌 자신의 세계를 자유롭게 나타낼 수 있도록 표현 능력을 길러주는 교육이다(정예진, 2013). 표현이란 생각, 감정, 의지, 무의식적 환상, 욕망, 갈등 등이 모든 것을 들어내서 형식화하는 작업으로 자기 자신을 가장 효과적으로 표현하는 그것이 예술작품이다. 예술가들이 다른 사람들보다 더 깊이 느끼고 많이 느끼는 것이 아니다. 다만 예술가들은 그런 느낌을 효과적으로 표현할 수 있는 능력을 가지고 있는 사람들이다. 예술교육은 이러한 예술 능력을 바탕으로 한 표현 활동이다.

인간은 언어나 글을 발명하기 이전인 선사 시대부터 예술 장르별 상징 언어를 통해 자신의 생각이나 느낌을 표현했다. 사냥하는 모습을 동물의 벽화로 남겼고, 춤을 추며 악기나 사람의 목소리를 통해 리듬을 만들었다. 이러한 표현 활동은 아주 오래전부터 예술과 사람을 밀접하게 연관 지어 왔고 생각을 하고 도구를 이용하고 언어를 사용하며 놀이하고 선택하는 인간의 특성과 밀접하게 연관되어 있다. 따라서 예술이라는 매개를 교육으로 발달시킨 것이 예술교육이며, 예술교육은 예술적인 표현 능력을 키워 이성과 감성이 조화롭게 발달하는 예술의 창의성으로 키우는 과정을 중요시하며 창의성에 중점을 두는 것이 예술교육의 관건이다.

예술교육을 대상과 목적에 따라 구분하면, 예술을 위한 교육인가, 예술을 통한 교육인가, 또는 예술과 교육에서 공유된 부분이 예술교육의 원리와 방법으로 적용되는 교육인가의 세 가지 방식으로 나타난다(Davis, 2013).

첫째, '예술'에 초점을 두는 '예술을 위한 교육(education for art)'

예술적 재능을 익히는 교육이라 할 수 있다. 타고난 재능을 발휘하기 위해 피아노, 미술, 무용, 연기 등을 체계적으로 배우는 교육이 통상적 의미의 예술교육이다. 전문적인 예술 특기자를 양성하는 교육으로 표현력을 기르는 교육이 중심이 되는 교육이다. 이때 예술교육은 인간의 미적 발달에 주안점을 두어야 한다. 인간이 태어나 자라면서 배우고 익히는 교육 과정을 거치게 되는데, 예술교육은 인간의 발달을 조화롭게 하는 교육 원리에 그 목적이 있다. 그러므로 특수한 예능을 습득하는 것에만 예술교육의 목적을 두는 것이 아니라, 지식교육과 도덕교육의 과정과 미적 정서 발달의 과제를 이행한다.

둘째, '교육'에 초점을 두는 '예술을 통한 교육(education through art)'

전인교육이라는 교육의 목적을 이루기 위해 수단으로서 가치를 지니게 된다. 예술을 가르치는 것은 단지 예술가를 만들기 위함이 아니라, 아름다움을 통한 인간의 조화로운 발달을 도모하기 위함이다. 따라서 예술과 교육이 통합하고 표현보다는 창의성 중심의 교육을 표방한다. 학생들이 여러 다양한 예술 관련 학과에서 이루어지는 의미 만들기의 다양성과 미묘한 차이를 경험할 수 있도록, 예술 그 자체의 권리로 예술을 가르칠 필요가 있는 것이다. 예술교육이 교육 과정 전반에서 학생들의 경험과 성장, 생산성을 풍요롭게 하고 확장한다는 사실이다. 수학, 읽기와 쓰기 성적을 향상시키고 학생들의 지능지수와 심리적 안정, 표현력을 향상시켜 준다. 특히 수학의 기하학에서 배운 우아한 구조들이 예술교육의 조각물에 아이디어를 제공할 가능성은 충분하다. 예술작품 해석 시간에 습득하는 다양한 관점은 한 예술작품에 대한 해석이 다양할 수 있다는 것을 보여 준다. 이는 새로운 해석을 위한 가능성으로 우리를 안내하고 다른 사람의 목소리에 귀 기울이게 한다. 다시 말하면, 우리 자신의 경험을 새롭게 보게 할 뿐 아니라 타인과의 소통과 대화를 위한 공간을 열어 주기도 한다.

셋째, 예술과 교육에서 공유된 부분이 예술교육의 원리와 방법으로 적용되는 교육

예술교육은 시대적 요청이다. 현재와 같은 4차 산업혁명 시대에 교육은 사회적 요구에 부응하는 역할을 하였다. 자연의 순환을 파괴하고 역행시키면서 산업기술을 발달시키고 거대한 시장경제 구조를 만든 목적은 인간의 행복이었다. 그러나 자연 파괴의 결과는 인간의 환경 파괴였다. 문제는 이러한 외적인 자연의 파괴로 인한 위기보다, 인간이 주체성을 상실한 채 전체적인 체제의 한 부분으로 흡수되는 인간이 현대를 사는 우리의 모습이다. 이런 현대 사회의 위기와 교육의 문제들에 대한 하나의 대안으로 예술교육이 작용될 수 있고 또 그렇게 되어야 한다. 대중 사회 속에 섞여 평준화된 인간에게 가장 큰 문제는 자아 상실이다. 이러한 자아를 음악의 방법,미술의 방법, 무용이나 연극의 방법, 혹은 시, 수필, 소설 등의 문학의 방법으로 표현할 수 있는 가능성이 인간에게 있다. 자아 표현 활동은 자신을 객관화시켜 보는 일이다. 예술교육은 표현 활동을 통해 나를 나타내고 나타낸 나를 이해하는 자아의식의 형성 활동이다. 예술교육은 작품의 실용적인 상황 묘사보다 한 개인의 정신세계로부터 뿌리를 둔 살아 있는 창작 과정의 소산으로 예술이라는 매개를 교육으로 발전시킨 것이다. 그러므로 예술교육은 전인적인 인간 형성을 돕고 자아 표현의 수단으로 그 중요성이 크다.

정리해 보면, 예술교육은 미적 발달에 주안점을 두고 특히 예술작품을 통한 내면의 자아를 표현해 주는 활동으로 고대부터 그 중요성을 많은 학자들은 강조해 왔다. 플라톤(Plato)과 아리스토텔레스(Aristoteles)는 미학적 관점에 대한 차이에도 불구하고 교육의 기초로서 예술을 표방했고, 쉴러(Shiller, 1995)는 예술교육의 의미를 인성의 총체적 회복으로 보고 인성의 균형을 강조하며 아름다움과 예술을 통해 인성의 균형을 이룰 수 있다고 하였다. 주관적 감각과 객관적 세계가 조화를 이룰 때 조화로운 인격이 형성되어 세상과 마주할 수 있기 때문에 예술교육의 필요성을 주장하였다. 리드(Read, 2007)는 예술교육은 '예술을 통한 교육'으로 예술적인 인간상은 이성과 감성이 잘 조화된 사람이며 이것이 교육의 기본이 되어야 한다고 하였다. 즉, 예술적 창조성, 심미적 경험을 통한 감성과 즐거움을 기르는 것이 예술교육이며 이를 통해 인간의 인성 회복에 관점을 두고 인성과 감성이 조화를 이룰 수 있도록 하는 것이 예술교육이며 이것이 조화롭게 되었을 때 예술교육은 정당화될 수 있다고 주장하였다(태진미, 2011). 이러한 맥락에서 예술교육 혹은 예술을 매개로 한 교육 활동은 정보와 부가 가치 창출이 원동력이 되는 21세기 정보 사회에서 창의적 인재 양성을 위해 필요하며, 유연한 사고와 풍부한 상상력을 갖춘 창의적 인재 양성을 도모하는 데 있어 예술교육이 새로운 대안으로 주목받고 있다.

2. 예술교육의 목적

Q 예술을 교육하는 목적은 무엇이라 생각하는가?

미국의 교육학자인 듀이(Dewey)는 예술교육의 목적이 예술교육을 통해 삶의 질을 향상시키고 전인격체로서 인간의 성장을 도와주기 위한 것이라고 정의하며, 예술교육은 한두 번의 경험으로 갑자기 삶이 변화되는 것이 아니라, 경험의 순간순간이 모여 그 다음의 예술 활동에 영향을 미치게 하는 삶이 주는 경험을 통해 삶의 전반에 걸쳐 폭넓게 작용하는 것이라고 보았다. 화가나 음악가가 되기 위한 훈련이 아니라, 예술을 경험하면서 교육의 목적인 인격의 자발적인 개발을 하는 것이다. 영국의 시인이고 미술 비평가인 리드(Read)는 "교육 목적이 인간의 성향을 조화적으로 발달시키기 위함으로 볼 때, 예술교육의 목적은 개인과 사회 이상에 합치하는 유기적 통일과 조화를 이루는 인간상을 형성하는 것이다."라고 주장하며 이러한 정의에 입각하여 교육의 목적과 예술교육의 목적을 연결시키면서 예술교육의 중요성을 강조하였다.

예술교육을 하는 목적은 인간관에 기초를 둔다. 예술은 인간 자신의 실현이라고 할 수 있다. 예술교육은 일차적으로 인간 자신의 실현을 도모하는 것을 목적으로 삼는다. 인간은 지성을 통해 진리에 도달하고자 하는 지성적 존재이며 의지를 통해 선에 도달하고자 하는 의지적 존재일 뿐만 아니라 욕구를 통해 아름다움에 도달하고자 하는 미적 존재이기도 하다. 따라서 예술교육의 목적은 단순히 예술이 무엇인지를 알게 하거나 예술가와 그의 작품들이 무엇인지를 알게 하는 데 있지 않다. 예술교육은 예술에 대한 정보를 많이 주거나 '사람은 왜 예술을 할까?'라는 물음에 '정답'을 제시하는 데 목적이 있는 것이 아니라, 독자들이 자신의 삶 속에서 예술과 소통하고 마침내 자신의 인생을 예술로 만들어 가는 계기가 되게 하는 데 있다(손석춘, 2015). 인생의 목적은 사람마다 다를 수 있다. 하지만 인생의 목적을 알고 있는 자는 끊임없이 자기성찰, 자기창조, 자기발전의 삶을 살 수 있는 반면에, 인생의 목적을 가지지 못한 자는 자기 언행에 대한 반성과 발전이 이루어지기가 쉽지 않다. 인간은 도덕·예술·종교 등을 통해서 충족되는 정신적 가치를 또한 지니고 있으며, 이러한 정신적 가치야말로 인간을 동물과 다른 존재로 특징지어 주는 것을 동·서양 사상사에서 확인할 수 있다(최경숙, 2018). 예술을 통해서 사회와 소통하고 몸짓을 통해 나를 치유하는 과정, 이것이 예술교육의 방향으로 인생의 목적은 물질적 가치와 정신적 가치의 조화로운 삶을 사는 것에서 비롯되어야 한다. 예술교육의 목적은 바로 이러한 인격 함양에 필수적이며 끊임없이 자기 창조와 자기 발전을 통해서 물질적이고 정신적인 가치를 실현하게 하는 원동력이 될 것이며 개인에게 잠재되어 있는 예술적 능력을 계발하고 예술적 감성을 기름으로써 전인적인 조화를 이루는 데 있다. 예술교육이 전체 교육 즉, 인간 형성이라는 목표 속에서 차지하는 목적은 예술이 갖는 창조·감상·향수를 통하여 정서와 감성을 계발시키고 세련되게 하며 나아가서는 도덕성 함양에 이바지하고, 세련된 즐거움의 태도와 기호를 기름으로써 인격의 기초를 형성하는 데 있다고 할 것이다.

3. 예술교육의 효과

Q 예술교육이 우리에게 주는 장점을 찾아보세요.

현대 사회에서 요구하는 예술교육은 단순한 취미를 넘어 지식기반 사회에서의 사회적·국가적 경쟁력의 확보나 자기 주도적 문제해결 능력과 미적 정서교육에 대한 이성과 감성의 균형 잡힌 인간, 창의적 인간, 모든 국민들의 문화적 삶의 수준 향상 등에 보다 강조점을 두고 있다(황연주 외, 2006). 이에 오늘날 교육에서는 단편적인 지식보다는 기본 개념을, 결과의 암기보다 발견이나 탐구 과정을, 개별적 정보나 재료보다 생활과의 관련성을 강조하고 있다.

하버트(Herbert)는 예술교육이 갖고 있는 효과를 4C(Civilization, Creativity, Communication, Choice)로 설명하고 있다. Civilization은 예술교육이 우선 국어, 수학 등 다른 교육을 학습하는 데 도움이 된다. 일반적으로 학습을 하는 것은 못했던 것을 하게 되거나 더 깊고 넓게 종합적으로 알게 되고 조정하게 되는 것으로, 비교적 예술적인 행동상의 변화나 감정상의 변화가 일어나면 그것은 학습의 결과가 되어 어린이들이 하나의 시민으로 성장하는 데 기여한다. Communication은 사물을 새로운 방식으로 보는 능력, 관계없는 것끼리 결합하여 새로운 것을 만들고 늘 생각하던 방식이 아닌 방식으로 생각하여 비언어적인 표현 능력을 개발시켜 창의적인 의사소통을 가능하게 한다. Creativity는 시대의 요청뿐 아니라 과학과 기술의 발전을 비롯하여 지식정보 시대가 필요로 하는 새로운 아이디어를 제시하고 노력하는 창의적인 인간을 길러 내고, Choice는 다양한 예술 형식 가운데 자신에게 맞는 것을 선택하여 향수할 수 있도록 함으로써 개개인의 삶의 복지 향상에 기여한다는 것이다. 예술교육의 효과에 대해 요약하면 다음과 같다.

〈그림 2-1〉 예술교육의 효과

- Civilization: 언어, 수학 등 다른 교육의 기초가 되어 이를 이수하는 데 도움
- Communication: 비언어적 표현 능력을 개발하여 의사소통을 가능하게 함
- Creativity: 창의적 사고력을 일깨워 창의성 발현에 도움
- Choice: 자신에게 맞는 예술 감상 능력을 키워 문화 향수 충족

즉, 인간의 생활 중에는 논리적인 사고뿐만 아니라 예술적 감동이나 의지적 행동도 매우 중요한 위치를 차지하고 있다는 것이 예술교육의 효과이다. 따라서 예술교육이란 어린이의 감동과 느낌을 통해서 나타나는 형상·색상·음률·언어 등으로 자발적인 상상력을 방출하고 표현하게 하며 이를 통한 새로운 가능성들을 상상할 수 있는 기회를 경험하는 교육과정을 통해 전인교육에 이바지한다.

4. 예술교육의 시대적 흐름

Q 자신이 알고 있는 예술교육의 흐름에 대해 이야기해 보세요.

예술작품은 그 시대의 사회 현상과 삶의 양식을 파악할 수 있으며, 예술교육의 역사는 예술과 교육의 전개 상태를 포함한다. 교육사적으로 볼 때, 예술교육은 그리스 로마 시대에 번성하였으나 산업혁명 이후 기계문명의 발달에 따라 쇠퇴하게 된다. 이러한 현상은 학교교육의 목적과 기능이 인문교육에서 점차 자본주의의 실용주의적 경향으로 인해 변화되고, 음악, 미술과 같은 예술의 영역보다 산업 사회에 필요한 인지 중심의 교육이 강화되면서 교육의 경향이 바뀌었기 때문이다.

그러나 20세기에 이르러 영국 및 서유럽의 국가들을 중심으로 예술교육 운동이 일어나면서 전인교육의 목적을 정립함에 따라 예술교육의 논의가 활발해지게 되었다. 전인교육의 강조는 인간의 정신에 관심을 두게 하였으며 예술이 그것을 가능하게 한다는 것을 알았다. 예술 매체로 인간 정신을 탐구하여 인간의 긍정적인 라포 형성 및 심리적 저항의 감소, 지체된 정신 발달 탐구 및 무의식의 탐구와 성찰 그리고 적절한 치료 환경 조성을 가능하게 한 것이다.

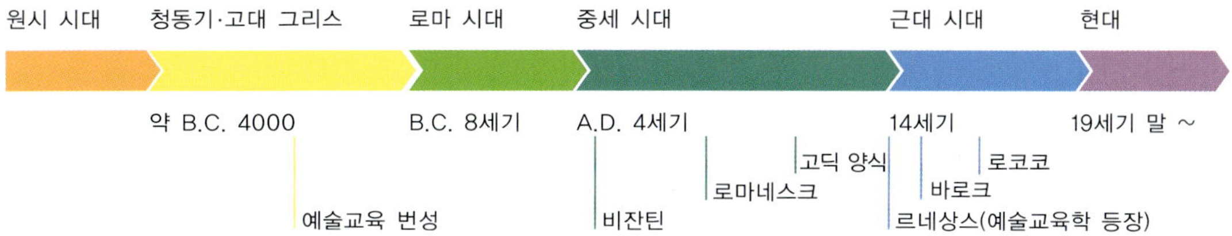

〈그림 2-2〉 예술의 시대적 흐름

(1) 청동기·고대 그리스 로마 시대

예술교육의 개념이 교육학에 등장한 것은 근대부터지만, 예술 활동은 고대(B.C. 4세기~A.D. 476년) 이전부터 있어 왔다. 주로 제사 의식이 행해지던 고대에는 제의 문화가 후손에게 전수되는 유산이 되기도 하였으며, 그들의 예술이 인간 생활의 축소이며 통찰력과 감정에 대한 가장 진실한 기록이라는 것을 확인하게 된다. 예술교육은 고대 그리스 로마 시대에 크게 번성했으며, 이 시기는 수많은 철인의 사상이 인간의 삶과 예술을 논하였다.

(2) 중세 시대

중세(4~14세기경)의 예술은 철저한 신본주의 사상이 뿌리를 내렸던 시기로, 종교의 영역에서 벗어나지 못하는 한계를 가졌다. 모든 인간 삶의 목적은 결국 신의 존재를 파악하지 않고는 불가능하다는 것이 중세인들의 판단이었다. 플라톤 이후 예술은 직업적인 전문가만이 하는 것으로 여겨졌고, 이들에 대한 교육은 학교교육이 아닌 도제교육 형식으로 이루어졌다.

(3) 근대 시대

문예 부흥기의 르네상스 시대(14~16세기)는 중세 후기와 전기 근대를 구분하는 전환기로 인간이 모든 것의 중심이 되며, 스스로의 방향을 잡아 가는 시기이다. 바로 이러한 맥락에서 르네상스와 휴머니즘(Humanism)이 결성되고 인간의 발견과 자연과 세계의 새로운 발견이 이루어진다. 근대 초기(1453년, 동로마 제국의 멸망 기준)의 예술 이론 및 예술교육은 자연과학의 발달이 활발해지는 사회적인 경향으로 기술에 대한 요구가 부각됨에 따라 교육 기관에서 실시되는 교과목의 개정이 점차 수사학이나 음악교육보다는 자연과학 과목으로 비중을 두게 되었다. 산업혁명 이후 근대 국가의 산업화와 기계문명의 급속한 발달로 인해 학교교육이 점차 자본주의 사회가 요구하는 직업적 실용주의로 바뀌자 예술교육은 잠시 쇠퇴하는 듯했다.

근대 후기(2차 산업혁명~1차 세계대전)에는 루소(Rousseau)나 페스탈로치(Pestalozzi), 프뢰벨(Fröbel) 같은 교육학자들이 등장해 사회적인 개혁을 주도하면서 아동 중심 교육을 제시하였다.

(4) 현대 시대

19세기 말부터 20세기에 이르러 영국과 독일을 중심으로 한 서유럽에서 예술교육 운동이 일어남으로써 예술교육에 관심이 쏠리게 되었다. 이 운동으로 인해 교육 개혁이 시도되었고, 특히 아동 중심의 전인적인 교육 목적을 계속 중시하면서 창조적·생산적 활동, 인간성 해방과 자아 표현의 수단으로서 예술교육의 중요성이 대두되었다. 또한 아동의 예술교육뿐 아니라 성인을 위한 예술학교가 세워졌고 풍부한 예술교육 활동이 다양하게 전개되었다.

예술교육이 교육 과정의 중요한 분야가 된 것은 음악을 비롯하여 시각 예술과 율동 예술이 강조된 20세기 이후이다. 이 시기는 심리학이 발달하면서 게슈탈트 학파 및 프로이드 학파의 이론이 인간 발달의 정의적인 영역을 주목했고, 민주주의 교육 철학이 인간의 전형적인 발달을 강조했던 것이 중요한 배경이 되었다(권종애, 2018). 특히 리드(Read)의 저서 『예술을 통한 교육(*Education through Art*)』(1943)은 예술교육의 방향을 이성과 감성을 조화시키는 인간교육으로 정립하는 데 크게 기여했다.

〈표 2-1〉 역사 속 예술과 교육[1]

시대	연도	내용	대표 이미지 자료
원시 시대	~ B.C. 5000	예술의 시작은 인류의 기원과 함께 시작된다. • 예술품 : 당시 사회의 모습들을 볼 수 있고, 예술을 통해 교육적인 작용과 관습을 찾아볼 수 있다. • 동굴벽화 : 생명의 위협을 받지 않고 사냥을 잘하기 위한 생각이 가득했던 그들에겐 들짐승이 가장 먼저 떠오르는 대상이었고 이 대상을 그림으로 그리면서 위로를 받았다. • 동굴벽화 : 스페인의 알타미라 동굴벽화[2], 스페인의 폰트 메이저 동굴[3], 프랑스의 라스코 동굴벽화[4], 빌렌도르프 비너스[5] • 예술교육의 형태 : 거주하던 동굴에 그린 동굴벽화로 당시 사람들은 사냥과 채집으로 생활하였음을 알 수 있다. • 그림 그리는 기술 : 후손에게 전수, 후손들은 기술을 이어받아 자연스럽게 교육이 이뤄져 작품을 더욱 발전시켜 갔다. • 생활양식의 변화 : 벽화나 조각에서 추상적인 형태가 나타나기도 하고 기호나 상징의 모습을 띠기도 했다. • 집단의식 행사 : 춤추고 노래 부를 때 두들겨서 소리 나는 것은 무엇이든 악기가 되었고, 공동체 의식을 키운다. 이를 통해 어린이들은 의도적인 교육 과정을 거치지 않고도 자연스럽게 춤과 노래를 익히면서 자신들의 문화를 전수받는다. • 예술 : 원시 사회의 생활로서 특징되는 협동적인 성격이 매우 강하였고, 춤과 노래 또는 사냥을 하는 광경은 공동체 의식과 관계가 있다. 그들이 그린 짐승과 물고기류의 사냥감들, 창 쏘는 모습, 남녀의 성 행위 또는 부락의 집단의식 행사 모습 등 현실에서 벗어난 광경은 거의 없다. 이러한 예술 행위는 실생활과 매우 밀접한 것들을 대상으로 하여 이루어지는 예술교육이 원시 시대에 있었다.	 알타미라 동굴벽화  라스코 동굴벽화 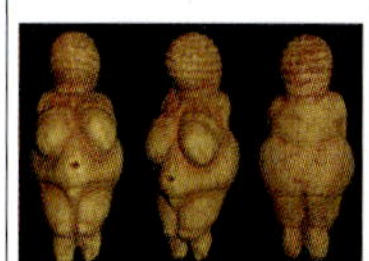 빌렌드르프 비너스

1) 위키백과, 재구성.

2) 스페인 산티아나 델마르에서 발견된 약 36,000년 전의 동굴벽화로 원시인들은 숯이나 적철석으로 형상을 그리거나 자연 염료를 이용해서 그림을 그렸다. 두 마리의 말과 큰 사슴, 수퇘지가 그려져 있다.

3) IPHES(Caatalan Institute of Humam Paleoecology and Social Evolution)의 고고학자 팀이 발견한 15,000년 된 동굴벽화로 말, 활소, 사슴에 대한 묘사와 추상적인 무늬가 새겨져 있다. 벽 표면에 칠을 해서 그린 것이 아닌, 벽에 퇴적된 모래층에 조각을 통해 그려졌다.

4) 프랑스의 도르도뉴 지방에 있는 동굴의 벽화로, 1940년에 발견된 구석기 시대의 유적이다. 라스코 동굴벽화는 대략 35,000년 전부터 10,000년 전 사이에 그려진 것들이며 당시 사람들은 사냥과 채집으로 생활했으며 그들이 그린 그림들에는 들짐승이 등장한다. 빨강·검정·노랑 등으로 그린 말·사슴·들소 등 약 100점의 동물상이 그려져 있는데, 이것은 사냥의 성공과 풍요를 기원하는 주술적 의미가 담겨 있다.

5) 1909년 오스트리아의 발렌도르프에서 발견된 구석기 대(B.C. 24,000~22,000)의 여성나상으로 유방과 복부·둔부를 강조하여 풍요와 출산을 기원하는 주술적 의미가 표현되었다.

시대	연도	내용	대표 이미지 자료
청동기 · 고대 그리스 시대	B.C. 4~3000년 전 ~ B.C. 146년	• 청동기의 발달 : 농업 경제의 큰 전환기로, 도구의 변화는 다양하고 복잡한 예술 표현을 할 수 있게 되었으며, 그림·조각·서사문학·음악 등 여러 분야에서 특유한 예술 문화를 형성하기 시작하였다. • 고대 문명 발상지에서 발달한 예술 : 그리스와 로마 예술의 밑바탕이 되었다. 고대 그리스 사람들은 당시 거대한 제국 또는 왕국이 형성되는 것과는 다른 그리스만의 독특한 특징을 나타내는 도시 국가(폴리스)를 중심으로 동족 의식을 가지고 부분적으로 결합을 이루었다. • 철학자 플라톤의 『국가론』 제2부 : 음악교육이 중요함을 강조. 음악교육은 현대의 음악교육과 달리 음악을 수학적으로 접근한 피타고라스와 관련된 이성적인 학문으로 이해되었다. 플라톤, 아리스토텔레스로 이어지며 헬레니즘[6] 시대를 거치면서 성립된 '7자유과(seven liberal arts)'[7]에 음악이 포함된 것은 이러한 전통을 반영한 것이었다. • 그리스 예술작품 : 대표적인 비너스 조각상은 인체를 사실적으로 표현하여 신이지만 철저한 인간의 모습을 나타내고 있어 당시의 사상, 삶의 태도, 가치를 보여 주는 인본주의 사상이 현실 삶에 퍼져 있음을 알 수 있다. • 인본주의적 특성 : 기원전 800년경 호메로스(Homeros)의 「일리아드」와 「오디세이」에서 인간이 자연과 신과의 대결에서 어떻게 자신을 지키는지를 보여 준다. • 그리스의 음악 : 현재 사용되는 음악보다 광의의 의미로서 읽기, 쓰기를 비롯한 문예 일반을 의미하며 음악이 영감적 능력을 띠며 열광과 환희의 원천이 될 수 있었다는 점에서 시와 무용까지 포괄하는 뜻으로 사용되었다. • 그리스 정신 : 인간의 이성 중심 정신으로 음악과 체육을 통한 교육을 하였으며, 인간의 심신에 대한 미적, 조화적 발전을 도모하는 것을 목적으로 하는 교육 내용이 부각되었다.	 니케아상  비너스 조각상

6) 헬레니즘이란 그리스 문화와 오리엔트 문화가 서로 영향을 주고받아 질적 변화를 일으키면서 새로 태어난 문화로 본다.

7) 서양의 중세 대학에서 가르쳤던 기본 과목을 뜻한다. 라틴어로는 각각 trivium과 quadrivium이라고 하는데, 세 가지 길이 만나는 곳과 네 가지 길이 만나는 곳이란 뜻이다. 자유과(自由科)라고도 한다. 문법(grammar), 수사학 (rhetoric), 변증법(logic), 산술(arithmetic, 算術), 기학(geometry), 천문(astronomy or astrology), 음악(music) 등이다.

시대	연도	내용	대표 이미지 자료
로마 시대	B.C. 8세기경 ~ A.D. 476년	• 로마 : 기원전 8세기 중엽 티베르강 유역에 라틴인을 중심으로 성립, 지중해 패권을 장악하였다. 그리스 문화는 로마의 전통문화를 압도해 나갔다. • 예술교육 : 그리스에 대한 동경을 가지고 있던 로마인들이 그리스 문화예술을 모방하여 예술 활동을 전개하였다. • 로마 건축물 : 콜로세움은 로마 건축 중 가장 유명한 것으로 계단식 관람석을 받쳐 주는 세 개의 층에 그리스의 세 가지 건축 양식을 사용하였다. 로마의 예술작품에 많은 부분을 차지하는 초상 조각은 사실적이고 의지력 있는 실제적 표현에 중점을 두었다. • 흉상 조각 : 사실주의와 이상주의의 혼합으로 발전하였다. 부조 조각도 발전하였는데, 보통 로마의 승리를 묘사하였다. • 로마 회화: 시골 별장의 천장과 벽을 꾸미는 프레스코화이며, 라틴 문학 이야기를 다룬 나무나 상아 등에 그린 그림도 있었다. • 라틴 문학 : 그리스 작가의 영향을 크게 받았다. 로마의 군사적 승리를 묘사한 서사시의 내용을 담고 있다. • 로마 음악 : 그리스의 음악에서 나왔으며, 로마인의 삶에서 중요한 역할을 하였다(예: 추수, 베짜기, 결혼식, 장례식, 사랑이나 풍자 등 일상생활과 관련된 노래, 부유한 가정에서는 저녁 식사 때 음악이 연주됨). • 악기 : 로마 군대에서는 투바(tuba, 긴 트럼펫)나 코르누(cornu, 프렌치 호른과 비슷) 같은 악기를 사용하였다. • 음악 : 음악은 오락 및 교육에서도 중요한 역할을 하였다. 키케로나 퀸틸리아누스와 같은 저술가들은 교양 있는 사람이라면 당연히 음악교육을 받아야 한다고 하였다. • 교육 : 그리스 문화가 유입되고, 사립 학교(ludus)가 등장하였다.	 트라야누스 기둥  콜로세움  프레스코 벽화

시대	연도	내용	대표 이미지 자료
중세기	476~1453년 (서로마 제국이 멸망한 A.D. 476년부터 동로마 제국이 멸망한 1453년까지 약1,000년간의 기간)	• 예술 역할 : 기독교적인 전통과 권위가 사회의 중심이 되었으며, 인간의 이성 및 감정이 교리에 의해 통제되고, 현실보다는 내세에 가치를 존중하며, 금욕주의적 생활이 추구되어 예술의 역할은 영혼의 순화를 위한 목적에 충실하였다. • 교육 : 대학이 설립되고, 7개 인문학 교육(논리학, 수사학, 문법, 산술, 기하, 천문학, 음악[연주 및 창작이 아닌 음정 비례, 음계, 조율에 관한 이론])이 이뤄졌다. • 음악 : 수학적인 원리를 바탕으로 한 인문학이라 간주, 그 외에 서사는 예언적인 성격(영감의 소산)을 띠고 있다 하여 예술에 포함되지 않았다. • 예술 : 장인적 예술로서 의미가 제한되었다. 직조, 설비, 농경, 수렵, 항해, 의료, 공연술 등의 장인적 예술이 예술로 취급되었다. • 중세미술 발달 : 기독교가 A.D. 496년 콘스탄티노프 1세에 의해 로마 제국의 국교가 된 이후 유럽은 정치, 사회, 문화 등 각 분야에 걸쳐 기독교의 영향 아래에 있었다. 고딕 성당과 내부의 모자이크 장식, 성인들의 조각과 회화들이 발달하였다. • 비잔틴 미술 : A.D. 476년 서로마 제국이 멸망하자 로마 제국의 학자들과 귀족들, 예술가들이 동로마 제국으로 이주, 콘스탄티노플(이스탄불)을 중심으로 특유의 문화가 발달, 이를 비잔틴미술이라고 한다.	 성 소피아 성당  성모자상
		• '로마네스크' 미술(A.D. 900~1200) : 왕의 권위와 신의 영광을 표현하기에 거대한 석조 건물로 만들었다(두꺼운 벽과 굵은 기둥, 둥근 아치, 큰 탑과 장식적인 아케이드).	 로마네스크 성당
		• 고딕 양식(12세기) : 신의 영광과 교회의 권위를 표현하였다. 하늘을 찌르는 공중 부벽으로 넓어진 벽 공간을 스테인드글라스로 색채의 조화를 구현하였다. 중세의 모든 미술 양식의 가장 대표적인 형태이다.	 샤르트르 대성당
		• 중세 음악 대표 : '그레고리안 찬트' 무반주 합창곡으로 성경 내용을 바탕으로 교회 예배를 위해 쓰여졌다. 도제교육 실시, 음악은 연주 기능보다 영혼의 순화와 균형 있는 정신 발달을 위한 의미였다.	 현재 유럽에 존재하는 컨서바토리는 중세기에 설립된 예술 전문 교육기관

시대	연도	내용	대표 이미지 자료
근대	14~16세기 르네상스 시대	• 근대 초기 : 르네상스(Renaissance, 14~16세기) 고대 문화의 '부활' 또는 '재생'이라는 의미를 가진다. 휴머니즘의 재창출 즉, 인간 중심의 문화로 되돌아가는 것이라는 테마를 가지고 기존의 제도에 대한 전반적인 개혁을 이끌어 가는 역할을 하였다. • 예술교육 : 예술, 인문학, 과학 기술 등 전반적인 지식을 습득하여 전인적인 능력을 갖춘 인간을 키우는 과정이었다. 이는 중세적인 기독교적 속박에서 벗어나 인간과 자연의 심미를 예찬하고 '육체와 정신을 조화롭게 발달'시키려는 목적이 있었다. 레오나르도 다 빈치는 이 시대 예술가상을 대표한다. • 레오나르도 다 빈치의 〈모나리자〉 – 색의 경계를 부드럽고 흐릿하게 처리하는 '스푸마토(sfumato)' 기법을 적용하였다. • 마사초(1401~1428)의 피렌체의 산타 마리아 노벨라 성당의 〈성 삼위일체〉 – 원근법을 최초로 사용하였다. • 그뤼네발드(1470~1528) – 이탈리아에서 북유럽 국가들로 발전하면서 원근법을 사용, 성경의 내용을 중세적 기법에 의존하지 않고 인물의 묘사를 환상적이고 비약적인 분위기로 표현하였다. • 얀 반 아이크 형제 – 성경적 배경으로 풍속화를 그렸고 당시 사회에 회자되고 있는 우화나 속담을 풍자적으로 표현하였다. • 미켈란젤로의 〈천지창조〉 – '프레스코화'로 로마의 시스티나 성당 천장을 장식하였다. 인간의 신체는 신을 닮은 고귀하고 아름다운 존재라 하였다. • 라파엘로 산치오의 〈성모자상〉 – 우아하고 아름다운 이미지와 설명을 제시하였다. • 르네상스 시대 음악 : 인간의 감정을 직접적으로 드러내지 않고 정신 순화를 위해 주력하였으며, 종교적 주제를 가진 음악들이었다. • 음악교육 : 루터의 종교개혁, 그레고리 찬가를 대신해서 새로운 교회 음악이 등장하였으며, 인쇄술 발달로 교재, 계명창 교재 등이 많이 발간되었고 세속 음악[8]이 널리 퍼졌다. 〈근대 시대 예술교육가〉 • 코메니우스(1592~1670) – 감각적 실학주의 교육을 주장하였다. • 로크(1632~1704) – 교육은 아동이 경험하고 호기심을 자극하는 학습 환경을 조성해야 한다고 주장하였다.	 모나리자  성 삼위일체  천지창조  성모자상

8) 인간사의 희노애락의 감정을 살려 만들어져서 사람들의 공감대를 이끌어 냈다.

시대	연도	내용	대표 이미지 자료
근대	15~17 세기 바로크 시대	• 르네상스 미술의 형식화 : 루터의 종교개혁으로 인한 교회 분열과 왕권 강화로 새로운 예술 양식 메너리즘 미술이 등장하였다. • 바로크 예술(17세기) : 빛과 어둠의 대비 효과, 역동적이고 격정적인 그림, 왕실 예술이 발달하였다. • 로코코 예술(17세기 후반~19세기) : 우아·화려한 귀족 중심의 사교 예술로 발전하였다.	
	16~18 세기 계몽주의 시대	• 계몽 사상가 : 인간의 자율성을 확보하기 위해 인간의 이성을 강조, 모든 문제를 이성으로 해결할 수 있는 이론적 근거를 제공하였다. 이 시대의 교육은 이성적으로 사고하고 판단할 수 있는 능력을 키우는 것이 목적이었다. • 교육 : 보통학교 제도가 발달하게 되었고 아동 중심 교육이 싹텄다. 영국의 로크와 프랑스 루소 등 당대의 사상사들은 아동을 미성숙한 존재로 보았던 이전의 경향에 대한 비판과 함께 인간으로서 인격적 대우를 강조하였다. • 루소 – 자연주의 사상에 입각하여 아동 중심주의 교육을 강조하였고, 감각을 통한 직접 경험교육을 주장하였다. • 음악교육 : 루소의 『에밀』에서 찾아볼 수 있다. 루소가 강조한 아동의 창조성의 존중은 예술교육이며, 특히 음악교육에 대한 독특한 교육 방법에 의해 이행될 수 있다고 주장하였다. 〈근대 시대 예술교육가〉 • 페스탈로찌(스위스의 교육가) – 18세기 말경부터 교육을 통해 인간에 내재하는 자발성의 의지가 자기 활동에 의해 발현된다는 교육의 이념을 전개하였다. 아동의 초기 교육으로 그리기 수업을 고안, 소근육 운동을 발달시키고 올바른 쓰기 교육의 목표를 위해 획 긋는 법과 곡선 그리기를 배웠다. 수업 방법은 감각적인 기능을 발휘하는 것에 집중하기 위해 실물 수업이 주로 이루어졌고, 사물에 대한 직접적인 경험을 하는 교육을 받았다. • 바움가르텐(1714–1762) – 예술교육의 학문적 기초를 마련하는 데 미학(Aesthetica)을 주장하였다.	 로크  루소  페스탈로찌  바움가르텐

시대	연도	내용	대표 이미지 자료
근대	1차 산업혁명(1760~1840년)	• 1차 산업혁명 : 영국에서 시작(증기 기관), 기계의 발명과 기술의 변화로 인간의 삶을 향상시키는 데 기여하였지만, 도시화 현상으로 인해 도시와 농촌 간의 격차로 빈부의 격차가 커졌다. 수익의 분배로 노사 간의 갈등이 일어났다. 이때 공산주의 혁명 이론이 칼 마르크스에 의해 등장하였다. 〈근대 시대 예술교육가〉 • 코메니우스(1592~1670) – 실학주의 교육을 대표하는 학자로, 실물을 직접 보고, 듣고, 느끼는 감각 작용을 통해 합습하는 감각적 실학주의 교육을 주장하였다. • 로크(1632~1704) – 교육의 기본 요인으로 후천적 환경을 주장하였다. 아동의 호기심을 자극하는 학습을 강조하였으며, 글·음성보다는 사물 자체 또는 사물에 대한 그림의 교육 효과를 강조하였다. • 쉴러(1759~1805) – 미적 교육에서 유희의 중요성을 언급하고 예술은 어떤 특별한 목적에 제한하지 않고 자유롭게 발휘하는 것이 가장 이상적이라고 주장하였다. • 프뢰벨(1782~1852) – 유아 예술교육 놀이를 유아교육의 핵심적인 원리이자 방법이라고 주장하였다. 특히 프르벨의 예술교육은 직관적인 교수법을 고안한 페스탈로찌의 영향을 받아 아동교육에서 구체적인 놀이 기구를 사용하는 교육 방법을 구상, 제작하였다. 이를 통해 아동의 자연적인 가능성을 발현할 수 있는 교육을 제시하였다. 이는 창조적 자아실현을 위한 예술교육의 의미이며 현대 교육에 시사하는 바가 크다. • 딜타이(1833~1911) – 예술과 교육은 정신과학의 부분 영역으로 함께 연관되어 정신과학의 체계는 삶에 대한 해석학으로 전개되었다.	 쉴러  프뢰벨  딜타이

시대	연도	내용	대표 이미지 자료
현대	미술 공예 운동 (1860 ~1910)	• 산업혁명 이후 : 산업화와 기계문명의 급속한 발달로 인해 학교교육이 점차 자본주의 사회가 요구하는 직업적 실용주의로 바뀌자 예술교육은 잠시 쇠퇴하는 듯하였다. • 예술교육 운동 : 19세기 말부터 20세기에 이르러 영국과 독일을 중심으로 서유럽에서 예술교육 운동이 일어났다. 이 운동으로 인해 교육 개혁이 시도되었고, 전인적인 교육 목적을 중시하면서 창조적·생산적 활동, 인간성 해방과 자아 표현의 수단으로서 예술교육의 중요성이 대두되었다. • 공산 혁명(1917년) : 공산주의 국가와 민주주의 국가의 양대 이데올로기에 의해 재현되었다. • 예술교육 : 다양하게 발전한 시기로, 근대 시대에서 발단된 아동존중교육이 계속 이어져 20세기에는 아동교육에 대한 관심과 기대가 커지게 되었다. 아동의 창의적 발달을 위해 예술교육이 실시되었고 아동뿐 아니라 성인을 위한 예술학교가 유럽의 여러 곳에 세워졌다.	
	2차 산업혁명 (1865 ~1900)	〈예술교육 기관〉 • 바우하우스(Bauhaus) – 건축가 발터 그로피우스(1883–1969)가 1919년 독일의 바이마르에 고등조형 미술학교와 공예학교를 합쳐서 창설한 전문예술학교이다. 바우하우스의 근본 목표는 예술의 사회적 가치를 인정하고 이론적 교육과 실제적 교육을 병행하여 예술과 실제 생활, 인간과 예술 간의 존립 문제를 해결하여 예술의 생활화를 꾀하는 데에 있었다. 바우하우스는 '집을 짓다'는 뜻의 독일어 Hausbau의 단어를 바꾸어 만들어진 이름이다.	

시대	연도	내용	대표 이미지 자료
현대		• 발도르프 학교[9] – 일반 교육에서의 예술교육을 실시하였다. • 슈타이너(1861~1925)는 인지학에 기초를 둔 교육관으로 인지학(Anthroposophie)이란 그리스어인 'Anthropos(인간)'와 'Sophia(지혜)'를 결합한 용어로서 '인간의 지혜'란 뜻이며, 인간에게 내재되어 있는 정신적인 본질을 이해하는 학문이다. 인간을 육체, 영혼, 정신의 통일체로 보는 것이다. 예술이 인간의 감성을 함양하는 역할을 한다는 교육 신념에 따라 미적 감각을 키우고 사물을 창조적으로 만들려는 전인교육의 의미를 살리는 교육이 예술교육이라는 것이다. 〈현대 예술교육가〉 • 철학자·교육자인 듀이(1859~1952) – 어린이는 어른의 축소판이라는 사고방식이 교육계를 지배하던 시대에 과감히 아동 중심으로 교육의 틀을 전화시킨 공로자로 미국을 중심으로 아동교육을 세계적으로 퍼지게 한 역할을 한 사람이다. 경험을 활용하면 대상에 대한 호기심과 사고를 자극받으며 문제의식을 갖게 된다고 보고, 경험은 예술 활동으로 구체화, 심화되며 예술은 또한 단지 예술적 체험에 국한하지 않고 일반적인 의미에서 인간의 형성을 위한 경험 작용으로 파악하였다. • 아도르노(1903~1969) – 『예술의 이론』(1968)에서 "놀이는 예술의 개념 안에 예술의 직접적인 실천과 예술을 극복해 내는 모멘트"라고 하였다. 어린이들은 노래하고 춤을 추며 자신의 세계를 표현하며, 순수한 상태에서 가능한 자발적인 표현 방식이 미메시스적인 예술의 모습이라 하였다. 언어가 개입되지 않는 사고 외적인 영역으로서의 놀이를 통해 아도르노는 예술의 목적과 실천적 의미를 밝혔다. • 리드(1893~1968) – 영국 출신의 시인이자 미술 비평가였고 예술교육론자이다. 예술교육의 목적은 개인의 자발적 창의성을 갈고 닦아서 조화로운 인간 자아를 실현하는 것으로, 이것이 '예술을 통한 인간교육'이다.	 슈타이너  듀이  아도르노  리드

9) 교육 기간인 12학년 동안 오이뤼트미(Eurythmie)라는 예술교육 방법을 실시한다. 오이뤼트미는 몸을 균형 있게 하는 신체 표현으로서 음악에 맞춰 신체의 움직임을 예술적으로 표현하는 교육 과정으로, 특히 어린이의 예술성에서 인간 형성의 중요한 요인을 찾아내어 이를 교과 과정에 도입하기 위해 노력하였다.

시대	연도	내용	대표 이미지 자료
현대		• 현대의 미술교육은 20세기 유럽 각지에서 기존의 형식을 파괴하고 끊임없이 새롭게 만들어 가는 혁신적인 미술 운동[10]이 일어났다. 현재도 계속해서 많은 화가가 새로운 시도를 하고 있기에 20세기 미술은 정의하기가 어렵다. • 20세기 음악교육의 발달은 크게 세 단계로 나누어 볼 수 있다. 초기는 제2차 세계전쟁이 종료된 시기인 1944년까지, 중기는 종전 이후에서 1960년대 말까지, 후기는 1970년대부터 현재까지이다. • 20세기 초기 유럽 음악교육의 역사는 독일, 프랑스, 영국, 오스트리아 등의 사회적 변화에 의한 외적 조건에 의해서 '도덕성 발달을 위한 음악교육'과 '정치적 목적을 위한 음악교육'으로 진행되었다. 순수한 음악교육을 통한 인간 형성의 목적에 의한 것이다. • 중기 이후는 초기의 가창을 주된 활동으로 하던 음악교육에서 벗어나 교육 과정이 더욱 강화되면서 음악교육의 철학, 교육 과정의 체계, 교수 내용 및 방법의 확대 등 질적 성장을 이루게 되었다. 독일의 오르프(1895~1982), 스위스의 달크로즈(1856~1950), 헝거리의 코다이(1882~1967) 등은 음악교육 철학, 방법론 등을 연구하며 음악교육의 실제적 측면에 많은 발전을 이룩하는 데 이바지하였다. • 20세기 후반에 들어 유럽의 음악교육은 교과교육학으로서의 내실화, 학문으로서의 성장을 위한 음악교육의 이론과 실천적 방법을 위해 노력해 왔으며, 20세기 이전까지 음악교육은 주로 유럽을 중심으로 발전하였으나, 20세기 이후부터는 미국을 중심으로 음악교육이 실용화되어 갔다. • 심리학 발달 : 게슈탈트 학파 및 프로이드 학파의 이론이 인간 발달의 정의적인 영역을 주목했고 민주주의 교육 철학이 인간의 전형적인 발달을 강조했던 것이 중요한 배경이 되었다. 특히 리드의 저서 『예술을 통한 교육(*Education through Art*)』(1943)은 예술교육의 방향을 이성과 감성을 조화시키는 인간교육으로 정립하는 데 크게 기여하였다. • 20세기 초의 범세계적 교육 운동으로 확산되면서, 예술교육이 교육 과정의 중요한 분야가 된 것은 음악을 비롯하여 시각 예술과 율동 예술이 강조된 20세기 이후이다.	

10) 프랑스의 야수주의(Fauvisme), 입체주의(Cubisme), 독일의 표현주의(Expressionismus), 네덜란드의 신조형주의(Neoplasticisme), 소련의 절대주의(Suprematisme)와 구성주의(Constructivism), 이탈리아의 미래주의(Futurism), 스위스와 미국의 다다이즘(Dadaism)이 있다. 이들의 공통점은 전통 미술을 거부한 것이다. 이외에도 팝 아트(Pop art), 키네틱 아트(Kinetic art), 옵 아트(Op art), 비디오 아트(Video art), 대지미술(Land art)이 있다.

유아 예술교육

CHAPTER 3

유아 예술교육은 유아의 삶에서 자신과 사람, 사물, 자연, 예술에 내재되어 있는 아름다움을 찾고, 느끼고, 탐색하고, 창의적으로 표현하는 것을 즐기며 감상하는 교육을 이른다(최경숙, 이철우, 2018; Liora & Christine, 2013). 또한 유아 예술교육은 유아가 아름다움에 대해 능동적이고 자발적으로 반응하면서 자신의 경험, 생각, 느낌을 표현해 보고, 다양한 예술 표현을 존중하는 경험과 관련된 교육을 이르는 것이다(교육과학기술부, 2020).

이러한 유아 예술교육은 기존의 학교교육이 논리적인 인식이나 과학적 사고력을 키워 나가는 것만으로는 전인 형성이 어려움을 깨닫고 인간 생활에 중요한 심리적이고 감성적인 측면도 중시되어야 한다는 생각에서 유아 예술교육이 강조되었다. 예술은 유아에게 있어서 자기 속에 있는 생각과 느낌과 알고 있는 바와 무의식 세계의 내용물들을 표현하는 도구이자 매체로 자기표현이다. 과학은 이해하고 분석하고 원리로 환원시키는 작업을 하지만, 예술은 표현하지 않으면 생명력을 가질 수 없다. 인간 생활 속에는 논리적인 사고뿐만 아니라 예술적 감동이나 의지적 행동도 매우 중요한 위치를 차지하고 있기 때문에 유아가 예술교육을 통해 자기를 둘러싸고 있는 세계를 나타내고, 자신의 내적 세계를 효과적으로 표현하도록 가르치는 것은 이를 통한 전인교육에 미치는 예술교육의 힘이다.

1. 유아 예술교육의 가치

Q 유아기에 왜 예술을 가르쳐야 하는가?

유아 예술교육은 단순히 유아들이 즐기고 장식하는 과정이 아닌 다양한 음악, 미술, 신체 표현, 문학, 극놀이 등의 표상 매체들을 이용해 표상 형식을 배우고 경험하는 과정이라고 할 수 있다(정은경, 2002). 유아의 표상 활동인 노래, 그림, 동작, 문학, 극놀이 등은 유아교육 기관에서의 모든 활동과 개념을 통합하고 구체화하는 데 중심이 되는 역할을 하는 것으로 유아가 노래를 부르고, 부른 노래를 연주하고, 감상을 통해 그림이나 신체로 표상하여 유아의 성취감을 높이고 자신의 경험을 되살리며 흥미를 가지고 활동에 집중 할 수 있다. 또한 예술의 자유로운 특성과 더불어 유아가 자신을 표현할 때 느끼는 즐거움으로 유아기의 예술교육은 교육 이상의 가치를 갖게 되며, 단순히 표현 수단을 넘어 유아의 삶이자 즐거운 놀이가 되기 때문이다. 유아의 생활은 땅 위에 뭔가를 그리거나 흥얼거리거나 몸을 들썩이거나 뭔가를 쓰는 것을 좋아한다. 회화, 음악, 춤 그리고 시가 비롯되는 원천이 이와 무관하지 않을 것이다. 이러한 예술은 유아들의 원만한 발달을 가능하게 하는데, 이는 유아들의 공격 본능과 파괴 본능을 예술의 창조적 표현을 통해서 발산하게 함으로써 순화시킬 수 있고, 미적 향수 과정 즉, 공감과 감정이입을 통하여 유아들 상호 간 이해와 조화가 가능하게 하기 때문이다.

그리하여 유아들의 상호이해와 상호협력을 통해 개인적 자아와 사회적 자아의 균형 발전을 도모한다. 따라서 유아 예술교육의 과제는 유아들이 욕구를 창조적으로 표현하고 미적 향수 과정을 통하여 이성과 감정이 적절히 조화된 인간으로 성장해 갈 수 있도록 한다. 이러한 유아 예술교육은 인간의 내면세계에 직접적인 영향을 주는 활동으로 정서적 표현력과 안정감과 상상력을 증진시키는 데 기여한다. 예술교육의 교육적 가치를 유아기와 연관 지어 살펴보면 다음과 같다(정예진, 2013).

첫째, 예술교육은 유아의 예술 능력을 발달시킨다.

유아기는 잠재된 예술 능력이 형성되는 기초적인 시기이다. 가드너(Gardner, 1983, 1993)는 예술 능력을 하나의 지능으로 여겼고, 그는 유아가 예술을 통해 상징을 이용하므로 예술은 고차원적인 정신 활동이라고 간주하였다. 이 같은 예술 능력은 유아기 때 개발될 수 있다. 따라서 이러한 예술 능력을 개발하는 것이 예술교육인 것이다. 이처럼 예술교육은 유아의 예술 능력을 개발하여 자신의 생각과 느낌을 표현할 수 있는 도구를 갖추게 하는 교육적 가치를 지닌다.

둘째, 예술교육은 유아의 상징 능력과 표현 능력을 향상시킨다.

유아는 문자언어로 자신의 생각과 표현을 완벽하게 나타내는 데 한계를 가지므로, 음악, 미술, 동작 등의 다양한 예술을 통해 자신의 세계에 형태를 부여하게 된다. 따라서 예술을 통한 표현은 유아가 느끼고 상상한 모든 것들의 반영이며, 유아의 의미 있는 언어이자 곧 자기 자신인 것이다. 이는 인지적 개념인 표상 능력으로 설명할 수 있다. 이처럼 예술교육은 유아의 생각을 자유롭게 표현하는 장이자, 자신만의 표상 능력을 발전시키는 데 도움을 주므로 유아기 예술교육은 교육적 가치를 지닌다.

셋째, 예술교육은 유아의 정서 능력을 발달시킬 수 있다.

유아는 예술작품의 결과보다는 과정 속에서 즐거움을 느낀다. 그리고 자신의 또 다른 자아를 만나며 자신을 스스로 뒤돌아보면서 이해할 수 있게 한다. 다른 사람의 작품 감상을 통해 타인의 마음을 읽어 내고 공유하며 의사소통하는 것을 가능하게 한다. 백 령(2015)은 예술교육을 통해 나와 세상을 발견하는 예술경험을 할 수 있게 된다고 하였다. 이처럼 예술교육은 개인의 마음에 울림을 주기도 하고 카타르시스를 불러일으키기도 하여 유아의 정서와 감성을 풍부하게 해 준다. 이와 같은 정서적·심미적 경험은 그 경험 자체로 유아에게 즐거움을 주는 경험이며 유아의 정서를 함양한다는 측면에서 예술교육은 유아기 때 가치를 지닌다.

넷째, 예술교육은 유아의 창의성을 발달시킨다.

예술교육에서 창의성은 유아가 예술경험을 통해 자신만의 시각을 갖는 것을 뜻한다. 즉, 유아에게 있어서 예술은 자기 속에 있는 생각과 느낌과 알고 있는 바와 무의식 세계의 내용물들을 표현하는 도구이자 매체이다. 따라서 유아에게 있어서는 새로운 것을 창조해 내기 이전에 자기표현이 우선하는 것이며, 예술에는 지식 그 자체가 수용할 수 없는 인간의 삶에 대한 시야를 확장해 주는 힘이 있고 인간의 상상력의 발휘를 가능하도록 해 주는 마력이 있으므로(Root & Root, 1999) 유아는 예술을 통하여 무의식적으로 자기 구현의 과정을 경험하게 된다. 이를 경험함으로써 사고와 마인드가 다양해진다. 예술교육은 어떤 개념을 기억하는 지적 학습이 아닌, 자기표현을 통해 자연스럽게 창의성이 발현되는 학습이라는 점에서 교육적 가치를 지닌다.

따라서 예술교육은 유아기부터 이루어져야 하는 기초 교육의 필수적 요소이며, 모든 유아는 이러한 예술교육을 받을 특권을 가지고 있다.

2. 유아 예술교육의 중요성

Q 유아기에 예술을 익히는 것과 성인기에 예술을 익히는 것은 차이가 있을까?

유아에게 미적 체험과 감동, 행복감을 주는 유아 예술교육은 음악, 미술, 움직임과 춤, 문학, 극놀이, 등의 예술 분야를 이루는 교육 내용으로 구성되어 있다. 유아기는 이러한 다양한 예술 분야를 감각과 신체를 이용하여 보고, 듣고, 만지며 느낀 것을 자연스럽게 표현함으로써 예술적 요소를 인식할 수 있는 기초 능력이 발달되는 시기로 예술적 창의성의 기반이 마련되는 중요한 시기이다(Gardner, 2006). 또한 창의적 사고의 밑거름이 되는 직관적 사고의 시기이며, 창의적 사고 발달이 인생의 전 시기 중 가장 활발하게 이루어지는 때이다(Torrance, 1974). 예술이 유아의 창의성 증진에 효과가 있는 이유는 예술이 언어나 수학적 표상과는 본질적으로 다른 자유로운 '상상'과 '표현'을 기반으로 하는 예술적 표상을 통해 이루어짐으로써 모방이나 상상력을 동원하여 창의적으로 표현하는 데 도움을 주기 때문이다(Bamford, 2010). 또한 예술경험 활동을 통해 유아들은 창의적인 자기표현, 창의성과 상상력 등을 발현할 수 있는 다양한 경험과 풍부한 기회를 얻기 때문에(Hui et al., 2014) 이러한 맥락에 볼 때 유아기의 예술교육은 매우 중요하다.

스타코(Starko, 1995)에 의하면 유아기가 창의성 발달에 가장 민감한 시기로, 유아는 자신의 생각과 느낌을 언어적인 수단 외에 오히려 비언어적인 수단으로 더욱 잘 표현할 수 있기 때문에 음악, 미술, 신체 등의 예술교육 영역은 유아들의 창의적 사고 및 표현을 자극해 주며 정서적인 안정감을 제공할 수 있다. 이러한 점은 유아의 심미감을 증폭시키고, 유아가 가진 능력을 최대한 발휘하기 위한 방편으로서 예술교육에 대한 역할과 중요성이 대두되고 있음을 알려 준다. 유아 예술교육은 유아의 내면에 직접적인 영향을 주는 활동으로 정서적 표현력과 안정감을 증진시킬 수 있으며 상상력 개발에 효과적이다. 그러므로 모든 교육의 기초가 되며 정서 능력과 사회성, 창의성 개발을 위한 적령기인 유아기의 예술교육은 매우 중요한 교육이라고 볼 수 있다. 특히 유아기에는 언어적인 표현 능력보다 예술적인 활동을 통해 유아 자신의 생각과 느낌을 다양하고 자유롭게 표현할 수 있기 때문에 이러한 직접적 예술경험으로 인한 창의성 증대가 유의미한 관계가 있는 것으로 해석할 수 있다.

예술교육의 목적이 미적 욕구를 충족하고 이성과 감성의 조화를 추구하며 예술적인 인간을 형성하는 것(이정화, 2004)이라는 측면에서 예술교육은 단지 예술인 양성을 위한 교육이 아니라, 예술 활동을 통해 유아가 내적 감정을 자연스럽게 표출하고, 지적인 탐구 성향과 창의적 사고 발달을 통해 전인적인 인간으로 성장할 수 있게 한다.

유아를 위한 교육은 유아가 살아갈 미래 사회를 대비할 수 있는 교육이어야 하며, 유아가 미래 사회에 살아갈 역량을 기르는 교육이어야 한다(Charles, Maya & Martha, 2016). 개정 누리과정(교육부, 2019)에서 강조한 자율과 창의력은 교사 주도 활동이 아닌, 유아 스스로가 충분히 놀이 경험을 통해 몰입과 즐거움 속에서 경험되는 것으로 이는 핵심적인 미래 세대 역량 중 하나이다. 특히 창의력은 불확실한 미래 세대를 살아가면서 접하게 될 여러 가지 문제 상황을 해결하고 미래 사회의 구성원으로 살아갈 핵심 역량이 된다는 것이다. 이에 유아 예술교육은 유아들이 살아갈 미래 사회를 대비하는 교육이 된다(강충인, 2015; 김광현, 2018; Gene & Martha, 2018). 왜냐하면 예술은 무엇인가를 만드는 작업으로 새로운 것, 가치 있는 것을 유아가 상상하고 표현할 수 있어야 하며, 이는 새로운 것을 만들고 창조하게 이끄는 교육이여야 하기 때문이다. 예술교육을 통한 유아의 다양한 예술창작 활동 경험은 유아의 창의력 증진에 도움을 줄 것이며 또한 상상력과 감성을 기반으로 하는 예술은 시대적 요청뿐 아니라 과학·기술의 발전을 비롯하여 기업과 조직의 혁신과 경제 발전의 주요 원동력이 되고 있다(Bamford, 2010). 이외에 모든 교육 분야에 중요한 화두로 떠오르는 상상력,

창조력, 감성, 사회성은 개인의 잠재 능력 개발과 자기 실현을 위한 최적의 교육 목표인 동시에 방법이다. 이 모든 것을 포함하는 예술교육은 21세기 새로운 대안교육으로 주목받고 있다. 이러한 예술교육은 유아의 감동을 통해서 나타나는 형상, 색상, 음률, 동작, 언어 등으로 사물을 생생하게 표현하게 하고, 이와 같이 표현된 예술작품을 재현, 감상시키는 교육 과정에서 인간의 다양한 능력을 전면적으로 발전시켜 유아의 전인교육에 이바지하는 일이다.

따라서 인간의 삶에서 중요한 예술교육을 유아기부터 경험한다면 예술작품에 대한 미적·지적 탐색을 통해 갖게 되는 유아 예술교육의 풍부한 미적 체험은 유아들이 장차 성인이 되어서도 예술을 사랑하고 창의성 발달을 통한 풍요로운 인간의 삶을 영위할 수 있으므로 예술교육은 유아 시기뿐만 아니라 전 생애에 걸쳐 필요하며 중요하다고 할 수 있다.

3. 유아 예술교육의 효과

아이즈너(Eisner)는 "예술을 통해서 유아들은 세상을 바라본다."라고 하며, 유아의 발달에 있어서 예술을 통한 학습의 중요성을 강조하였다. 그는 예술적 능력이 학습 효과를 증진시키며, 특히 독해와 작문 및 수학적 능력을 향상시킨다고 하였다. 예술을 경험함으로써 창의성, 표현력, 상상력, 협동심이 높은 수준의 성장을 보인다는 연구 결과도 있다.

뱀포드(Bamford)는 예술교육은 어린이들이 최선을 다하고, 안정된 환경에서 스스로의 재능을 개발하고 적절한 방법으로 도전할 수 있도록 자극하며, 그것은 어린이들에게 자신감을 부여하고 새로운 상황에 도전하는 용기를 준다고 하였다. 또한 어린이들의 의사소통 기술이 매우 좋아지며, 그들은 새로운 '지식'에 대해 호기심을 가지게 되고, 특히 문제해결력·창의적인 사고·협동적인 태도가 직접적으로 예술교육으로부터 기인하고 학업 성취에 긍정적인 효과를 가져 온다고 하였다.

젠킨스(Jenkins)는 영유아기에 예술을 배움으로써 얻는 장점을 첫째, 창의적인 생각을 길러 주고, 둘째, 자신을 표현할 수 있는 능력을 향상시키며, 셋째, 감정 표현을 자유롭게 할 수 있도록 해 주며, 넷째, 자신감을 키워 주고, 다섯째, 스스로를 이해할 수 있는 능력을 향상시키고, 여섯째, 미학적인 감각을 길러 주며, 일곱째, 시각화 할 수 있는 능력을 길러 주고, 여덟째, 문제해결력과 결정력을 향상시키며, 아홉째, 다른 사람과의 협동심 등을 발전시킬 수 있다고 언급하고 있다.

한편 데이비스(Davis, 2013)는 유아 예술교육의 독특한 특성을 다섯 가지로 정리하여 예술을 통한 교육 효과를 서술하고 있다.

첫째, 예술은 구체적인 생산물을 만들어 내면서 상상력을 높일 수 있고 자신을 중요하게 여기게 한다. 유아는 결과물에 나타난 변화의 영향을 보고 변화를 주도하고 그것을 이행하는 자신의 능력을 경험하게 되고 주어진 것을 넘어 스스로 상상하는 것의 중요성을 깨닫게 된다. 또한 자기에 의해 결정되고 실현되는 가능성을 상상하게 된다.

둘째, 감정에 주목하게 되면서 표현하고 공감할 수 있는 능력이 높아진다. 예술은 본질적으로 유아가 다른 이들의 감정을 알아보고 경험할 수 있는 기회를 준다.

셋째, 예술의 모호성 때문에 유아는 다양한 해석을 경험하고 나와 다른 생각을 존중하는 법을 배운다.

넷째, 예술은 과정 지향적이며 탐구하고 반성하는 과정이다. 구체적인 생산물을 만들어 내기 위해 유아는 자신의 사고가 예술적 대상에 미치는 영향을 이해하고 탐구의 범위와 중요성, 과정의 평가, 방향을 설정하는 자신의 능력을 경험할 수 있다. 즉, 참된 질문을 묻는 능력, 작업을 지속적으로 평가·수정하며 진전시키는 반성 능력을 습득할 수 있다.

다섯째, 유아는 예술교육을 통해 즐겁게 참여하는 경험을 하고 책임감을 기를 수 있다.

유아기는 평생의 기초를 다지는 중요한 시기로, 예술교육이 갑자기 유아의 삶을 변화시키지는 못하지만, 이후의 예술 활동에 영향을 주면서 유아의 삶에 폭넓게 작용하게 된다. 유아가 예술로 자신을 표현하면서 즐거움을 느끼고, 세상에 대한 호기심과 열정을 지닌 채 마음껏 상상하고 창조할 수 있도록 놀이의 장을 제공하고, 자신만의 시각에서 독창적으로 표현하도록 격려하고 자극하는 자체가 즐거운 삶과 놀이가 된다. 즐거움을 기반으로 활동하는 유아에게 예술교육의 효과는 유아의 삶과 연관되어 상상력에서부터 사회적 책임감에 이르기까지 배울 수 있고 자신의 인간성을 직접 경험할 수 있다.

제2부

창의성교육의 이해

CHAPTER 4

창의성의 기초

1. 창의성교육의 필요성

Q '창의성' 하면 떠오르는 나의 생각은?

4차 산업혁명 시대는 고도화된 지능정보 기술을 기본으로 완전히 디지털화, 인공지능화의 시대로 진입하는 시대를 뜻하며 키워드로 AI(인공지능), IoT(사물인터넷)[11], 클라우드, 빅데이터, 비트코인, 생명과학 등을 꼽을 수 있다. 점점 스

---

11) IoT(Internet of Things) – '사물'이 블루투스와 와이파이를 이용한 무선통신 기술이 탑재된 것을 말한다. 즉, 컴퓨터, 스마트폰, 태블릿 등 수많은 사물들을 함께 연결, 통신하는 것으로 사람이 데이터에 접근하는 것이 아닌, 사물이 데이터에 접근하거나 다른 기기들과 소통하는 것이다. 예를 들어, 스마트 홈(Smart home), 스마트 카(Smart Car) 등이다.

마트하게 진화하는 세상에서 우리가 인공지능의 서포터를 받으며 편리한 생활을 누리는 사이에 눈부신 인공지능 기술의 발전은 노동력 대체로 인한 대량 실직 현상을 낳고 있으며, 머지않은 미래에 많은 직업의 변화를 예고하고 있다. 이러한 미래는 인공지능을 다루는 창조 계급에게 부가 집중되어 사회 불평등을 야기할 수 있다는 경고를 받고 있다. 미래를 살아갈 학생들에게는 미래 사회 메가트렌드에 따른 직업의 변화를 조사하여 꼭 필요한 교육을 제공할 수 있어야 한다. 더불어 교육자는 미래 사회에 필요한 핵심 역량에 대해 잘 알 필요가 있다. 그러므로 사회의 변화 속도가 매우 빠르고 지식이 폭발적으로 증가함에 따라 단순히 지식의 습득보다는 다양한 정보를 창의적으로 재생산할 수 있는 능력이 더욱 필요한 가운데 우리는 각자의 생존을 위해 창의적 역량을 키워 나가야 한다. 창의성은 생존의 문제로 변화하는 사회에서 살아가는 전략으로 지식과 정보의 단순한 학습과 적용이 아닌 무한한 상상력과 창의성을 바탕으로 유요한 산출물을 창출해 내야 한다. 과거처럼 특정한 전문 영역이나 특정된 계층에서만 창의력이 필요한 시대가 아니며 학문 분야, 산업계, 광고 홍보, 예술 분야, 일상생활 등에서 지식 서비스 사회를 살아가는 사람들은 누구나 창의성이 필요하기 때문이다(홍길회, 2018). 그러므로 4차 산업혁명 시대를 맞아 창의적인 미래 인재를 육성하기 위해 핵심 역량에 대한 교육은 사회에 속해 있는 개인이 지식적, 기술적, 정서적으로 성장하고 건강한 사회 구성원으로 자리 잡기 위해 경험해야 하는 필수적인 요소이며, 현대 사회는 최첨단 기술의 발달로 누구나 쉽게 창의성을 발휘할 수 있는 시대가 되었고 단순 업무는 인공지능(AI)이 담당하기 때문에 창의성의 중요성은 더욱 커지게 되었다.

특히 유아교육은 미래의 사회 구성원으로 성장하기 위한 기본적이고 기초적인 교육이다. 유아기는 창의성 계발에 있어서 무한한 발전 가능성을 지니고 있는 시기이므로 창의성 계발의 최적기다. 이것은 학교교육의 시작인 초등학고 이전에 창의적인 능력과 창의적인 성격을 형성하도록 돕는 것이 창의성 발달에 중요하다는 것을 의미한다. 만일 이 시기에 창의성교육을 받지 못하면 성인이 되어서도 이를 증진시키기 어렵고, 나중에 창의성교육을 받는다 해도 유아기 때 창의성교육을 받았던 사람만큼 창의성이 계발되기 어렵다(전경원 외, 2014). 이런 점을 고려한다면 유아기 창의성교육이 가장 중요하다고 보며, 그러기 때문에 국가는 유아뿐만 아니라, 아동과 청소년기의 학교라는 제도화된 시스템 안에서 개인이 올바르게 성장하고 미래 인재로서 안정적으로 정착할 수 있도록 필요한 능력적 요소들을 파악하고, 그에 부합하는 체계화된 교육을 제공해야 할 필요가 있다.

이와 관련하여 '2019 개정 누리과정'에서 놀이를 통한 창의성을 더욱 강조하고 있다. 누리과정의 성격에서는 '유아의 자율성과 창의성 신장 추구'를 강조하고 있으며, 초등학교와의 연계 측면에서 추구하는 인간상에도 '창의적인 사람'이라는 내용이 새롭게 추가 되었다. 유아교육 현장에서는 '창의적인 사람'이라는 인간상 추구를 위하여 창의적인 환경, 시간, 공간 등 다양한 변화를 추구할 뿐만 아니라 유아와의 다양한 놀이를 바탕으로 한 창의성교육을 실천해 나가는 노력이 매우 중요하다.

2. 창의성의 개념

Q 내가 생각하는 창의성 개념은?

1) 창의성

창의성(Creativity)이란 인간의 잠재 능력을 설명하기 위한 가설적인 개념으로 구체적인 실체가 없다는 점에서 정의는 실로 광범위하며(교육과학기술부, 2011), 창의성에 대한 정의는 일반적인 인간 중심적인 설명부터 엄격한 조작적인 정의까지 매우 다양하다. 창의성은 산업혁명 이전과 이후 그리고 현대 사회에서 그 용어가 시대에 따라 다르게 해석되고 있다. 항상 새롭게 변화하는 환경에 능동적으로 대처하며 생활해야 하므로 복잡하고 다양한 문제해결의 필수적인 창의성은 무엇보다 중요하게 인식되고 있다. 21세기에는 더 많은 사람들이 문화와 문화 간에 다리를 놓고 다문화를 이해하고 해석하기 위해 창의성이란 단어를 그 어느 때보다도 빈번하게 사용하게 될 것이다.

창의성 개념은 다양하지만 일반적으로 '새롭고 적절한 것을 산출하는 능력'이라고 정의한다(Sternberg & Lubart, 1999). 새롭거나 독창적인 아이디어, 발명, 재구조화 혹은 예술적 작품을 만들어 내는 잠재 역량(capacity)으로 가치가 있다고 전문가들이 인정하는 것이어야 한다. 여기서 '새롭다'라는 것은 지금까지 존재하지 않았던 독창적인 것을 의미하고, '적절하다'라는 것은 만들어 낸 것이 무엇이든 간에 그 목적이나 의도에 적절해야 한다. 창의성의 개념은 오랜 시간을 통해 변화·수정되어 왔지만 '문제를 해결하기 위해 적절한 아이디어를 창출해 내는 능력(Guilford)', '새롭고 질 높은 과제나 적절한 산출물을 생산해 내는 능력(Sternberg)' 등과 같이 창의성은 새롭고 유용한 아이디어나 물건을 만드는 정신적 활동이라고 할 수 있다.

이러한 창의성이라는 용어가 등장하게 되는 것은 로마 시대로, 창의성의 어원이 되는 'creare'는 무엇을 만들다(make), 생산하다(produce)를 의미하였다. 이러한 'creare'가 정신적 가치를 지니고 이전에 없던 어떤 무엇을 만들어 내는 '독창성'의 의미를 지니게 된 것은 18세기의 유럽에 이르러 당시 문화 비평가들이 화가나 시인에 대해 창조자라는 말을 사용하게 되면서부터이다(강병직, 2012). 특히 프랑스 혁명으로 인한 개인주의 사상과 낭만주의 미학을 통해 예술가와 시인은 '창조자'와 동의어로 인식된다. 창조란 이전에 없던 새로운 것을 만드는 것으로 결과물과 관련된 것을 의미하며, 오늘날 '무엇인가를 새롭게 만드는 독창성'이라는 의미로서 사용된 창의성 개념은 19세기 예술 영역의 산물이라고 할 수 있다. 20세기를 지나면서 예술에 국한되어 특정한 의미로 인식되었던 창의성 개념은 점차 과학은 물론 교육 및 사회 등의 다른 분야로 확산되기에 이른다.

에머빌(Amabile, 1996)은 창의성에 대한 개념은 이론적 시각과 시대 변화에 따라 각기 다르게 규정되고 있으나 공통적으로 다른 사람과 다르고, 새롭게 생각하고 표현하는 능력으로 이러한 능력에 창의적인 성향이 더해진 것, 상상력, 재능, 혁신, 독창성, 독특성, 동기 유발 등 주변에 흥미와 관심을 가지고 탐색해 나가는 과정을 통해 형성되는 공통점이 있다고 주장하였다.

조쉬 링크너(Josh Linkner, 2011)는 창의성의 의미를 한 단어로 혁신(innovation)이라고 하였다. 혁신이란 묵은 풍속, 관습, 조직, 방법 따위를 완전히 바꾸어 새롭게 하는 것으로 파격적인 변화를 꾀하고, 현 상태를 타도하는 것이다. 그리고 어떤 분야에 대한 풍부한 지식을 쌓고 '다른 뭔가'를 하는 것이다. '다른 뭔가'는 바로 문제를 새로운 방식으로 재구성(restructuring)하는 기존의 틀을 깨뜨리는 능력을 갖추고 있는 것을 말한다. 이것이 기존의 식상한 의미의 창의성에 대한 혁신이다. 이러한 창의성은 첨단 산업의 혁신적인 발전에 기반이 되는 기초 영역으로 문제해결 능력, 고차원적인 사고력, 탐구 능력 등과 함께 교육의 핵심 요소이며(Urban, 2007), 인간 모두가 가지는 보편적 잠재 능력(Kaufman & Bear, 2005; Sterberg & Lubart, 1995)으로 창의성은 교육을 통해 신장될 수 있다고 하였다(Amabile, 1996). 창의성에 관한 집중적이고 성실한 연구는 1950년경 길포드(Guilford)에서부터 시작하여 최근 칙센트미하이(Csikszentmihalyi)에 이르기까지 이들을 중심으로 하여 실증적으로 이루어지고 있다.

여러 학자들의 의견을 종합해 보면, 창의성은 여러 가지 요소를 가진 복합적인 개념으로 결과보다는 과정에 초점을 맞추고 포괄적으로 정의하고자 하였다. 따라서 창의성이란, 어떤 사태에 직면했을 때 새로운 통찰과 사고를 산출하는 과정을 거쳐 기존의 것과는 다른 아이디어나 형태, 관계 양식 및 해결 방법을 산출해 내는 누구에게나 잠재된 보편적인 능력이라고 할 수 있다.

2) 창의성 개념에 대한 학자들의 관점

1950년 길포드(Guilford)가 미국 심리학회에서 창의성의 중요성에 대한 연설을 한 이후 교육학 및 심리학에서 관심을 끌기 시작하였고 창의성에 대한 본격적인 연구가 시작되었다. 창의성 연구가 활발해지면서 학자마다 창의성 개념에 대한 정의가 광범위하고 다양하게 내려지기 시작하였다. 대표적인 학자들이 정의한 창의성의 개념에 대해 알아보면 다음과 같다.

〈표 4-1〉 창의성의 개념

학자	창의성 관점
Thurstone (1952)	• '새로움' 개념을 내포함 • 개인의 자아실현, 자기표현의 욕구에서 근원된 상상적 활동을 의미하는 것
Osborn (1953)	• 모든 인간이 가지고 있는 보편적인 능력이나 특성으로 정의 • '사적인 창의성' – 일상생활에서 겪는 다양한 문제 상황을 개인 나름의 독특하고 새로운 방식으로 해결
Maslow (1954)	• '특별한 재능의 창의성(과학자 예술가 발명가)', '자기실현의 창의성'
Torrance (1957)	• 다른 관점이나 문제를 새로운 시각으로 보는 것이라 정의 • 모든 사람들에게 존재하며, 교육에 의해 개발되고 발전
Torrance (1962)	• 특정한 문제가 가지고 있는 정보의 결함, 부족한 요인, 방해 요인 등을 인지, 이에 관련된 잠정적인 가설을 세우고 이 가설을 검증, 피드백, 재검증하여 최종적인 결과를 전달하는 과정임
Vernon (1969)	• 가치가 있는 것으로 받아들여질 수 있는 새로운 혹은 독창적인 아이디어, 통찰, 재구성, 조화, 발명, 예술적 오브제 등을 산출해 내는 개인이 가지고 있는 잠재 역량(capacity)을 의미
Guilford (1970)	• 특수한 재능이 아닌 모든 사람이 공유하는 사고 • 발산적 사고·확산적 사고의 두 양식으로 구분
Paplia & Olds (1975)	• 독창적인 발견, 새로운 시각, 기존의 틀을 벗어난 새로운 사고방식이나 융통성 있는 유연한 사고의 과정, 그리고 기존의 것을 재구성하여 새롭게 하는 행위
Gardner (1985)	• 특정 영역 내에서 새롭고 가치 있는 결과를 만들어 내는 능력으로, 기본적인 성향, 성격, 인지 형태에 따라 좌우 된다고 봄 • 창의적인 사람들은 강한 자아 개념과 전통에 도전하는 성격을 가지고 있다고 봄

학자	창의성 관점
Lowenfeid (1987)	• 인간의 정서적 정신적인 내면의 욕구가 창조성의 근원이라고 생각하고, 창조성이란 모든 사람이 자신 있게 자기 자신을 표현하는 충동임을 밝힘
Taylor (1988)	• 특정한 목적을 가지고 지속적이고 유용한 새로운 것을 만들어 내는 것
Gardner (1993)	• 아홉 가지 영역의 지능이 지적 활동의 산출물이며, 이러한 지능이 곧 창의적 능력 • 창의력은 개성 있는 비범함
Sternberg (1994)	• 무엇인가 새롭고, 문제 상황에 적절한 것을 만들어 낼 수 있는 능력 • 창의적 – 다른 사람들이 생각하지 못했거나 존재하지 않아서 경이로움을 느끼게 하는 것
Sternberg (2003)	• 특정한 방식으로 생각하는 것을 의미하는 것뿐만 아니라 삶에 대한 태도임 • 인지적 요인과 정의적 요인에 대하여도 언급함
전경원 (2004)	• 창의 – '자신과 타인의 행복을 위하여' 물건이나 아이디어를 만들어 내는 것뿐만 아니라, 문제해결을 위한 새로운 능력을 말함 • 창의력(creative ability)[12]과 창의성(creative personality)[13]을 포함함
David & Tom (2014)	• 고정된 방식을 벗어난 생각이 될 것임, 확산적 사고방식이 포함됨 • 자연스럽게 발견되기도 하지만 교육에 의해 증진할 수 있음

출처: 이종희(2002); 최 알버트 영(2005); 전경희(2007); 이경혜(2019), 재구성.

이와 같이 창의성의 개념이 학자마다 보는 관점에 따라 매우 상이하고 다양하지만, 창의성은 '개인 또는 집단의 창의적 특성이 창의적 과정을 거쳐 사회적 맥락에 의해 새롭게 산출물을 생성하는 능력 및 문제해결 능력'으로 어느 하나도 소홀히 할 수 없다. 정리해 보면 창의성을 정의하는 핵심 요소는 '새로움', '적절성', '확산적 사고'라고 할 수 있다.

창의성의 개념을 보다 정확하게 이해하기 위하여 창의성을 정의하는데 있어서 고려해야 할 부분은 다음과 같다(Hurlock, 1972, 재구성).

---

12) 발산적 사고, 창의적 사고로 상상력을 포함한 일체의 창의적 과정과 산출물에 관한 것을 일컫는다. 주로 '인지적 접근'을 하고 있다.

13) 창의적인 과정과 산출물로 유도하는 창의자의 성격과 환경에 관한 것을 일컫는다. 주로 '사회·심리적 접근'을 하고 있다.

첫째, 창의성의 개념에서는 만들어 낸 결과보다는 만들어 내는 행동을 더 강조하여야 한다.

둘째, 모든 창의성은 목표 지향적인 과정이며, 개인적 또는 사회적인 목표일 수도 있다.

셋째, 창의성은 기존의 것이 아닌 색다른 독특한 것을 만들어 내는 것이며, 독특하다는 의미에는 개인적 차원에서의 독특성도 포함된다.

넷째, 창의성은 독특한 정신 과정이라기보다는 '확산적 사고'라고 할 수 있다.

다섯째, 창의성은 사고하는 방법이며, 기억력이나 추리력과 같이 지능의 한 측면이다.

여섯째, 창조하는 능력은 타고난 것이라기보다는 습득된 지식을 새롭고 독특한 방법으로 사용하여 훈련에 의해서 학습되어지는 것이다.

일곱째, 창의성은 상상이나 환상과 같은 정신적 놀이 형태라기보다는 어떤 성취를 향한 조직화되고 종합적이면서 상상적인 뇌 활동이다. 따라서 창의성은 혁신적인 것이다.

3) 창의성 이론의 관점

창의성은 보는 관점에 따라 새롭고 독창적인 아이디어를 만들고 확장시키는 데 기초가 되는 지적인 측면을 지칭하는 인지적 능력으로 보는 관점, 새롭고 독창적인 아이디어를 만들고 확장시키는 과정에서 나타나는 성향·태도·흥미를 의미하는 창의적인 태도를 지칭하는 정의적 특성으로 보는 관점, 지적인 측면과 성격적인 측면을 모두 포함하는 인지·정의적 관점, 개인과 사회적·환경적 요인들의 중요성을 보는 사회심리학적 관점, 여러 가지의 요인을 종합한 통합적 능력으로 보는 관점으로 나누어 살펴볼 수 있다. 최근 창의성 연구들은 다각적 방법인 통합적 접근을 강조하고 있다.

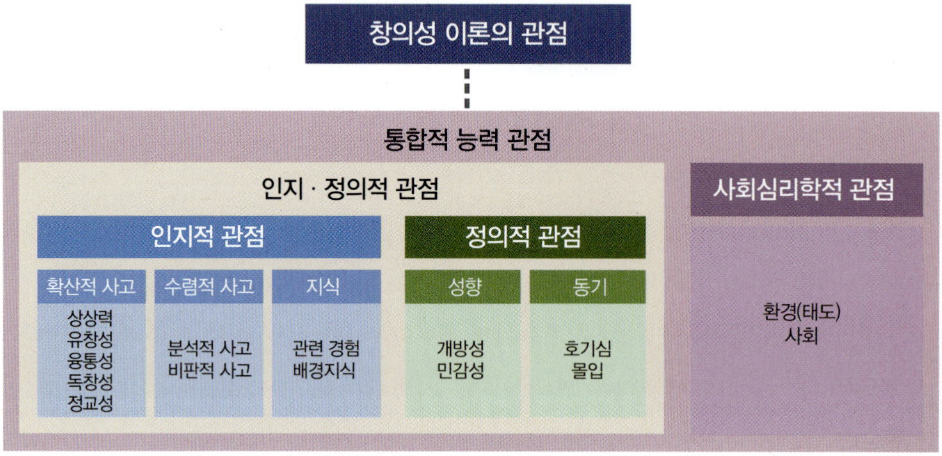

〈그림 4-1〉 창의성 이론의 관점

(1) 인지적 관점

지적 능력 특성인 인지적 요인은 새롭고 독창적인 아이디어를 만들고 확장시키는 데 기초가 되는 요인을 포함한다. 대표적인 학자 길포드(Guilford, 1970)는 창의성이란 '새로운 사고를 생산해 내는 것'이라 하고 정도의 차이는 있을지라도 모든 사람이 공유하는 것이라고 하였다. 창의성을 지적 특성으로 이해하고, 인간의 사고를 확산적 사고와 수렴적 사고의 두 양식으로 구분하였으며 1967년 제안한 확산적 사고(divergent thinking)의 측정 수단이 지능검사로 채택되었다. 문제를 창의적으로 해결하는 데 있어서 확산적 사고와 수렴적 사고는 독립적이기보다는 동전의 양면과 같이 두 사고가 함께 작용하게 되며(Croplay, 2006), 창의성을 경험하는 초기에는 확산적 사고에 초점을 두지만, 점차 진행되면서 수렴적 사고와 균형이 필요하다(박인영 외, 2019). 피아제(Piaget)는 지능을 이해하는 지능과 창조하는 지능이 있다고 하였고, 넓은 의미로 인간의 지적 능력의 총체를 지능이라고 한다면 창의성도 창의적 지능(creative intelligence)이 된다. 오스본(Osborn, 1953)은 인간의 지적 활동은 사고하는 개인에 따라서 두 가지 형태로 나눌 수 있는데, 첫째는 추리 작용에 동원되는 사고이며, 둘째는 이미 알려진 것을 새롭게 지각하여 개조·개선, 탐구·상상해 보고 만들어 보는 데 동원되는 사고 형태로 보았다. 가드너(Gardner)는 지능을 "문제해결 능력 또는 중요하게 여기는 어떤 것을 만들어 내는 능력"이라고 정의하고, 지능을 지적 활동의 최종 산출물이자 과정이며 동시에 내용·형태로서의 모든 것을 의미한다고 보았다. 그러므로 가드너가 말하는 지능이란 곧 재능이며 창의적인 능력과 같은 용어라고 할 수 있다. 정리하면 창의성이란 인간 모두가 가지고 있는 보편적 능력으로 넓게 해석되고 있고 일상생활에서 당면한 제반 사태나 문젯거리를 개인 나름의 새롭고 특유한 방법으로 해결해 나가는 지적 능력으로 여기고 있다.

(2) 정의적 관점

창의성을 정의적으로 보는 관점에 의하면 새롭고 독창적인 아이디어를 만들고 확장시키는 과정에서 나타나는 창의적 인물의 성격 특성이나 태도·흥미를 의미한다. 창의적인 사람의 성격적인 특성을 토랜스(Torrence)는 용기, 호기심, 자발성, 직관적 태도와 민감성으로, 렌줄리와 하트만(Renzulie & Hartman, 1971)은 호기심, 독창성, 모험심, 위험감수, 상상력, 유머, 심미감, 과제 집착력이라 하였고(이윤옥, 2013), 맥키넌(Macckinnon, 1978)은 창의성을 '개인 특성'이라 보고 개인의 성향이나 동기에 의해 창의성을 정의하였다.

다양한 창의적 성격 특성 중 창의성과 연관성이 큰 성격 요인은 경험에 대한 개방성과 민감성이다. 개방성은 개인의 지적·경험적 호기심을 의미하며 인지적 탐구에 얼마나 관심을 가지고 있는지를 나타낸다(DeYoung, 2014). 민감성은 지각과 관계가 있어 주변 환경에서 오감을 통해 들어오는 다양한 정보에 대해 민감한 관심을 보이고 이를 통하여 새로운 영역을 탐색해 나가는 것을 의미한다. 일상생활 및 주변 환경에 대하여 세심한 관심을 가지고 당연한 것에 대하여 의문을 품고 생각해 보려는 특성으로 유아기에 모든 감각 기관을 통해 경험하는 민감성은 창의성을 발휘하는 밑거름이 된다. 특히 내적 동기인 호기심은 자발성, 적극성, 관심 및 도전감으로 표현될 수 있고 호기심을 발휘하여 내적 동기 유발이 되었을 때 유아는 즐거움, 만족감, 성취감을 느끼게 된다. 내적 동기는 주어진 과제에 집중할 수 있도록 해 주며, 그중 강렬하게 좋아하는 것을 적극적으로 추구하는 과정에서 나타나는 감각이나 기분을 말하는 몰입(flow)에 대하여 칙센트미하이(Csikszentmihalyi, 1990)는 창의적인 일에 몰입하는 사람은 내적으로 높은 동기화된 상태를 경험한다고 하였다. 이와 같이 정의적 관점에서는 개인의 창의적인 성향에 초점을 두고 있다.

(3) 인지·정의적 관점

창의성을 지적 능력 또는 성격적인 측면만으로 보는 것이 아닌 이들을 모두 다 포함하는 개념인 인지·정의적 과정으로 이해해야 한다는 관점이 있다. 인지적 요인은 새롭고 독창적인 아이디어를 만들고 확장시키는 데 기초가 되는 지적 요인으로 유창성, 융통성, 독창성의 구성 요인을 포함한다. 정의적 요인은 새롭고 독창적인 아이디어를 만들고 확장시키는 과정에서 나타나는 성향, 태도, 흥미를 의미하며, 탈고정관념과 독자성, 호기심과 모험심, 다양성, 민감성, 유머감, 개별성의 구성 요인을 포함한다. 창의성은 확산적 사고력을 키우는 것으로 창의성의 효과를 극대화하기 위해서는 2가지 사고의 융합이 필요하다. 스턴버그(Sternberg, 2003)는 창의성은 특정한 방식으로 생각하는 것을 의미하는 것뿐만이 아니라 삶에 대한 태도라고도 보았다. 그는 창의적인 사고를 결정하는 요인에 대해서 문제에 대한 정의, 자신의 아이디어 분석 및 발표, 지식을 가지고 있는 것 등의 인지적 요인과 함께 장애를 극복하는 것, 위험을 감수하는 것, 성장하려는 의지, 자기 확신, 애매모호함에 대한 인내, 하고 싶은 것을 찾고 실제로 하는 것, 실수를 받아들임 등과 같은 정의적 요인도 포함된다고 언급하였다.

(4) 사회심리학적 관점

창의적 수행에 영향을 미치는 사회적·환경적 요소를 강조하는 관점이다. 창의성과 관련이 있는 환경의 특성으로 문화적 다양성, 역할 모델의 유용성, 자원의 이용 가능성 및 한 영역에서의 경쟁자 수 등을 제시하고 있다. 특히, 칙센트미하이(Csikszentmihalyi, 1996/1999)는 창의성을 '개인의 사고와 사회문화적 맥락의 상호작용에서 나오는 것'으로 분야와 영역 수준에서 개인이 만든 산출물의 창의성을 평가하는 핵심 인물들인 비평가와 갤러리 소유자와 같은 환경 요인들이 창의성과 관계가 있음을 강조했다. 이와 같이 사회심리학적 관점에서는 '환경'의 역할에 주목하는 것으로 환경적 요인은 부모의 양육 태도, 교사의 태도나 인식에 따른 심리적 환경과 교육 기관의 실내·외 환경 구성을 강조하는 풍부한 물리적 환경과 개인, 분야, 영역이 서로 작용할 때 발현되는 것 즉, 산출물에 대한 기준은 그 사물 자체 안에 있는 것이 아니라, 사회적인 동의에 있다고 보는 사회문화적 환경이(전경원 외, 2015) 있다. 에머빌(Amabile, 1996)은 창의성을 '새롭고 적절한 아이디어나 행동, 또는 산출물'로 정의하며 창의성이 발현되는 사회 및 환경의 영향력을 강조하였다. 아직 유아기에는 창의적인 산출물에 대하여 사회적인 동의를 필요로 하는 것은 아니지만, 사회적 관계 속에서 자신의 창의성을 발휘하는 기초를 마련하는 것은 꼭 필요하다.

(5) 통합적 능력 관점

통합적 능력으로 보는 관점은 창의성을 어떤 하나의 측면에서 보는 것이 아니라 여러 가지의 요인을 종합한 관계에서 창의성을 이해하려는 것이다. 인지적·정의적 관점을 구성 요인으로 하고, 이들이 서로 상호작용하면서 문제해결의 과정을 거쳐 창의적인 결과를 산출하는 것으로 볼 수 있다. 이는 단편적 접근으로는 창의성을 온전히 이해할 수 없으므로 창의성과 관련된 여러 요인들을 연계하여 하나의 전체로서 창의성을 이해하려는 입장이다. 파커와 베르헤토(Pluckere & Berhetto, 2004)는 여러 이론들에서 언급되어 왔던 창의적 산출물이란 개인의 능력, 창의적 과정과 환경적 요소들을 모두 고려하여 '창의성이란 한 개인이나 집단이 특정 사회적 맥락 내에서 새로우면서도 유용한 결과나 산출물을 생성해 내는 능력과 과정 간의 상호작용'이라고 정의하였다. 창의성이 사고력, 성격, 환경 등 다원적 요소의 상호작용을 통해 발견되는 것으로 보는 관점으로 최근 창의성 연구는 다양한 시각을 통한 통합적 사고로 이루어지고 있다.

4) 유아 창의성교육

유아에게 있어서는 적절하거나 유용한 산출물을 만드는 것이 쉽지도 않고 그것의 적절성을 평가하기도 어려울 것이다. 그러므로 유아를 대상으로 창의성을 정의하려면 유아 스스로가 새롭고 적절하다고 생각하는 것은 창의적인 것으로 보아야 할 것이다.

과거에는 창의성을 개인의 인지 양식의 한 측면으로 바라보는 경향이 있었는데, 최근에는 개인의 인성을 포함하여 사회 환경적 요소와 상호작용하면서 창의적인 행동 특성 및 발달을 포함하는 관점으로 확대되는 경향이 있다. 또한 전경원(2003)은 창의성의 정의적 측면에는 탈고정관념과 독자성, 호기심과 모험심, 다양성, 민감성, 유머감, 개별성의 하위 범주가 있다고 하였다. 탈고정관념은 단순하고 일반화된 생각이나 잘 변하지 않는 행동을 결정하는 확고한 의식이나 관념인 과정관념에서 벗어난 것을 의미하며, 독자성은 남에게 의지하거나 속박되지 않고 홀로 서는 성향을 의미한다(이윤희, 2018). 유아가 새롭고 신기한 것을 좋아하거나, 모르는 것을 알고 싶어 하는 마음을 의미하는 호기심, 위험과 관계없이 시도해 보는 마음을 의미하는 모험심, 생각이나 행동 양식이 여러 가지로 나타나는 특성을 의미하는 다양성, 주변 환경으로부터 오감을 통해 들어오는 다양한 정보를 민감하게 받아들이며 이를 통해 새로운 영역을 탐색해 나가는 성향을 의미하는 민감성, 남에게 재미있는 말이나 행동을 잘하는 감각을 의미하는 유머감, 여럿 중에서 하나씩 따로 나누어 행동하고 사고하는 특성으로, 혼자 생각하고 아이디어 내며 시간을 보내는 것을 좋아하는 것을 의미하는 개별성이 있다.

정리해 보면 유아 창의성교육이란 유아를 대상으로 교사가 유아의 창의적 성향과 창의적 사고의 능력을 활용하여 새로운 관계를 인지하거나 유아 자신에게 새로운 사물이나 아이디어를 창출하고 문제를 해결하는 일련의 과정이 잠재 능력으로 습득될 수 있도록 이루어지는 교육을 의미한다.

3. 창의성의 유형

나는 창의성이 높은가?

창의성의 유형 즉, 구성 요인은 다양하게 제안되고 있다. 길포드(Guilford, 1975)에 따르면 창의성은 유창성, 융통성, 정교성, 민감성, 독창성으로 구성된다고 하였고, 토랜스(Torrance, 1961)는 유창성, 융통성, 정교성, 독창성, 상상력으로 구성하였다. 스턴버그와 루바트(Sternberg & Lubart, 1995)는 개방성, 인내심, 끈기, 위험을 감수하는 성향, 확신과 용기로 제시하였다. 한국교육개발원(1989)에서는 유창성, 융통성, 정교성, 민감성, 독창성, 자발성, 호기심, 집착성, 개방성으로 제시하였으며, 전경원(2004)은 유아를 위한 창의성을 체계적으로 계발하기 위한 유아종합창의성모델(A Comprehensive Creativity Model: ACCM)을 제시하였는데, 창의성을 체계적으로 계발하기 위한 창의성의 유형을 민감성, 상상력, 유창성, 융통성, 독창성, 정교성의 여섯 가지로 보았다. 여기서는 창의성의 여섯 가지 유형을 유아종합창의성모델(ACCM)을 중심으로 살펴본다.

1) 민감성(Sensitivity)

민감성이란 주변 환경에서 오감을 통해 들어오는 다양한 정보들에 대해 민감한 관심을 보이고, 이를 통하여 새로운 탐색 영역을 넓히려는 특성이다. 일상생활에서 접할 수 있는 문제나 주위 환경에 대해 세심한 관심을 가지고, 당연히 여겨지는 것에 대해서도 의문을 품고 생각해 보는 능력으로 새로운 아이디어를 생각해 낼 수 있는 사고 기능이다. 사고의 내용은 어떤 대상에 대한 민감성의 정도에 의해 그 질이 결정된다고 할 수 있다. 동일한 대상을 보고도 사람마다 서로 다른 느낌과 생각을 갖는 것은 사람마다 다른 인식 체계를 가지고 있기 때문이다. 인식 체계가 동일하다면 그 차이는 민감성에 의해 결정된다.

평소에 육감(시각, 청각, 미각, 후각, 촉각, 생각)으로 민감하도록 항상 훈련을 해야 한다. 평소 훈련을 해 놓아야 기회가 될 때 창의성의 출발점인 민감성이 발동하게 되는 것이다. 특히 육감에 포함된 생각은 새로운 상황과 문제에 대처하는 다양한 해결 방법 찾기 등과 같다. 또한 감각에 대한 반응(색감, 소리, 냄새, 질감, 맛, 상황 설정)들을 제시하여 직접 느낄 수 있는 기회를 갖는 것이 좋다. 이러한 감각이 최대한 발달되도록 도와주어야 유아들이 성인이 되어서 창의성을 발휘할 수 있는 밑거름이 된다.

✣ 질문의 예시

- (궁금이 상자를 이용하여) 안에 들어 있는 물체는 무슨 느낌이 날까?(촉각)
- 화장지를 만져 보고, 닮은 느낌을 가진 것을 떠올려 보거나 찾아볼 수 있도록 한다.(촉각)
- 눈을 안대로 가리고 가지와 파프리카 냄새의 차이를 느낄 수 있나?(후각)
- 눈을 감고 딸기와 사과 냄새의 차이를 느낄 수 있나?(후각)
- 다양한 물소리를 듣고 비교해 보자(예: 시냇물, 폭포, 바다).(청각)
- 자동차 지나가는 소리와 오토바이 지나가는 소리의 차이를 느낄 수 있나?(청각)
- 어떤 음식을 먹어 보고 그 안에 어떤 재료가 들어갔는지 알아맞힐 수 있나?(미각)
- 비빔밥을 먹어 보니 어떤 재료가 들어간 것 같니?(미각)
- 교실 속 물건들을 바꾸거나 자리를 이동하면 맞출 수 있을까?(시각)
- 대상에 따라 여러 가지 색종이를 5초 정도 보여 준 다음에, 한 가지 색종이를 뺀 뒤에 없어진 색종이를 발견하도록 한다.(시각)
- 오늘 선생님과 한 약속을 생각해 본다.(생각)
- 열쇠를 잃어버렸을 때 문제를 해결하는 방법을 몇 가지 정도 생각하는지 알아본다.(생각)

✣ 민감성을 키워 주기 위한 요소

- 설명하거나 증명하지 않아도 저절로 문제 찾아내기
- 주변의 환경을 꼼꼼히 파악하기
- 주변에서 일반적이지 않은 것을 찾아보기
- 애매한 상황 속에서 숨어 있는 사물 찾아보기
- 보편적인 것을 이상한 것으로 생각해 보기
- 어색한 것을 친밀한 것으로 느껴 보기

✣ 민감성 효과(전경원, 2008, 재인용)

① 물건을 잘 관찰하는 능력이 증진된다.
② 문제를 잘 발견하게 된다.
③ 사물의 차이와 유사점을 잘 알게 된다.
④ 숨은 그림을 쉽게 찾는다.
⑤ 냄새를 잘 맡는다.
⑥ 맛의 차이를 잘 알아맞힌다.
⑦ 사물이나 동물의 특징적인 흉내를 잘 낸다.

✣ 민감성 발문 생각해 보기

2) 상상력(Imagination)

창의적인 사고에 원동력이 되는 '상상력'에 대해 학자들의 다양한 견해를 종합해 보면 눈에 보이지 않는 사물을 구체적 이미지로 형상화 해내는 정신 능력을 일컫는다. 과거의 경험을 기초로 하여 앞으로의 행동을 계획하도록 하는 새로운 표상을 만드는 능력이다. 제한된 상황 속에서 얼마든지 자유로운 상상력을 표현할 수 있는지 스스로 놀라게 만드는 학습 효과가 있다. 시각적 표현이나 글을 통해 사물이나 생각을 구체화할 수 있으며, 신문 기사에 나온 이미지나 잡지의 이미지를 보고 자신의 상상의 세계를 펼쳐 볼 수도 있다. 그러므로 상상력은 여러 다른 심상을 새로운 상황 속에서 통합할 수 있는 능력이 있어야 하며, 또한 현실에서 일어날 수 있는 가능한 변화를 깨닫는 능력의 발달이 필요하다. 상상력에 자유를 주면서 아이디어를 증진하기 위해서는 말로 하거나 읽어서 해결될 것은 아니다. 반드시 직접 체험해 보는 것이 중요하다. 끊임없는 반복 훈련으로 체험하는 것이 중요하며 이는 일관성과 지속성을 갖는 교육이어야 한다.

사람의 가장 기본적인 심리학적 경험 중 하나가 상상력인데, 그 상상력은 유아기에 나타나고 형성된다. 상상력이 발달해야만 이야기 듣기나 하기, 그림 그리기, 꾸미기, 어른과의 상호작용, 놀이 등에서 전에 지각한 적이 없는 어떤 대상을 머리로 그려 낼 수 있게 된다. 이러한 상상력은 창조적인 힘을 제공하는데. 상상력이 발달하여 유창성, 융통성, 독창성, 정교성과 같은 창의성의 요인들이 발달하게 된다. 유아에게 동물교육을 통해 새 그림을 보여 주고, 말 그림을 보여 준 후에, 날개 달린 말(유니콘)에 대한 동화를 들려주면 유아는 날개 달린 말을 상상하며 동화를 들을 수 있게 된다.

✣ 질문의 예시

- 지금 있는 유치원이 우주에 있다면 어떤 일이 일어날까?
- 해가 말을 할 수 있으면 우리한테 무슨 말을 할까?
- 물건들이 다리가 있어서 걸어 다니면 어디를 갈까?
- 만약 장난감이 말을 할 수 있다면 어떤 일이 일어날까?
- 만약에 세상에 전기가 없다면 어떤 일이 일어날까?
- 만약에 동식물들과 대화를 하면 어떻게 될까?
- 만약 마음을 읽을 수 있는 안경이 생긴다면 어떨지 상상해 보자.
- 별이나 해가 없어진다면 어떤 일이 일어날까?
- 강아지가 말을 한다면 어떤 일이 일어날까?
- 나에게 날개가 있다면 어떤 일이 생길까?

✣ 상상력을 키워 주기 위한 요소

- 제한된 상황 속에서 자유롭게 표현하기
- 시각적 표현이나 글을 통해 사물이나 생각을 구체화하기
- 이미지나 사진을 보고 느낀 점을 표현해 보기
- 낱말 놀이를 통해 생각을 끌어내어 보기
- 만화나 동시를 그림으로 표현해 보기

✣ 상상력 효과(전경원, 2008, 재인용)

① 이야기 뒷부분을 잘 상상하게 된다.
② 가상의 인물과 사건들을 상상하여 전개한다.
③ 상상화를 잘 그리게 된다.
④ 가상적 상황을 현실에 잘 적용하게 된다.

✣ 상상력 발문 생각해 보기

____

____

____

____

3) 유창성(Fluency)

유창성은 짧은 시간에 많은 아이디어를 생각해 낼 수 있는 능력을 말한다. 어떤 것에 대해 다양하게 생각해 보고 논리 정연하게 표현해 본다. 우리가 브레인스토밍을 하면서 서로의 생각을 제약하거나 통제하는 것을 최대한 자제하고 많은 아이디어를 쏟아 내도록 하는 것도 이러한 이유이다. 많은 생각들 속에서 보석과 같은 독창적인 아이디어를 뽑아 낼 수 있는 확률이 높아지기 때문이다. 그러나 양이 많다고 해서 훌륭한 아이디어가 그만큼 많아진다는 것은 아니지만,

창의적인 사고의 출발은 다양하고 풍부한 아이디어에서부터이다. 아이디어가 많다는 것은 어떤 것에 대한 연상 능력이 뛰어나고 상상력이 풍부하기 때문이다. 독창적 사고의 전제로서 아이디어를 다양하게 연상하고 상상할 수 있는 능력을 개발하는 것이 중요하다.

창의적 사고를 만드는 유창성은 동일한 조건에 여러 사람에게 상황을 제시하였을 때 각자 생각해 내는 아이디어의 수를 측정하여 각자의 유창성의 차이를 알아보기도 한다. 이는 사고 과정의 초기 단계에서 요구되는 기초적인 기능으로 비판을 금하고 평가를 잠정적으로 보류하여 심리적으로 많은 아이디어를 낼 수 있도록 해야 한다. 훈련에 의해 비교적 향상될 가능성이 있는 요인이다. 활동으로는 단어 게임으로 단어 카드를 본 후 다양하게 생각하고 이야기해 볼 수 있다. 언어적인 유창성, 신체적인 표현의 유창성, 동형적인 유창성, 연합의 유창성으로 구분된다.

✣ 질문의 예시

- 유치원 버스를 보면 가장 먼저 떠오르는 말은 무엇이니?
- 유치원에서 마트까지 가려면 어느 길로 가는 게 좋을까?
- 동그라미로 어떤 물건으로 만들 수 있을까?
- '나무' 하면 무엇이 떠오르니?
- '쓰레기'라는 말을 들었을 때 어떤 것이 떠오르니?
- '하늘'을 보면 떠오르는 단어가 있니?
- 눈으로 볼 수 없는 것은 어떤 것들일까?
- 빨갛고 동시에 먹을 수 있는 것을 2분 동안 생각나는 대로 모두 적어 보자.
- '사과' 하면 떠오르는 것은 무엇이니? 가능한 많이 떠올려 보자.
- 정답이 '흰색'이 될 수 있는 여러 가지 문제를 만들어 보자.
- '가볍다'라는 말을 듣고 떠오르는 것을 모두 이야기해 보자.
- '네모' 하면 떠오르는 것은 무엇이니?
- '풍선'과 닮은 것들을 찾아보자.
- 서울에서 부산을 가는 방법은?

✣ 유창성을 키워 주기 위한 요소

- 특정한 사물과 관련된 것을 자유롭게 떠올리기
- 대상에 대한 관점을 의도적으로 바꿔서 생각해 보기
- 어떤 대상(언어·도형)이나 현상들로부터 많은 것을 연상해 보기
- 특정한 문제 상황에서 가능한 해결 방안을 많이 제시해 보기

✣ 유창성 효과(전경원, 2008, 재인용)

① 어휘력이 풍부해진다.
② 아이디어의 양이 많아진다.
③ 연상 활동을 잘하게 된다.
④ 이야기의 소재가 많아진다.
⑤ 만들기 또는 그리기의 양이 많아진다.
⑥ 표현력이 풍부해진다.
⑦ 모양이나 형태를 다양하게 구상하게 된다.

✣ 유창성 발문 생각해 보기

4) 융통성(Flexibility)

융통성이란 새로운 상황에 당황하지 않고 빨리 적응하는 능력을 의미한다. 고정적인 관점, 시각, 사고방식 자체의 틀을 깨고 변화시켜 다양하고 광범위한 아이디어나 해결책을 산출해 내는 능력이다. 즉, 어떤 문제를 해결하거나 아이디어를 내는 데 한 가지 방법에 집착하지 않고, 여러 가지 방법으로 접근하여 반응하려고 하는 능력이다. 아이디어는 많이 생성하되, 그 아이디어들이 반복되지

않고 각기 다른 상황과 대상에 적용이 가능할 때 우수한 융통성이라고 할 수 있다. 또한 상황의 변화나 대상의 변화에 따라 생각의 방향을 유연하고 빠르게 변화시키는 능력도 융통성이다. 시간적으로는 과거 현재 미래를 뛰어 넘어 다양한 각도로 현상을 파악할 수 있는 능력으로 아이디어의 양이 많아서 유창성이 뛰어난 사람 중에도 융통성이 부족한 사람도 있다. 그러므로 유창성이 향상되면 융통성을 키울 수 있는 수업 방법을 고려해야 한다. '될 수 있는 대로 많이'가 유창성이라면 '이리저리, 이모저모로~'가 융통성이 된다. 융통성이 부족한 사람은 기존의 생각을 전환시켜 다양한 관점을 적용해 볼 수 있는 아이디어나 해결책을 찾는 훈련이 필요하다.

✣ 질문의 예시

- 비행기와 배가 없다면 다른 나라를 어떤 방식으로 갈 수 있을까?
- 우리가 음식을 먹으려고 하는데 숟가락과 젓가락이 없이 밥을 먹는 방법은?
- 유치원을 올 때 셔틀버스를 놓쳤다면 어떻게 올 수 있을까?
- 종이를 오릴 때 가위가 없다면 자를 수 있는 방법은 어떤 게 있을까?
- 친구랑 놀이를 하다가 옷 속에 벌레가 들어갔을 때 어떻게 행동할 것인가?
- 나의 기분을 일기예보에 비교해서 표현해 보자.
- 글을 쓰려고 하는데 연필이 없다면, 무엇으로 대신하면 좋을까?
- 연필을 글씨 쓰는 용도 외에 어떤 것으로 사용할 수 있는지 적어 보자.
- 물을 먹으려고 하는데 컵이 없다면, 무엇으로 대신할 수 있을까?
- 칫솔을 다르게 사용할 수 있는 여러 가지 방법을 이야기해 보자.
- 건물을 그릴 때 앞면만 생각하지 말고 뒷면도 생각하면서 그려 보자.(각도)
  (예: 광고에서 건물을 거꾸로 바라보기, 물구나무로 바라보기)
- 서로 관계없는 것끼리도 관련을 지어서 생각해 보자.(틀)
  (예: 비행기를 만드는데, 새만이 아니고 물고기의 생김새도 참고해서 만들기)
- 구멍 난 고무장갑으로 할 수 있는 것을 생각해 보자.

✣ 융통성을 키워 주기 위한 요소

- 대상에 대한 시점을 변화시켜 숨겨진 면을 파악해 보기
- 특정한 것을 생각하면서 다른 것을 함께 떠올려 보기
- 서로 관계가 없는 사물이나 현상들 간의 관련성을 찾아 결합해 보기
- 사물이나 현상을 속성별로 생각해 보기
- 결과로부터 거꾸로 생각해 보기
- 어떤 대상이나 현상들을 상징화하여 표현해 보기
- 발상 자체를 전환시켜 사고해 보기

✣ 융통성 효과(전경원, 2008, 재인용)

① 다양한 문제해결 방법을 생각하게 된다.
② 문제가 발생했을 때 잘 대처하게 된다.
③ 기존의 생각을 새로운 상황에 잘 적용시킨다.
④ 사물을 다양하게 다루게 된다.
⑤ 조건에 맞는 답을 다양하게 찾아내게 된다.
⑥ 이미지의 특성을 잘 살려서 구상하게 된다.
⑦ 응용력이 뛰어나게 된다.

✣ 융통성 발문 생각해 보기

5) 독창성(Originality)

독창성이란 기존의 사고에서 탈피하여 희귀하고 참신하며 독특한 아이디어나 해결책을 산출하는 능력으로 창의적 사고의 이상적인 목표로 최고 수준의 사고 능력이라고 볼 수 있다. 유연한 사고에서 진전하여 자기만의 독특한 아이디어를

산출하는 능력, 새롭거나 신기한 반응에 대한 생각 능력으로 일반적인 것과는 대조되는 개념으로 보통 평범한 반응과 반대되는 독창성이라는 개념은 독특하다는 평가를 들으면 성공한 것이다(이민영, 2018). 독창성의 조건은 세상에 또 다른 같은 것이 없어야 한다는 점이다. 독창성을 측정할 때는 같은 문제를 제시한 상황에서 다른 사람들과 완전히 구별되는 해결책이나 아이디어를 구상해 냈을 때 독창적이라고 칭한다. 공적인 수준의 창의성에서 가장 중요한 것이다. 자신의 독특한 생각을 마음껏 상상하여 그림이나 글로 표현해 보거나, 엉뚱하고 남다른 기발한 생각으로 남에게 없는 나만의 것을 생각해 내게 한다.

✣ 질문의 예시

- 높낮이를 조절할 수 있는 세면대와 변기를 발명했구나. 우리 멋진 이름을 붙여 보자.
- 새로운 모양의 자동차는 어떻게 생겼을까?
- 뜨거운 아이스크림은 없을까?
- 미래에는 어떤 물건이 있으면 좋을 것 같니?
- 친구에게 잘 어울리는 멋있는 별명을 지어 준다면?
- 교실에 있는 놀잇감으로 새로운 놀잇감을 만들 수 있을까?
- 나만의 신발을 만든다면 어떤 모양이면 좋을까?
- 독특한 모양의 아이스크림을 생각해 본다.

✣ 독창성을 키워 주기 위한 요소

- 다른 사람과 같지 않은 생각하기
- 기존의 생각이나 사물의 가치를 부정하고 다시 생각해 보기
- 기존의 생각을 새로운 상황에 적용하여 생각해 보기

✣ 독창성 효과(전경원, 2008, 재인용)

① 문제를 특이하게 해결하게 된다.
② 재미있는 놀이 방법을 생각하게 된다.
③ 새로운 이름을 잘 짓게 된다.
④ 기존에 없는 새로운 사물을 잘 생각한다.
⑤ 전혀 다른 상황을 결합하여 새로운 형태를 잘 만들게 된다.
⑥ 남과 다른 독특한 그림을 그린다.
⑦ 기발한 아이디어를 잘 내게 된다.
⑧ 즉흥적인 노래나 동시를 잘 짓는다.

✣ 독창성 발문 생각해 보기

6) 정교성(Elaboration)

정교성이란 기본적인 아이디어를 보다 세밀하게 다듬고 구체화시켜 나가는 과정이라고도 볼 수 있다. 주어진 문제를 세부적으로 검토하거나 문제에 포함된 의미를 명확하게 파악하고, 문제에 결여된 부분을 찾아 보완하고 정교하게 다듬는 사고 능력을 뜻한다. 즉, 우리가 접하고 있거나 잘 알려져 있는 아이디어에 흥미롭고 쓸모 있는 세부 사항, 디테일, 상세부를 추가하여 보다 새로운 것, 가치로운 것으로 발전시키는 능력이다. 그림·글·생각이나 이야기에 다양하고 자세하게 뭔가를 덧붙이고, 추가해 그것들을 좀 더 완벽하게 만들고, 비어 있는 공간을 채워 넣어 관련 있는 아이디어로 풍부하고 재미있게 작품을 끝마칠 수 있는 요소다. 예를 들면, "개가 달려온다."라는 단순한 문장을 "화가 난 검은색의 개가 재빨리 달려온다."의 문장으로, "화가 난 검은색의 개가 장난치고 있는 어린이들을 향해서 재빨리 달려온다."와 같은 복잡한 문장으로 만들어 보게 한다. 정교성은 기존의 지식이나 원래의 생각에 뭔가를 추가하고 좀 더 확장시키기 위한 창의적 사고의 마지막 단계에서 필요하다.

✣ 질문의 예시

- 등원하다가 본 식물을 그려 보자(잘 기억해 뒀다가 다음날 똑같은 식물을 좀 더 관찰한 후에 그려 보자).
- 친구가 우유를 마시는 모습을 관찰하고 그림으로 자세히 그려 보자.
- 개미가 음식을 옮기는 모습을 관찰하고 몸으로 표현해 보자.
- 동요의 가사를 읽고 동요로 이야기를 만들면 어떤 이야기가 나올까?
- 내가 살고 있는 집을 블록으로 자세하게 표현해 볼 수 있을까?
- (하늘을 보고) 구름의 모양을 어떻게 그려 볼 수 있을까?
- 물고기의 비늘에 어떤 모양이 있는지 관찰해 보자.
- 왜 단풍잎에는 줄무늬가 있을까?
- 우리가 오늘 본 영상의 뒷부분은 어떤 내용일까?
- 여러 사물에 대해 설명해 보고, 자세한 보물 지도나 헝겊 인형을 만들어 보자.
- 주어진 문장을 여러 가지 단어를 덧붙여 보다 재미있는 문장으로 만들어 보자.
- 빈 종이에 아주 기다란 선을 세로로 그리고 그 위에 무엇이든지 그려 보자.
- 동화책에서 생략된 부분을 자세하게 이야기해 보자.
- 영화의 마지막 장면을 좀 더 상세하게 이야기해 보자.
- 나뭇잎을 자세히 관찰하고 자세하게 그려 보자.
- 거북이가 여러 상황에서 어떻게 움직이는지 관찰하고, 자세하게 표현해 보자.
- 자전거를 그려 보자. 자전거를 그린 후 실제로 자전거를 관찰해 보는 시간을 가진 후 자전거를 보다 자세하게 나타내 보자.
- 좀 더 자세히 설명해 보자(예: 사물을 설명하고 맞는지 관찰하며 맞추어 본다).
- 더 가치 있는 것으로 다듬어 보자(장식과 아름다움을 높이고 관심을 끌 수 있도록 다듬어 본다).
- 신문 기사의 제목을 가지고 직접 기사를 작성해 보자.

✣ 정교성을 키워 주기 위한 요소

- 어떤 일을 하면서 혼잣말하기
- 주변의 사물을 분류하고 결합해 보기
- 은연중에 떠오르는 거친 수준의 생각을 구체화하기
- 생각이나 아이디어의 형성 과정을 상세하게 나타내기

✣ 정교성 효과(전경원, 2008, 재인용)

① 말을 할 때 상황을 자세하게 설명한다.
② 글을 쓸 때 자세하게 표현하게 된다.
③ 그림을 그릴 때 세부적인 것을 잘 모사하게 된다.
④ 규칙이나 목적을 지닌 정교한 게임을 잘한다.
⑤ 신체를 이용하여 자세하게 동작으로 표현하게 된다.
⑥ 미완성된 도형을 정교하게 표현하게 된다.
⑦ 주제에 맞게 꼼꼼하기 꾸미기를 잘한다.

✣ 정교성 발문 생각해 보기

____
____
____
____

이와 같이 창의성의 유형 중 문제에 대한 민감성은 기존 체제 내에서 문제에 대한 예민한 관심을 보이고 새로운 탐색 영역을 넓히는 능력이며, 과거의 경험을 기초로 새로운 표상을 만드는 능력은 상상력이다. 사고의 유창성은 지각한 문제에 대하여 많은 양의 해결안을 산출해 내는 능력으로 단어·연상·표현·개념 유창성으로 분류된다. 사고의 융통성은 기존의 사고방식을 버리고 새로운 각도에서 다양한 해결책을 생각해 내는 능력이며, 독창성은 자극에 대하여 매우 희귀하고 드문 반응, 기존의 것에서 탈피하여 독특하고 참신한 아이디어를 산출하는 것이다. 정교성은 다듬어지지 않은 기존의 아이디어를 세분화하여 전개하거나, 문제에 포함된 의미를 명확하게 파악하고 결여된 부분을 찾아 보완하고 정교하게 다듬는 것으로 창의성의 마지막 단계에서 필요한 것이 정교성이다.

4. 유아 창의성의 영역

기존의 창의성교육은 대부분 언어로 한정되어 있다. 그러나 유아의 발달 수준을 고려한다면 유아들의 표현 경로가 다양하게 표현되어야 할 것이다. 유아들은 개인적인 특성에 따라 창의성을 표현하는 경로가 다르기 때문에 창의적으로 표현할 수 있는 경로에 따라 지도해 주어야 한다. 전경원(2004)은 유아종합창의성모델(ACCM)에서 창의성의 영역을 소리 창의성, 도형 창의성, 동작 창의성, 언어 창의성(말·글), 조작 창의성 등 다섯 가지로 구분하였다. 이 ACCM 모델에서는 소리, 도형, 동작, 언어, 조작 등 다양한 영역들을 통하여 창의성 활동을 신장시키도록 구성되어 있다.

따라서 유아들의 개인적인 특성에 따라 창의성을 표현하는 영역이 다르기 때문에 창의적 능력이 뛰어난 영역이 발달되도록 지도하며 어떤 경로를 통해 창의성이 많이 표현되는가에 따라 직업과 연관이 된다(전경원, 2015; 전경원, 김경숙, 2017).

1) 소리 창의성(Sound Creativity)

'소리'란 귀를 자극하여 청각을 일으키는 물리적 현상으로 물체의 진동으로 생기며, 음파가 되어 퍼지는 '소리'는 물론 음을 일정한 방법에 의해 조화·결합시켜 아름다움을 창출해 내는 '음악'을 포함한다. '소리 창의성'은 청각 활동으로 인해 다양한 소리를 기억하고 재생하면서 기존의 사람, 동물, 자연 및 생활도구의 소리를 다른 도구를 사용하여 새로운 음향으로 만들어 내는 것을 의미한다. 또한 이러한 소리들을 새롭게 재결합하여 사람의 목소리에 의한 성악과 악기에 의한 기악 영역에서 인간의 감정과 느낌, 생각을 전달·표현하는 것을 의미한다.

소리 창의성이 나타나는 유아의 특성은 노래를 좋아하며, 새롭게 가사를 바꾸어 부르기를 좋아한다. 또한 동물 소리를 잘 표현하며 악기 소리를 잘 기억한다.

✣ 창의성 유형을 적용한 소리 창의 활동

- 처음엔 두 종류의 소리를 혼합하여 들려주며, 활동이 익숙해지면 더 많은 소리를 혼합하여 들려주어 소리를 파악, 구별하게 한다.(소리 민감성)
- 겨울잠을 자는 동물의 소리를 상상하여 내어 본다.(소리 상상력)
- 표정을 민감하게 살핀 후, 다양한 소리로 표현해 볼 수 있다.(소리 유창성)
- 종이 한 장을 이용하여 낼 수 있는 다양한 소리를 표현해 본다.(소리 융통성)
- 전통악기 소리를 듣고 목소리로 표현해 본다.(소리 정교성)
- 신체 부위를 활용하여 독특한 연주를 실행해 본다.(소리 독창성)

✣ 소리 창의성이 요구되는 직업 생각해 보기

✣ '소리 창의성'에 대한 유형별 발문 생각해 보기

2) 도형 창의성(Figural Creativity)

'도형'이란 '그림의 모양이나 형태로서 점, 선, 면 또는 변형된 다양한 점, 선, 면으로 이루어진 집합을 통틀어 이르는 말'이다. '도형 창의성'이란 불완전한 점, 선, 면 등을 제시하고 완성하게 하거나, 정확하게 알 수 없는 형태들을 보고 떠오르는 그림을 다양하고 특이하며 정교하게 창의적으로 표현하는 것을 의미한다.

도형 창의성은 다른 경로의 창의성과 밀접한 관계를 갖고 있다. 즉, 창의성이란 자신의 전문 영역을 뛰어넘어 다양한 영역을 넘나들면서 음악과 미술이, 미술과 언어가, 언어와 음악이 조화롭게 어우러져야 비로소 발휘되는 것이다. 도형 창의성이 부족한 유아는 도형을 이용하여 새롭게 꾸며 보거나 색다르게 그려 보는 경험을 많이 하도록 하여 도형 창의성을 향상시킬 수 있다.

도형 창의성이 있는 아동에게 나타나는 특성은 무엇인가를 그리고 있을 때 가장 행복해 보이며, 그림 그리는 데 가장 많은 시간을 보낸다. 특히 다른 유아에 비해 비교적 자세한 그림을 그리며, 남들이 표현하지 못하는 독특한 표현을 한다.

✣ 창의성 유형을 적용한 도형 창의 활동

- 준비된 두 개의 그림을 살펴보고, 다른 점을 찾아본다. 숨은 그림 찾기 활동을 해 본다.(도형 민감성)
- 숫자 3, 8 등을 여러 각도에서 바라보고 다양한 모양을 꾸며 본다.(도형 유창성)
- 여러 모양의 도형을 가지고 그림으로 표현해 본다. 다양한 음표의 모양을 거꾸로, 바로, 옆으로 돌려 보며 숨어 있는 모양을 이용하여 마음껏 그림을 그려 본다.(도형 융통성)
- 귤 알맹이를 돋보기로 살펴보고, 관찰한 것을 그림으로 그려 본다.(도형 정교성)
- 하늘을 나는 연의 다양한 종류와 무늬를 꾸며 본다.(도형 독창성)

✣ 도형 창의성이 요구되는 직업 생각해 보기

✣ '도형 창의성'에 대한 유형별 발문 생각해 보기

3) 동작 창의성(Movement Creativity)

인간은 언어만으로는 의사소통이 부족하기 때문에 동작을 통하여 자신의 생각과 감정을 표현하게 되므로 동작은 가장 원초적인 의사소통의 수단이라고 할 수 있다. '동작'이란 '몸이나 손, 발 따위의 움직임 또는 그런 동작' 즉, 몸이나 손발의 움직임을 의미한다. 인간에게 있어서 동작이란 삶의 근원으로, 움직임을 통해 욕구를 표현하고, 나아가 주변 환경을 탐색하게 되어 풍요로운 삶을 누리게 된다.

'동작 창의성'이란 신체를 움직여 생물, 사물, 자연물, 운동과 같은 다양한 형태의 동작을 모방하고 흉내 내는 '모방 동작'과 다양한 감정과 느낌 및 분위기를 표현하는 '표현 동작'을 의미한다. 움직임을 통해 욕구를 표현하고, 주변 환경을 탐색하게 되어 풍요로운 삶을 누리게 된다.

동작 창의성이 있는 아동에게 나타나는 특성은 다양한 춤을 잘 추며, 율동을 잘한다. 말할 때 동작을 많이 사용하며, 가만히 있지 못하고 어수선하다. 운동을 좋아하며, 다양한 표정을 잘 짓고, 몸으로 다양한 동물 및 사물 흉내를 잘 내며, 연극하는 것을 좋아한다.

✣ 창의성 유형을 적용한 동작 창의 활동

- 마른 미역을 물에 담근 뒤 일어난 변화를 민감하게 살펴 신체로 표현해 본다.(동작 민감성)
- 계절에 따라 변화하는 나무에 대하여 이야기를 나눈 후 동작으로 표현해 본다.(동작 상상력)
- 유아들의 역할을 미리 분담하여, 맛있는 비빔밥이 되어 가는 과정을 극화 놀이처럼 표현해 본다. 10개의 색깔 고무밴드를 이용하여 다양한 헤어 스타일을 만들어 본다.(동작 유창성)
- 두 팀으로 나누어 각각 낱말 카드를 만들어 말과 소리대신 행동으로 설명하여 카드를 맞춘다.(동작 정교성)
- 자석 놀이를 하기 위해 빨강과 파랑 띠를 준비하고, 두 팀으로 나누어 유아들이 서로에게 이끌리고, 붙고 하는 동작을 다양한 모양의 자석이 되어 독특하게 붙여 본다.(동작 독창성)

✣ 동작 창의성이 요구되는 직업 생각해 보기

예: 미국의 농구선수 매직 존슨, 마이클 조던의 움직임을 보면 모든 움직임이 너무도 자연스러워 감탄하게 된다. 신기에 가까운 묘기를 보여 주는 '동작 창의성'이 매우 뛰어난 경우라고 할 수 있다.

✣ '동작 창의성'에 대한 유형별 발문 생각해 보기

4) 언어 창의성(Linguistic Creativity)

'언어'란 생각이나 느낌 등을 나타내거나 전달하기 위하여 사용되는 음성, 문자 따위의 수단 또는 사회 관습적 전 체계를 의미한다. 언어의 형태는 말하기, 듣기 쓰기 읽기의 네 가지로 인간의 생활을 원활히 하기 위해 필요하다. '언어 창의성'이란 말하기와 쓰기에서의 창의성을 발휘하는 것으로 창의적으로 느끼거나 생각한 것을 말이나 글로 표현하는 것을 의미한다.

언어 창의성이 있는 아동에게 나타나는 특성은 말하는 것을 좋아하거나, 또래에 비해 어휘력이 뛰어나며, 남들이 사용하지 않는 표현들을 즐겨 사용한다. 또한 독특한 동사를 잘 쓴다.

❖ 창의성 유형을 적용한 언어 창의 활동

- 주머니 속에 있는 그림 카드 두 장을 꺼내어 민감하게 살펴보고 닮은 점을 다양하게 표현한다.(언어 민감성)
- 마법사가 되어 호리병 속에 여러 색의 약들(액체 주스)을 담아 두고, 색깔에 따라 제시한 요술을 생각하며 이야기 나누어 본다.(언어 상상력)
- 계절을 나타내는 특정한 사물을 주제로 연상되는 것들을 다양하게 표현해 본다.(언어 유창성)
  (예: '봄' 하면 생각나는 것들을 모두 적어 본다)
- 음악회에서 실로폰을 치다가 채가 부러졌다. 채 대신 대치할 수 있는 것들을 찾아 나열해 본다.(언어 융통성)
- 일정하게 점이 찍힌 판을 활용하여 점과 점을 선으로 연결해 보고 글자를 만들어 본다.(언어 정교성)
- 4개의 그림을 활동 카드로 제작하여 유아들에게 자유롭게 순서화해 보고, 이야기를 꾸며 보는 활동으로 진행해 본다.(언어 독창성)

✣ 언어 창의성이 요구되는 직업 생각해 보기

✣ '언어 창의성'에 대한 유형별 발문 생각해 보기

5) 조작 창의성 (Manipulative Creativity)

'조작'이란 기계 따위를 일정한 방식에 따라 다루어 움직이는 것을 의미한다. '조작 창의성'이란 손으로 무엇인가를 주무르거나, 접거나, 누르거나, 움직이는 등 손으로 사물을 잘 다루어 창의적인 산출물을 만들어 내는 것을 의미한다. 찰흙으로 사물을 빚거나, 종이 접기를 하거나, 블록을 가지고 새로운 물건을 만들어 보거나, 성냥개비를 움직여서 새로운 형태로 만들어 보는 것은 조작 창의성의 시작이라고 할 수 있다.

밀가루 반죽이나 찰흙 놀이, 종이 접기, 송편·인형 옷 만들기 등을 할 때 손을 다루는 모양이 남다른 유아들이 있다. 이들은 소근육이 매우 발달되어 손으로 무엇인가를 만들 때 손 다룸새가 매우 뛰어나다. 가위질을 잘하거나, 선물을 잘 포장하거나, 무나 당근을 예쁘게 썰 줄 알고, 머리를 예쁘게 매만질 줄 알기 때문에 이러한 능력을 필요로 하는 영역에서 창의성을 발휘할 수 있다.

조작 창의성이 있는 유아에게 나타나는 특성은 무엇인가를 손으로 만지고 있을 때 가장 행복해 보이며, 블록으로 무엇인가 만들기를 좋아한다. 장난감 등을 조립하기 좋아하며, 미술 활동 중 그리는 것보다는 만들기 활동을 좋아한다. 색종이, 가위, 풀 등으로 무엇인가 독특한 것을 만들며, 손재주가 좋다.

✣ 창의성 유형을 적용한 조작 창의 활동

- 다양한 우드락 조각을 살펴본 후, 모양을 서로 끼워 한 줄을 맞춰 본다.(조작 민감성)
- 다양한 크기와 모양의 블록(벽돌, 유니트, 나무)을 이용하여 독특한 집을 상상하여 꾸며 본다. 다양한 크기의 동전을 자유롭게 구성하여 그림을 그려본다.(조작 상상력)
- 자음과 모음 틀을 스템프에 꾹 찍어서 나의 이름을 새겨 본다. 다양한 색과 크기의 클립을 15개씩 가지고 모양을 구성해 본다.(조작 유창성)
- 활동 전에 바다에 관하여 함께 살펴본 후, 폐품을 활용하여 바닷속을 다양하게 표현해 본다.(조작 융통성)
- 다양한 크기의 구슬을 꿰어 보고 독특한 모양을 구성해 본다.(조작 정교성)
- 신문지나 잡지에서 여러 동물의 그림이나 사진을 오려, 활동지에 붙여 동물원을 독특하게 만들어 본다. 주먹밥을 이용하여 독특한 얼굴을 만들어 본다.(조작 독창성)

✣ 조작 창의성이 요구되는 직업 생각해 보기

✣ '조작 창의성'에 대한 유형별 발문 생각해 보기

유아들은 상상의 친구를 만들어 놀면서 창의성이 표현될 수 있고, 극적 놀이나 소꿉놀이를 통하여 물활론적인 사고가 싹트면서 창의적인 표현을 할 수도 있다. 또한 유아들은 생명체와 생명이 없는 물체를 구별하지 못하므로 자신이 느끼고 행동하는 것처럼 다른 모든 것들도 느끼고 행동한다고 생각한다. 이와 같은 물활론은 유아에게만 나타나는 창의적인 사고라고 할 수 있다. 3~4세가 되면 아동 자신에 대한 신체 조절력이 증가되면서 몸놀림이나 신체적인 활동에 자신감이 나타난다. 이때부터 유아는 모든 에너지가 신체적인 활동에 집중되어 있는 것처럼 잠시도 가만히 있지 않게 되며, 자신의 감정과 느낌을 다양한 신체 활동으로 창의적으로 표현해 본다. 그리고 유아들은 창의성의 표현 중 하나인 상상의 이야기를 꾸며 내면서 언어를 통한 창의력을 표현한다. 유아들의 창의성은 다양한 활동 속에서 표현되는데 언어 창의성이 뛰어난 경우, 신체를 통한 창의성, 혹은 그림을 그릴 때 뛰어난 창의성을 보이기도 한다. 즉, 유아는 언어, 도형, 동작 등에서 각기 다른 정도의 창의성을 갖고 있어 언어 창의성이 부족한 경우 도형 창의성이 높을 수도 있고 또 반대일 수도 있다.

이와 같이 유아들의 개인적인 특성에 따라 창의성으로 표현하는 경로가 다르기 때문에 창의적인 능력이 뛰어난 경로에 따라 진로 지도를 해 주어야 한다.

CHAPTER 5

영유아 창의성 발달

영유아기는 창의성 발달에 있어 중요한 시기다. 특히 영아들의 창의적인 발달은 각 연령 단계마다 그 자체의 특성이 있고, 다르게 나타나므로 이러한 점차적인 창의적 발달은 유아의 창의성 발달에 중요하다. 유아의 상상력은 4세에서 5세 사이에 최고조에 달하므로 연령에 따른 영유아의 창의성교육이 발달적으로 적합한 교육이 되도록 해야 한다(전경원, 2014).

1. 영유아 창의성 발달 단계

Q 창의성은 타고나는 것일까?

1) 영아기

(1) 0세(9~12개월)

창의성의 기본인 민감성을 키우기 위한 기반을 구축할 수 있는 시기이다. 이때는 감각 능력이 발달되어 주변 환경을 탐색하고 정보를 받아들이게 된다. 동물 및 교통 기관 등 다양한 소리에 관심을 기울이고, 감촉에 관심을 가지게 되고, 맛있는 냄새와 싫어하는 냄새에 관심을 가지며 친숙한 음식의 맛을 구분하게 된다. 그러므로 다양한 시각적, 청각적, 미각적, 후각적, 촉각적 활동들을 제공하여 민감성을 발달시키는 것이 만 4세 이후의 창의력 발달에 큰 도움이 된다.

인지 발달 측면에서는 동물 소리나 교통 기관 소리를 따라하게 되고 성인의 말을 흉내 내며, 모델의 간단한 손짓과 몸짓 등을 모방하게 되어 모방 놀이의 기초를 마련하게 된다.

(2) 1~2세

이 시기는 창의성 중 매우 중요한 '호기심'이 많아지는 시기이며, 문제해결 능력에서도 창의성을 보이고 이때, 기억 능력이 발달하므로 상상력 발달에 도움이 된다. 전체적으로 볼 때, 창의성 발달에서 차이가 있으므로 13~18개월과 19~24개월 사이로 나눠서 살펴본다. 창의적인 행동은 13개월 정도부터 나타나기 시작한다. 실질적으로 상상 놀이는 1~2세 사이에 시작, 인형에게 우유를 먹이는 흉내를 내거나, 옷을 입히고, 목욕시키는 흉내를 낸다.

① 13~18개월

창의적인 행동들이 나타나기 시작한다. 신체적 발달은 보면 블록을 2~4개 정도 쌓을 수 있고, 감각 기능을 보면 소리를 듣고 소리 나는 물체를 찾아보게 하거나 따뜻한 것과 찬 것을 변별해 보는 활동을 통해 창의성의 기본이 되는 민감성을 키워 나가야 한다. 특징은 다음과 같다.

첫째, 흉내 내기이다. 즉, 타인의 소리나 행동을 모방하는 데 익숙하게 되어 최초의 상징 놀이라 할 수 있는 '모방 놀이'를 하게 된다. 주변에서 일어나는 일상적인 경험들을 토대로 하여 자신이 주체가 되어 흉내를 내는 놀이를 하게 된다. 영아들은 자신이 중심이 되어 반복되는 모방 놀이를 함에 따라 모방 놀이 능력이 점차 향상되고 인형이나 장난감들과 같은 사물들을 모방 놀이에 포함시켜 흉내 내는 놀이로 발전시켜 간다. 예를 들어, 인형에게 사탕을 먹이는 흉내를 내거나 책을 읽어 주기도 한다. 타인의 소리나 행동을 모방할 수 있는 것이 이 시기 영아의 주요한 창의적 능력이다. 그러므로 일상생활에서 다양하게 가상 놀이 환경 및 놀잇감을 준비해 주어 영아의 모방 능력이 향상될 수 있도록 도와주는 것이 필요하다. 동물이나 장난감 또는 타인의 목소리를 흉내 낼 수 있도록 하는 것도 창의성을 길러 주는 데 도움이 된다.

둘째, 호기심이다. 신체 활동이 증가하여 그 전보다 주위 환경에 대해 호기심을 갖고 탐색을 하려고 한다. 창의적인 특성 중에 '호기심'은 매우 중요한 특성임으로 창의적인 환경을 조성해 주고, 놀잇감이나 물체들을 준비하여 다양한 경험을 할 수 있는 기회를 마련하여 창의성이 길러지도록 해야 한다.

셋째, 문제해결이다. 시행착오를 통해 스스로 문제를 창의적으로 해결하도록 도와주어야 한다. 이 시기의 영아들은 문제를 해결하기 위해 그 전에 사용해 왔던 성공적인 해결 방법에만 집착하지 않고 한 걸음 나아가 새로운 방법을 시도하게 된다.

② 19~24개월

5~6개의 블록을 차례로 꽂거나 위로 쌓을 수 있다. 크레용으로 긋기 흉내를 낼 수 있고, 민감성을 기르기 위해 기본적인 감각 변별 기능을 길러 주는 것이 중요하다. 이 시기에는 재생과 기억 능력이 발달되어 창의력의 기본 요인인 상상력

발달에 도움이 되고, 가상 놀이와 문제해결 능력도 이전에 비해서 더욱 발달한다. 다음과 같은 특징을 반영하여 창의성교육을 시작해야 한다.

첫째, 재생과 기억 능력이다. 이전에 경험한 사건이나 동작 재연하기를 시도하게 되는데, 이 시기에는 사고에 의해 사물과 그림을 맞추고 또한 어떤 개념을 기억하고, 나중에 그것들을 재생해 낼 수 있는 능력이 생기게 된다. 13~18개월 때에는 어떤 사건이나 행동을 본 직후에만 그 행동을 모방했으나 19~24개월이 되면 일정 시간이 지난 뒤에도 보고 들은 모든 행동을 모방할 수 있는 능력이 생긴다. 이러한 재생과 기억 능력은 영아들의 '상상력 발달'에 영향을 미치게 된다. 영아가 과거에 경험한 사건이나 동작을 기억하고 재생하면서 영아의 상상력은 발달하게 된다.

둘째, 가상 놀이이다. 영아의 기억. 모방 능력이 증대되어 가상 놀이를 함에 있어서 좀 더 발전되고 확장된 형태의 가상 놀이를 하게 된다. 이전에는 한 가지 행동을 보였으나, 이 시기가 되면 여러 가지 행동들을 연속적으로 결합하게 된다. 예를 들면, 인형을 목욕시키고, 머리를 감겨 주고, 밥을 먹이는 등의 상이한 행동들을 결합하여 가상 놀이를 하게 된다.

셋째, 문제해결 능력이다. 문제를 해결하기 위해 정신적인 표상을 사용하기 시작한다. 13~18개월에서는 문제해결을 위해 행동 수단에 의존했고 시행착오를 거듭하게 되었지만, 19~24개월이 되면 언어의 상징 체계가 발달되기 시작하여 시행착오보다는 통찰력에 의해 문제를 해결하게 된다. 즉, 13~18개월 때 보다 창의적으로 문제를 해결할 수 있는 능력이 좀 더 발달되기 때문에 이런 특징을 잘 살펴보도록 한다.

(3) 2~3세

상상력과 민감성이 더해져 추리력이 발달하는 시기로 신체적인 발달이 왕성해지고 인형 놀이, 병원 놀이, 혼자 놀이에서 더욱 상상력이 가미된다. 2세 정도의 유아는 소꿉놀이, 역할 놀이가 활발하게 일어날 수 있고, 일반적인 물건을 가지고 상상 놀이를 위한 놀잇감을 만들기도 한다. 가상 놀이를 위한 다양한 놀잇감은 2세가 되어야 적합하다. 민감성이 더욱 발달되므로 사물의 차이 변별, 소리 차이의 변별, 사물의 차이를 촉각으로 느끼고 식별하기, 음식의 맛을 보고 짠 맛, 단 맛 등을 식별하기, 냄새 식별하기, 두 가지 이상의 감각으로 사물을 식별하는 활동을 하도록 한다. 또한 호기심과 질문이 더욱 많아진다. 특징은 다음과 같다.

첫째, 역할 놀이로 '또래들과의 상상 놀이' 또는 '사회극적인 놀이'가 시작된다. 이때 한 가지 역할만 할 것이 아니라 다양한 역할을 해 보도록 하고, 역할을 서로 바꾸어 다른 사람의 입장이 되어 보기도 하는 것이 좋다. 역할 놀이가 잘 이루어질 뿐만 아니라, 전화기를 가지고 누군가와 통화하는 흉내를 내거나 보고 들었던 것을 흉내 내고, 어제 재미있었던 일들을 말하게 되면서 창의적인 행동들을 많이 보이게 된다.

둘째, 창의적인 행동을 한다. 들었던 노래를 단순히 반복하거나 멜로디를 개발, 또는 스스로 재미있는 노랫말을 집어넣는다. 그림을 그릴 때는 서로 다른 선, 형태와 색을 사용하여 창의적인 그림을 그리기 시작한다. 또한 블록 쌓기 놀이에서도 다양한 형태의 건축물을 만들어 본다. 장난감이나 생활 도구 등으로 다양한 소리를 만들어 보는 등의 창의적인 놀이를 하게 된다.

이 시기에는 음성, 동작, 표정, 그림 등으로 주변 사물이나 대상을 재표현하게 되며, 이를 표현할 때 각 영역에서 창의적인 표현들을 적극적으로 보이게 되므로 각 영역별로 창의적인 행동들을 할 수 있도록 격려해야 한다. 3세의 유아의 창의성은 그 전에 비해서 많이 발달되었지만, 주의 집중 시간이 짧고 기억력이 크게 발달된 상태가 아니며, 사회적 발달이 덜된 상태이기 때문에 4세의 창의성에 비하면 창의성 발달의 준비기라고 할 수 있다. 영아기 발달에 적합한 창의적인 활동이 잘 이루어져야 4세 이후에 창의적인 능력이 제대로 발현될 수 있으므로 연령별로 나타나는 민감성과 상상력 등 창의성 발달에 도움이 될 수 있는 특징들을 잘 이해하여 교육하는 것이 좋다.

2) 유아기

(1) 4세

인간관계, 유추와 상상, 현실 인식이 가능하기 때문에 풍부한 자료를 이용해 극놀이와 상상 놀이가 확대되어 역할이 복합해진다. 인지 능력과 언어 능력이 급격하게 발달하게 되고, 신체적인 기술 발달은 물론 사회적 발달 및 정서적 발달이 이루어져 그 전보다 확장된 놀이를 즐기게 된다. 특히 그 전보다 대근육 활동도 활발해지고, 소근육 발달이 정교하게 발전하여 조작적인 놀이를 하게 되고, 이에 따라 다양한 놀이를 시도하게 된다(전경원, 2017). 특징은 다음과 같다.

첫째, 인지 능력이다. 이 시기에는 기억력과 언어의 표현이 3세 때보다 발달하게 된다. 특히 인과관계의 유추가 가능하고, 상상과 현실을 인식하게 된다. 또한 탐색력이 증가하고, 기억력과 언어 표현력이 3세 때보다 발달하게 된다. 어휘 수도 많아지고, 다른 사람과 이야기하기를 좋아하고, 노래 부르기를 좋아한다.

둘째, 역할 놀이와 가상 놀이가 발달한다. 친구를 좋아하게 되고 친구에 대한 관심이 많아지게 되어 놀이가 한층 더 발달하기 시작한다. 상상 놀이나 극놀이 활동이 양적·질적인 면에서 크게 확대되어 그전보다 역할이 훨씬 더 복잡해지고, 극놀이를 하는 활동 자료들도 풍부해진다.

(2) 5세

다양한 주제의 가상놀이를 즐길 수 있으며, 세련된 방법으로 다양한 놀잇감을 사용하여 놀이를 즐길 수 있다. 또한 인지, 언어, 사회, 정서 발달이 조화롭게 이루어지고 복잡한 놀이를 선택하게 된다. 특징은 다음과 같다.

첫째, 인지 능력과 문제 해결력이 발달한다. 주변 사물이나 사람과 상호작용을 하여 현실을 잘 인식하고, 인과 관계 지각이 점차 발달하게 된다. 또한 재생 및 기억력이 아동기 수준과 비슷할 정도로 발달된다. 특히 언어 표현력 발달로 완전한 문장으로 말 할 수 있게 되어 타인과의 의사소통이 가능하여 언어 표현력이 발달하게 된다.

이러한 인지 능력과 언어 발달은 문제해결 과정에서 원인과 결과를 잘 관련지어 생각할 수 있어서 문제해결을 위한 결과에 대한 원인을 찾아보려는 노력을 기울이게 된다.

둘째, 역할 놀이와 가상 놀이에 있어서 5세아는 협동 놀이와 극놀이를 할 수 있다. 유아는 다양한 주제에 맞춰 가상 놀이를 즐겨 하고, 감정을 갖고 역할 놀이를 한다. 5세아는 상상력이 급격하게 발전하여 상상의 공포감이 나타나며, 감정 형태에 따라 자신의 감정을 정확하게 표현할 수 있다. 이러한 정서 발달로 인해 복잡하고 다양한 놀이를 선택하게 된다. 이 시기에는 좀 더 세밀하고 복잡한 놀이 주제를 선택하고, 단순한 놀잇감으로 세련된 놀이 세트를 만들 수 있다.

결론적으로 영유아의 창의성 발달은 유아교육 기관의 교육 환경과 교실 분위기, 상상을 할 수 있는 풍부한 교육 자료 등의 물리적 환경과 개인의 인지적, 사회·정서적 특성 외에 내적 동기 유발, 지식 등과 같은 복합적 요소에 영향을 받는다고 할 수 있다. 그러므로 영유아들이 창의적인 활동을 하는 노력을 기울일 때, 이를 적극적으로 지지해 줄 수 있어야 한다. 이런 노력을 지지하는 분위기와 적절한 환경이 제공될 때 창의적인 사고력이 더욱 발달하며(Fischer, 1990), 특히 영유아의 창의성 발달을 위해서는 상호작용을 할 때 부모와 교사의 역할 및 태도가 매우 중요하다고 할 수 있다.

2. 유아기 창의성 발달 특징

Q 창의성은 교육으로 증진될 수 있는가?

유아기 창의성 발달에 대한 많은 연구들은 유아기는 발달 특성상 상징을 풍부히 사용하는 창의성 경향이 자연스럽게 나타나는 시기이나 그 이후에는 현실성이 증가함에 따라 오히려 창의성이 감소하는 경향을 보이고 있어 유아기가 창의성 발달에 매우 중요한 시기임을 알 수 있다.

유아의 창의성 발달은 상상력을 통해 놀이에서 이루어진다. 피아제(Piaget)는 전조작기 유아의 사고가 상징적이고 직관력에 지배되는 특징이 있어 2세에서 7세까지 상징 놀이가 주로 이루어진다고 하였다(Herbert, 2006). 비고츠키는(Vigotsky)는 유아의 창의성을 '환상', '상상', '창의적 상상력'이라는 용어를 사용하여 창의성 발달에 있어 놀이의 역할을 지지하였다. 스몰루차(Smolucha)는 비고츠키(Vigotsky)의 '창의적 상상력'이 유아의 놀이에서 환상과 생각들이 함께 어우러져 나타나는 것이라 하여 가장 놀이가 창의적 능력의 기초가 된다고 하였다. 러스(Russ)는 가장 놀이가 환상, 사실인 것처럼 상상하기, 사물을 대체하여 사용하기를 포함한다고 하였고 유아기에 가상 놀이는 창의성, 문제해결력, 감정 조절 등 긍정적 발달 과업과 관련이 있다고 하였다. 서턴-스미스(Sutton-Smith)는 가상 놀이에서 '마치(as if)'를 통해 상징적 전환이 일어나므로 역할 놀이에서의 가상 전환이 사고의 융통성 발달과 관련이 있으며 그 결과 창의성이 발달한다고 하였다.

1) 특징의 종류

(1) 물활론

물활론이란 생명이 없는 물체에 의식을 불어넣은 경향을 말한다. 유아들은 생명체와 생명이 없는 물체를 구별하지 못하므로, 자신이 느끼고 행동하는 것처럼 다른 모든 것도 행동한다고 생각한다. 물활론적 사고를 정확히 언제부터 시작하는지를 관찰하기는 어렵지만, 대체로 2세부터 시작하여 4~5세에 절정에 달하고, 유아가 초등학교에 입학하면서 점차 사라진다. 책상을 두드리면 책상이 아파하고 구름, 별, 비, 해도 모두 살아 있는 것처럼 느낀다. 이와 같은 물활론은 유아에게만 나타나는 창의적 사고라고 할 수 있다.

(2) 극적 놀이

극적 놀이(Dramatic play) 혹은 소꿉놀이도 물활론적 사고를 하는 시기와 같은 시기에 나타난다. 유아의 유추 능력이 발달하고 환상과 현실을 구별하게 되면, 극적 놀이를 통한 창의적 욕구보다는 다른 활동으로 그 관심이 나타난다.

극적 놀이의 유형은 발달 연령에 따라 일정한 단계를 거친다. 또 극적 놀이는 성과 지능에 따라서 놀이의 양과 형태가 다르게 나타난다고 보고되어 있다. 유아가 지나치게 현실적이거나 지나치게 공상적일 때 극적 놀이는 일어나지 않는다. 부모나 성인의 격려, 도움, 그리고 교육 환경과 기구 등도 유아의 극적 놀이에 영향을 미친다.

(3) 구성적 놀이

유아가 학교에 들어갈 나이가 되고 환상과 현실을 구별하게 되면 극적 놀이 대신에 구성적 놀이(Constructive play)에서 창의성을 발휘한다. 친구와 함께 역할 놀이를 하기도 하고 블록, 진흙, 종이상자 등으로 작업하기도 하며, 그림을 그리거나 집을 만들기도 한다.

(4) 백일몽과 상상의 친구

상상의 친구를 만들어서 노는 것이나 보다 환상적이고 비현실적인 백일몽(Day dreaming)을 꾸는 것도 유아기에 표현되는 창의성이다. 자기 충족적인 경험을 위해 백일몽을 꾸거나 상상의 친구를 만들어 노는 것이다.

(5) 이야기 꾸며 내기

이야기 꾸며 내기 혹은 빈 거짓말(White lie)도 유아기에 흔히 볼 수 있는 창의성의 표현이다. 이것은 성인의 거짓말과는 다른 개념으로서, 자기방어를 위한 거짓말이나 남을 속이기 위한 것이라기보다 재미로 하거나 자기 강조와 과장을 위해 비의도적으로 하는 이야기라고 할 수 있다. 이 이야기 꾸미기도 4~5세가 절정기이며 6세가 지나면 사라진다.

(6) 유머

유머를 즐길 수 있는 능력과 유머를 산출하는 능력이 있는데, 창의적인 형태로서의 유머는 유머를 산출하는 능력을 말한다. 유머는 발산적 사고를 요구하는 것이다. 그러나 이 유머를 그릇되게 사용하면 다른 사람을 당황하게 만들어 사회적인 거부를 받을 수도 있다.

(7) 창의적 신체 표현과 음률 동작

3~4세가 되면 자기 신체에 대한 조절력이 증가하면서 몸놀림이나 신체적인 활동에 자신감이 생겨난다. 이때부터 유아는 모든 에너지가 신체적 활동에 집중되어 있는 것처럼 잠시도 가만히 있지 못한다. 유아기 동안 유아는 자신도 모르게 자발적으로 자신의 감정을 다양한 창의적 신체 동작으로 표현한다. 동시에 3~4세 유아는 감각적 쾌락, 특히 청각적 쾌락을 즐긴다. 따라서 이 시기의 유아는 어떤 음악 소리나 리듬을 들으면 따라 움직이면서 다양한 창의적 음률 동작을 표현한다. 이러한 다양한 감정 표현을 위한 자연적인 몸놀림과 음악에 맞춘 동작은 유아의 창의적인 표현 요구를 반영한 것이라고 할 수 있다.

2) 특징에 대한 학자들의 관점

유아기에는 상상력이나 창의성이 집중적으로 발달하는 데 비해 논리적 사고가 아직 미숙하므로, 논리 분석력을 강조하는 수학이나 과학과 관련된 교육보다는 창의성이나 예술성, 상상력을 위주로 하는 교육이 적합하다. 유아기 때 상상력의 발달이 집중된다는 근거는 뇌과학 연구에서도 뒷받침되고 있다. 4세가 되면 시각피질에 있는 신경들의 접촉점 밀도가 높아지고 집중적으로 발달한다. 상상력은 시각적 영상을 필요로 하며, 이 시기에 가장 많이 발달하는 전두엽은 도덕성, 종교성, 종합 사고 등 최고의 기능을 담당하는 부위이다.

〈표 5-1〉 창의성 발달 특징

학자	특징
콜버그 (Kohlberg)	• 8세 이전은 인습 이전의 단계 – 자기 중심성이 지배, 자신의 주관적 감정이 판단을 좌우함(자신이 옳다는 생각을 가짐) – 사회적으로 무엇이 적절한지, 사회적인 기대감이 무엇인지 인지하지 못하며, 이런 사고는 창의적인 생각을 하게 함
토렌스 (Torrence)	• 창의성의 결정적 시기는 유아기로, 이때부터 창의성이 증가 • 예술적 창의력이 이때 발달해야 아동 및 청소년 시기에 발달하는 논리적, 분석적 능력이 필요한 과학적 창의력과 함께 최상의 창의성을 이룰 수 있음
코로플레이 (Croplay)	• 아이 – 스스로의 재미를 위해 창의적인 활동 • 성인 – 사회를 위해 창의적인 활동
피아제 (Piaget)	• 2~7세(전조작기) – 자기 중심적인 성향, 상상력이 풍부, 물활론적 사고, 각각의 상징
두덱(Dudek) 베라울트(Verreault)	• 프로이드가 구분한 '제1차 사고 과정' – 상상력이 풍부하고 충동적인 사고를 하는 시기
칙센트미하이 (Csikzentmihalyi)	• 호기심, 자기 몰입, 자유로운 상상력, 타인의 평가에 대해 제약을 받지 않는 것 – 창의성에 필요한 잠재적인 요소들을 발견하는 시기
가드너 (Gardner)	• 유년기는 호기심, 궁금증, 탐색 능력이 발달 – 창조성의 기본 바탕이 만들어짐

학자	특징
룬코 (Runco)	• 예술적이고 호기심과 상상력이 풍부하며 발명을 좋아하고 많은 분야에 관심을 가짐 – 창의적인 아이들의 특성
라우와 리 (Lau & Li)	• 또래 간 창의성 실험 결과 – 창의적인 유아는 사회성이 더 높은 경향이 있고, 사회성을 더 쉽게 발달시킬 수 있음
비고츠키 (Vygotsky)	• 놀이는 예술적 상상력의 기본적인 요소와 문제해결 능력이 되며 상상력은 창의력을 촉진시키는 역할을 함 – 유아기의 창의성 발달이 중요한 이유를 유아기의 경험이 성인이 되어서도 영향을 주는 데에서 찾음
페레즈파벨로와 캄포스 (Perez-Fabwllo & Campos)	• 예술적인 기술을 훈련하는 것은 상상력을 기르는 데 많은 역할을 함
리앙(Liang)	• 상상력이 풍부하면 창의력을 시각화해 생각하는 데 많은 도움이 됨

3. 영유아기 창의성 교육원리

유아를 위한 교육 활동에 있어 가장 핵심적인 것은 교육 방법이며 교사는 교육적 목표 달성 즉, 유아들의 창의성 계발과 증진을 위해 학습자인 유아의 자발적이고 능동적인 참여를 이끌 수 있는 바람직한 교수·학습 방법을 찾아야 한다. 학자들은 학습에서 교사가 유아들의 창의성을 계발·신장해 줄 수 있는 교수원리를 다양하게 제시했다(Amabile, 1989/1998; Cropley, 1999; Sternberg, 2007; Torrance, 1995/2005; 김영정, 2002; 신샘이, 2018).

(1) 에마빌(Amabile, 1989/1998)

교사가 언어, 수, 미술과 같은 특별한 영역에서의 지식과 사물과 문제를 새롭게 바라볼 수 있는 방법과 창의적 기술을 가르칠 수 있다고 보았다. 반면 유아들의 내적 동기 유발을 위해 교사는 호기심과 흥미, 즐거움, 도전 의식을 자유롭게 표현하는 모습을 보여 줌으로써 유아들의 내적 동기 유발을 자극할 수 있다고 보았다. 더불어 창의성을 계발하기 위해 교사가 가져야 할 교수원리를 첫째, 유아들은 독특한 개체로서 존중하고 사랑할 만한 가치가 있다는 것을 느끼는 '교사의 신념', 둘째, 유아들이 능동적인 학습자가 될 수 있도록 자율성을 부여하고 교실에서 긴장과 압력이 아닌 편안함과 경쟁보다는 협력을 할 수 있도록 격려하는 '환경 구성', 셋째, 학습이 유아들의 것임을 느끼고 학습이 원활히 운영될 수 있도록 돕는 책임을 공유하는 권리와 책임을 갖게 하는 '활동 실행'으로 나누어 제시하였다.

(2) 크로플리(Cropley, 1999)

창의성을 증진시킬 수 있는 교육원리를 다음과 같이 제시하였다.

첫째, 교사는 창의성을 지원하기 위해 유아들이 독립적으로 배우도록 격려하고 협동적으로 활동하게 하는 교수 방법을 사용하며 사실적 지식을 숙달하여 확산적 사고의 확고한 토대를 마련하게 한다.

둘째, 유아들이 자신의 아이디어를 탐색하는 동안에는 교사의 판단을 유보하여 융통성 있는 사고를 갖도록 하며 자기 평가를 격려한다.

셋째, 교사는 유아들이 다양한 경험을 해 볼 수 있도록 상이한 상황에서 다양한 자료를 가지고 학습할 수 있는 기회를 제공하며, 좌절과 실패 시 다시 새롭고 독특한 것을 시도할 수 있는 용기를 갖게 해야 한다.

(3) 토랜스(Torrance, 1995/2005)

모든 개인은 창의적인 능력을 갖고 있고 그 능력은 교육을 통해 향상시킬 수 있다고 주장하였다.

첫째, 교사는 유아의 창의적 사고에 대해 가치 있게 평가하며 창의적 사고가 필요한 상황과 창의적 학급 분위기를 조성해야 한다.

둘째, 창의성에 필요한 자원을 지원하여 유아들이 다양한 분야의 지식을 습득하도록 격려하고 환경의 자극에 민감하도록 격려한다.

셋째, 교사는 유아들이 사물과 아이디어를 충분히 조작해 보고 아이디어가 시사하는 바를 충분히 실행해 볼 수 있도록 격려한다.

넷째, 유아들에게 창의적 사고의 과정에 대한 정보를 제공하여 유아들이 새로운 아이디어에 대한 포용력을 키우게 한다.

다섯째, 교사는 유아들의 새로운 아이디어를 수용해 주되 건설적인 비판을 해 줄 수 있도록 하며 스스로도 모험심을 가질 수 있도록 노력해야 한다.

(4) 김영정(2002)

정보화 사회이자 지지 기반 사회로 정의되는 현대 사회의 변화에 대응할 수 있는 비판적 사고 교육을 강조하였는데, 비판적 사고란 정보와 지식을 논리적·비판적으로 판단하는 능력으로 합리적인 문제해결의 필수 요소를 뜻한다. 교사는 학생들이 새로운 변화에 적응하고 새로운 상황에서 발생하는 여러 문제들을 적절히 해결할 수 있는 능력을 갖출 수 있도록, 지식을 학습하도록 하는 것이 아니라, 문제해결 방식이나 과정적 지식을 습득하고 성취(performance)가 아닌 능력(competence)을 배양할 수 있도록 지도해야 한다고 보았다. 유아의 창의성을 계발하고 지원하기 위한 교수원리들의 공통점은 다음과 같다.

첫째, 교사는 창의성교육에 관한 의지와 신념을 가지고 유아가 어떤 생각이든 말할 수 있는 허용적, 수용적 분위기를 만들어야 한다.

둘째, 교사는 창의적 사고를 자극할 수 있도록 실제 경험을 통해 지식을 습득할 수 있는 환경을 구성하고, 지식을 창의적으로 적용하거나 새로운 아이디어를 떠올려 문제를 해결할 수 있는 기회를 제공해야 한다.

셋째, 교사는 유아들이 자율적이고 독립적으로 학습하며 새롭고 어려운 일에 도전할 수 있도록 하며, 경쟁보다는 협력과 내적 동기 유발, 성취보다는 과정을 자극하는 분위기를 조성함으로써 유아들의 창의성을 계발해 줄 수 있도록 해야 한다.

4. 창의성교육을 위한 교사의 역할

Q 유아의 창의성을 높여 주기 위해 할 수 있는 활동에 대해 적어 보세요.

창의성은 교육을 통해 계발 가능하고, 유아기가 창의성을 계발·증진하는 데 효과적인 결정적 시기라는 점에서 교사의 역할이 강조된다. 창의성 연구학자들은 점차 창의성을 증진시킬 수 있는 환경적 요인에 대하여 많은 관심을 갖고 창의적인 사람과 환경적인 요소의 상호작용이 필수적이라고 주장해 왔다(Amabile, 1989/1998; Sternberg & Lubart, 1995; Urban, 1996). 유아의 창의성을 계발하고 증진시키기 위한 교사의 역할은 풍부한 교육 자료 등의 물리적 환경과 심리적 안정감을 느낄 수 있는 환경, 즉 심리적 분위기를 지원해 주는 것이라고 할 수 있다(전경원, 김경숙, 2012).

1) 물리적 환경의 지원자로서의 역할

감각적이고 충분한 환경 제공, 변화의 여지가 있는 만들어 가는 환경 제공, 자연환경 경험 제공으로 나누어 볼 수 있다.

첫째, 감각적이고 충분한 환경 제공자로서의 교사의 역할이다.

에마빌(Amabile, 1989/1998)은 창의성 계발을 위해 유아들이 가능한 한 시각적인 자극을 받을 수 있는 환경을 제공해 주어야 한다고 강조하였다. 유아들의 창의성을 자극하고 일깨워 줄 수 있는 유아교육 기관의 환경을 구성할 때, 유아들이 직접 보고 듣고 만져 보고 냄새를 맡는 등 스스로 탐색할 수 있는 감각적 환경을 풍부하게 제공해야 하며, 유아가 자신만의 독창적인 상상을 놀이로 표출할 수 있도록 충분한 공간과 다양한 자료를 준비해 줄 수 있어야 한다. 또한 유아들에게 익숙한 교구, 자료들을 제공하여 충분한 탐색을 바탕으로 한 창의적 표현을 격려하기도 하지만 때로는 비구조적이고 익숙하지 않은 자료들을 제시하여 다양한 탐색을 통한 창의성 발달을 자극해야 한다.

둘째, 변화의 여지가 있는 만들어 가는 환경 제공자로서의 교사의 역할이다.

창의성 발달을 위해 미리 계획된 환경보다는 유아 스스로 탐색하고 변형할 수 있는 환경을 마련해 주어야 한다. 이는 주변을 둘러볼 수 있고 자료와 설비가 풍부하며 유아들이 참여한 활동작품 결과물이 전시되어 있는 환경을 뜻하며, 교사는 유아들이 전시하고 싶은 작품을 선택하거나 원한다면 교체할 수 있도록 기회를 주어야 한다. 유아들이 그들이 활동하는 공간 안에서 만든 작품을 소중히 여겨 교실 안에 전시해 주는 것도 유아의 창조적 표현 활동을 고무해 줄 수 있는 방법이다. 즉, 유아의 창의성 발달을 위해 교사는 놀잇감, 자료, 공간 배치 등을 일반적으로 제공하기보다는 탐색과 변형의 여지가 있는 물리적 환경을 제공하는 것이 중요하다.

셋째, 자연환경 경험 제공과 관련한 교사의 역할이다.

칙센트미하이(Csikszentimihalyi, 1996)는 아름다운 자연환경은 창조 과정과 관련 있다고 하였다. 아름다운 자연환경은 상황을 초연하게 새로운 관점에서 볼 수 있는 여지를 주며 새로운 사고의 발견에 영향을 준다는 것이다. 백소진(2014)은 자연환경의 개방적인 특성이 유아의 창의성을 신장시킨다고 하였다. 놀이 방법, 용도 등이 정해져 있지 않는 개방적인 자연환경은 유아의 호기심과 상상력을 유발하고 확산적 사고를 촉진시킴으로써 창의성 발달에 긍정적 영향을 준다는 것이다.

2) 심리적 지원자로서의 역할

동기 유발, 수용적인 분위기 조성, 창의적 성격 특성 강화의 세 가지로 나누어 볼 수 있다.

첫째, 동기 유발과 관련한 교사의 역할이다.

에마빌(Amabile, 1996)은 교사가 창의성을 발달시키기 위해 아동이 스스로 좋아하는 일에 열정을 가지고 도전할 수 있도록 내적 동기를 유발을 하는 것이 중요하다고 하였다. 이를 위해 활동의 즐거움이나 몰입의 자기만족 등에 대해 알려 주며 일과 놀이를 구분하지 않도록 해야 한다고 하였다. 스턴버그와 루바트(Sternberg & Lubart, 1996)는 창의성 증진을 위해서 창의적인 아이디어를 가치 있게 여겨 주는 분위기를 강조하여 창의성이 표출되었을 때 주변에서 적절히 보상해 주어야 한다고 하였다. 하지만 지나친 부상이 과제 자체에 대한 관심을 감소시켜 내적 동기를 감소시키게 되므로 내적 동기와 조화를 이루는 범위 내에서 적절히 이루어져야 한다고 하였다(조연순 외, 2013).

둘째, 수용적 분위기 조성을 위한 교사의 역할이다.

크로플리(Cropley, 2001/2004)는 '창의적 지지자'로서의 교사 역할을 강조하였다. 창의적 지지자의 중요한 역할은 창의적인 사람이 규칙을 파기하게 되더라도 제재하지 않는 수용적 분위기를 조성하는 것이다. 이러한 창의성 지지자들의 인정과 지지는 창의적인 사람들이 죄책감이나 위험을 느끼지 않고 자신의 아이디어를 검증해 볼 수 있도록 하고 남들과는 다른 사고와 행동을 시도해 보도록 격려해 준다. 반면 그는 교사들이 교실에서의 창의성 신장의 필요성을 지지하고 있으나 실제 수업에서는 참신함이나 대담함, 독창 등 창의성과 관련이 있는 특성을 가진 유아들을 선호하지 않는 경우가 있다고 하였다. 시간 엄수, 순종, 배려, 학습 속도, 정확성 등이 유아에게 있어 매우 중요한 특성인 것은 분명하지만 이러한 특성들이 강조되면서 발견, 예측, 발명, 실험, 혁신 등의 활동이 소홀해짐으로써 교사의 지도가 일방적으로 진행되는 상황이 발생할 수 있다고 하였다. 즉, 교사들이 창의성에 대해 정확한 이해를 갖고 있는 것이 중요하다는 것이다.

셋째, 창의적 성격 특성 강화을 위한 교사의 역할이다.

칙센트미하이(Csikszentimihalyi, 1996)는 창의성을 개발하기 위해 열린 마음을 가지고 창의적인 사람들이 가진 복합적인 성향을 추구해야 한다고 하였다. 복합적 성향은 모두에게 내재된 인간 고유의 특성이며 상황에 따라 양극적 성향을 충분히 표현하는 것이 창의성의 바탕이 되는 것으로 이를 강화시키고 키워 주도록 해야 하는 것이다.

3) 열린 학습자로서의 역할

어반(Urban, 1996)은 창의성 신장과 관련된 핵심적 환경으로 '열린 학습'을 강조하였다. 더불어 열린 학습에 있어 교사의 역할이 더 이상 지도자나 참가자, 검열관과 권위자가 아니라고 보았다. 교사의 역할은 점차 자극을 주고 이끌어 주며 안정감을 주는 사람, 도움을 주고 중재를 해 주는 사람, 상담자와 친구 같은 사람, 참여 관찰자, 선도자, 파트너, 조직자, 전문가, 멘토, 모델 등으로 변화하고 있다는 것이다.

4) 창의적 문제해결을 위한 역할

펠드후센(Feldhusen, 2003)이 창의적 문제해결을 위해 제시한 교사의 역할을 살펴보면 다음과 같다.

첫째, 사고 촉진자로서 유아의 생각을 경청하고 지지함으로써 창의적인 생각을 확장시켜 주는 것이다.

둘째, 평가자로서 창의성 활동에서 발생하는 일을 다양한 관찰 방법으로 기록하여 발달 정도를 평정한다.

셋째, 질문 제공자로서 다양한 사고를 자극할 수 있는 확산적인 질문을 하는 것이다. 그 밖에 충분한 시간을 주는 일, 반드시 워밍업 활동을 제공하는 일, 유아의 동기를 자극시킬 자료를 준비하는 일 등이 있다.

5) 탐구와 발견학습을 위한 역할

조지나와 재클린(Georginna & Jacqueline, 1991)이 강조한 창의적 교사 역할을 살펴보면 다음과 같다.

창의적인 교사는 유아들이 충분히 그들의 자료나 아이디어를 가지고 표현하도록 교육 뒤쪽에 서 있을 수 있어야 한다. 유아들이 다양한 선택을 통하여 계획하고 조직하도록 하며, 반복하여 활동을 할 수 있도록 충분한 시간과 공간을 준다. 창의적인 교사들은 유아들이 스스로 학습을 하도록 한다. 생각을 하도록 하고 그들의 선택에 대하여 재미있게 해 주고 의미 있게 시간을 보내도록 돕는다. 유아들의 창의적인 결과물에 대하여 개인적인 평가를 하기보다는 개별적인 반응을 하여 준다. 예를 들어, 결과물에 대하여 비판하기보다는 흥미로운 발견점을 찾아 반응한다. 유아들이 지나치게 독창적으로 만든 결과물들은 비난을 받을 수도 있다. 교사는 비난에 대한 보호를 해 주어야 하며 다양한 한 가지 모델로 소개할 수 있어야 한다. 개방적인 프로그램을 제공하고 유아 스스로 생각하고 합리적인 제한 내에서 결정하는 기회를 가능한 한 많이 준다.

유아의 창의성 계발을 위한 교사의 역할에 대한 연구들을 종합해 보면, 유아의 창의성 계발에 있어 핵심적인 인적 환경인 교사가 스스로 유아의 창의성교육에 대한 신념과 의지를 가지고 있어야 하며, 이를 바탕으로 유아들이 탐색하고 놀이할 수 있는 풍부한 물리적 환경과 심리적 안정감을 느낄 수 있는 환경을 제공하는 교사의 역할이 강조되고 있음을 알 수 있다.

5. 창의성을 저해하는 요인 및 경감 방법

로저 본 외흐(Roger Von Oech, 1983)는 창의성을 저해하는 고정관념을 '정신적인 장애'라 하고, 이런 태도를 '생각의 함정'이라고 부른다. 창의성을 저해하는 요인 열 가지는 다음과 같다.

(1) 정답은 하나다

교육 시스템 대부분은 하나의 정답을 찾도록 가르쳐 왔다. 이런 접근법은 어떤 상황에서는 적합하지만 사람들로 하여금 하나의 정답을 찾고 나면 거기서 멈추고 또 다른 정답을 찾으려고 하지 않는 경향을 갖게 한다.

방안 제시

- 여러 개의 답을 요구하는 질문을 한다.
- 사람들의 생각을 자극하는 질문을 던진다.

(2) 그것은 논리적이지 않다

논리는 창의적 사고의 도구다. 창조적 과정에서 아이디어를 평가하고 실행에 옮길 준비를 하는 '실용적' 단계에서 유용하다. 그러나 아이디어를 얻기 위해 여러 생각을 떠올리는 때에 과도하게 논리적 사고를 하는 것은 창조적 과정에 방해가 될 수 있다.

방안 제시
- 비유는 '뭔가 다르게 생각하는' 데 도움이 되는 훌륭한 도구다.
- 어떤 문제에 직면하면 일단 비유적 표현을 만들어 보자.
- 세상은 비논리적일 때가 많다.

(3) 규칙을 따르라

창의적 사고는 건설적일 뿐 아니라 파괴적이기도 하다. 새로운 패턴을 발견하기 위해 다른 패턴을 파괴해야 하는 경우도 있다.

방안 제시
- 규칙에 융통성을 갖자.
- 일상적인 활동을 지배하는 규칙에 도전하자.
- 규칙을 점검하고 그 규칙을 폐기하는 것에 대해 생각해 보는 시간을 갖자.

(4) 실용적이 되라

이 세상은 무한한 상상력의 틀 안으로 들어가 상상력에 귀 기울이고 거기서 찾아낸 아이디어를 기반으로 활용하는 방법을 아는 실용적인 사람들에 의해 이뤄졌다.

방안 제시
- 날마다 스스로에게 '만약 이렇다면?'이라고 질문해 보는 시간을 비워 두자.
- 자신이 찾아낸 도발적인 답을 '디딤돌'로 사용해 새로운 아이디어를 얻자.
- 때 이른 평가는 개념을 잡는 데 걸림돌이 된다.

(5) 놀이는 하찮은 것이다

필요가 발명의 어머니라면 놀이는 발명의 아버지다. 놀이를 이용해 생각을 비옥하게 하자.

방안 제시

- 해결할 문제가 생기면 그 문제를 갖고 놀자.
- 해결할 문제가 없어도 짬을 내서 놀자. 아이디어를 찾을 수 있을 것이다.
- 직면한 문제에 한두 가지 제약을 더하는 것도 창의적 생각을 자극하는 좋은 방법이다.

(6) 그것은 내 분야가 아니다

전문화는 어쩔 수 없는 현실이다. 세상에서 제 역할을 다하려면 초점을 좁히고 시야를 제한해야 한다. 하지만, 새로운 아이디어를 떠올릴 때는 도움이 되지 않는다. 이러한 태도는 문제의 범위를 좁게 제한할 뿐 아니라, 아이디어를 찾기 위해 다른 분야를 들여다보는 데 방해가 된다.

방안 제시

- 탐험가의 태도를 갖자.
- 탐험할 시간이 없을 만큼 바빠서는 곤란하다. 탐험을 위한 시간을 비워 두자.
- 정해진 길에서 벗어날 수 있는 의지가 있어야 한다.
- 당연한 것을 살펴보자.

(7) 바보짓은 하지 마라

광대의 역할은 습관, 규칙, 관습 등을 뒤흔들고, 공격하고, 주무르고, 어루만지고, 각성의 매를 가하는 것이다. 광대가 정답을 제시하거나 직면한 문제를 해결하지는 못하겠지만, 우리의 사고가 정해진 틀에서 빠져나와 생각의 고속도로를 질주하며 더 나은 해법을 스스로 찾을 수 있도록 돕는다.

방안 제시

- 관점을 뒤집어 보라. 평상시 보이지 않았던 것들이 보일 것이다.
- 다른 사람들이 당연히 여기는 것을 의심하라.
- 웃어라. 지난해 여러분이 했던 가장 웃기는 일 두 가지는 무엇인가? 거기에서 무엇을 배웠는가?

(8) 중의성을 피하라

우리는 중의성을 피하라고 배웠다. 의사소통상에 문제가 생길 수 있기 때문이다. 중의성(한 가지 이상으로 현상을 해석하는 것) 때문에 발생한 오해가 심각한 결과를 초래할 수 있다. 실용적인 상황에서는 타당한 생각이지만, 상상력을 발휘해야 하는 상황에서 지나친 명료함은 창의력을 억누른다.

방안 제시

- 창의적인 방식으로 해결할 수 있는 문제를 낼 때, 처음에는 상상력을 제한하지 않도록 모호한 방식으로 내야 한다.
- 계시를 활용하자.
  (무작위의 예상치 않은 정보로 자신의 상상력을 자극해 보기)
- 여러분이 꾸는 꿈에 귀를 기울여 보자.
  (꿈에 대해 질문하고, 자신의 방법으로 꿈과 현실을 연결 지어 보기)

(9) 실수는 잘못된 것이다

실수가 부적합한 곳도 있지만, 창조적 과정의 상상적 단계에서는 그렇지 않다. 실수는 잘 닦여진 길에서 벗어나야 한다는 신호이다. 실패를 두려워하지 않는 자세는 창의적 사고에서 큰 부분을 차지한다. 실패의 두 가지 이점은 첫째, 실패를 통해 문제점이 무엇인지 알 수 있고 둘째, 실패는 새로운 방법으로 접근해 볼 기회를 제공한다. 대부분 사람들이 실패와 성공을 반대로 생각하지만, 사실은 모두 같은 과정에서 나온 것이다.

방안 제시

- 실수를 했다면 아이디어를 찾는 디딤돌로 활용하자.
- 실행으로 인한 실수 인지, 미실행을 인한 실수인지를 구별하자.
- 실수를 별로 하지 않는 편이라면 자신에게 이렇게 질문하자. "보다 적극적으로 행동하지 않아서 놓쳐 버린 기회가 얼마나 많은가?"
- 적어도 일주일에 한 번씩 위험을 감수하는 것을 규칙으로 정해 보자.

(10) 나는 창의적이지 않다

태어날 때 모든 사람은 창의적이다. 자신이 창의적이라고 생각하지 않는 사람은 창의력을 이용할 수 있는 상황을 피하게 된다. 그들은 상상력을 발휘하려 하지 않으며, 지적 유희나 위험을 감수하려 하지 않고 또 다른 정답을 발견하려 하지 않는다. 또한 사고의 세계와 행동의 세계는 중첩되는 부분이 있다. 생각 속에 그 실현 방법이 있다. 보다 창의적인 사람이 되고 싶다면 자신의 아이디어가 가치 있다는 확신을 갖고 그 아이디어를 기반으로 끈기 있고 지속적인 개발을 해야 한다.

방안 제시

- 생각 속에 실현 방법이 있다.
- 더 큰 위험을 감수하고, 때로는 규칙도 깨야 할 것이다.
- 새로운 일로 스스로에게 동기를 부여하라.
- 모든 활동을 실행에 옮길 수 있도록 자신에게 각성의 매를 가해야 한다.

로저 본 외흐(Roger Von Oech)의 창의적 생각을 가로막는 열 가지 요인을 살펴보았다. 창의적인 교사가 되기 위해서는 큰 위험도 감수하고 때로는 규칙도 깨야 하며, 하나보다 많은 정답을 찾고, "만약에 이렇다면?"이라는 질문을 던져 보면서 현재의 상태를 넘어서도록 스스로에게 동기를 부여해야 한다. 새로운 아이디어를 형성하는 데 이용할 재료를 찾아야 하며, 수집된 아이디어를 다양한 접근 방법을 통해 행동으로 옮겨야 한다. 아이디어가 훌륭해도 활용하지 않는다면 아무런 가치가 없기 때문이다. 창의성을 저해하는 정신적인 장애 요인을 극복하여 유아의 창의력 사고를 촉진하는 교사로서 다양한 의견을 수용하고 이해할 수 있는 환경을 만들어 갈 필요가 있다.

앞에서 제시한 열 가지 요인 중 우리는 어떤 '생각의 함정'에 빠져 있는지 체크해 보자.

〈표 5-2〉 창의성을 저해하는 요인 체크 리스트

- ☐ 정답은 하나다.
- ☐ 그것은 논리적이지 않다.
- ☐ 규칙을 따르라.
- ☐ 실용적이 되라.
- ☐ 놀이는 하찮은 것이다.
- ☐ 그것은 내 분야가 아니다.
- ☐ 바보짓은 하지 마라.
- ☐ 중의성을 피하라.
- ☐ 실수는 잘못된 것이다.
- ☐ 나는 창의적이지 않다.

〈표 5-3〉 창의적인 환경 검사 체크 리스트

심리학자 에마빌(Amabile, 1989)이 고안한 검사로 아동의 내적 동기와 창의성을 위한 환경이 얼마나 잘 되어 있는지를 알아보는 것으로 가정을 어떻게 느끼는가에 대한 것이다. 정답은 없으며, '예', '아니오'로 체크해 본다.

번호	문항	체크	번호	문항	체크
1	집에서 어떤 질문을 해도 바보 취급을 받을 염려가 없다.		26	집에서 일하는 것이 재미있다.	
2	어떤 일을 수행하기 위해서 여러 가지를 선택할 수 있다.		27	내가 하는 일들은 대부분 부모님을 기쁘게 해 드리기 위한 것이다.	
3	대부분의 경우 뭔가를 잘 해내면 어떤 이점이 있을지 알고 있다.		28	우리 집에는 흥미로운 분들이 많이 오신다.	
4	우리 집에서는 지켜야 할 것들이 많다.		29	부모님께서는 나를 부끄럽게 생각하신다.	
5	부모님은 대부분의 상황에서 내 생각은 어떤지를 물어 보신다.		30	부모님께서는 내가 질문을 많이 하는 것을 좋아 하신다.	
6	우리 집에서는 변화가 별로 없다.		31	일을 잘해야 한다는 부담감이 크다.	
7	무엇인가 새로운 것을 시작할 때는 부모님의 허락을 받아야 한다.		32	집에서 가장 중요한 규칙 중 하나는 집안을 깨끗이 하는 것이다.	
8	부모님께서는 내가 어떤 말을 해야 하는가에 대해 신경을 많이 쓰신다.		33	나는 집에서 자유롭게 행동할 수 있다.	
9	우리 집에서 가장 중요하게 여기는 것은 최고가 되는 것이다.		34	부모님께서는 나를 아주 좋아 하신다.	
10	부모님께서는 내가 창의적인 사람이 되도록 격려해 주신다.		35	부모님께서는 내가 좋은 성격을 갖는 것을 중요하게 생각하신다.	
11	부모님께서는 내가 어떻게 행동해야 할지를 말씀해 주신다.		36	우리 집에는 농담과 웃음이 넘친다.	
12	부모님께서는 보통 내가 무엇을 하는지, 어떻게 하는지에 주의를 기울이신다.		37	부모님께서는 나를 존중하신다.	
13	부모님께서는 보통 내가 스스로 이해하도록 격려해 주신다.		38	내가 느끼는 대로 부모님께 말씀드려도 괜찮다.	
14	집에서는 경쟁할 것이 많다.		39	부모님께서는 내가 무엇에 흥미를 가지는지 알고 싶어 하신다.	
15	내가 하려는 것에 대해 발언권을 많이 갖는다.		40	부모님께서는 항상 새로운 것을 시도하신다.	
16	대부분의 규칙들을 지켜야 하는 그 이유를 알고 있다.		41	우리 부모님이 항상 옳다고 배웠다.	

17	내가 하는 일을 누구의 간섭을 받지 않고 혼자 할 수 있다.		42	우리 집에서는 흥미 있는 것들이 많다.	
18	중요한 결정을 할 때 내 의견이 반영된다.		43	부모님께서는 나의 활동에 대해 세부사항들을 계획해 두신다.	
19	부모님께서는 뭔가를 시키고 싶으실 때 내가 좋아하는 선물을 준다.		44	우리 집에서 나는 '특별한'사람이라고 생각한다.	
20	부모님께서는 창의적으로 일하고자 하신다.		45	부모님께서는 항상 새로운 활동을 제안하신다.	
21	실수를 하면 벌을 받는다.		46	'나 자신의 일'을 자유롭게 할 수 있다.	
22	부모님께서는 뭐든지 아주 즐겁게 하신다.		47	내가 집에서 일을 하는 이유도 맛있는 것이나 돈 등을 받기 위한 것이다.	
23	부모님께서는 나에 대해 조바심을 내지 않는다.		48	부모님께서는 나 혼자서나 친구들과 함께 놀 때 상상력을 이용하도록 격려하신다.	
24	집에서는 조용히 해야 한다.		49	나는 집에서 비판을 많이 받는다.	
25	부모님께서는 새로운 방법을 생각해 내도록 격려해 주신다.		50	부모님께서는 나와 함께 시간 보내는 것을 좋아하신다.	

출처: Amabile(1989): 전경원(2014), 재인용.

대답한 내용이 각 문항에 씌어 있는 내용과 일치하는 것이 많을수록 창의성을 북돋우는 환경이라고 말할 수 있으며, 제시된 것과 일치하는 것이 적을수록 환경이 개선되어야 함을 암시한다고 할 수 있다.

1. 예	9. 아니오	17. 예	25. 예	33. 예	41. 아니오	49. 아니오
2. 예	10. 예	18. 예	26. 예	34. 예	42. 예	50. 예
3. 아니오	11. 아니오	19. 아니오	27. 아니오	35. 아니오	43. 아니오	
4. 아니오	12. 아니오	20. 예	28. 예	36. 예	44. 예	
5. 예	13. 예	21. 아니오	29. 아니오	37. 예	45. 예	
6. 아니오	14. 아니오	22. 예	30. 예	38. 예	46. 예	
7. 아니오	15. 예	23. 예	31. 아니오	39. 예	47. 아니오	
8. 예	16. 예	24. 아니오	32. 아니오	40. 예	48. 예	

교사의 역할 중 유아의 특성을 객관적으로 파악하여 체크하는 것이 무엇보다 중요하다.

〈표 5-4〉 유아의 창의적인 특성 체크 리스트

반 :	이름:				
1	사물을 당연한 것으로 받아들이지 않는다.		28	다양한 것을 수집한다.	
2	상상력이 풍부하다		29	자기만의 세계를 갖고 있다.	
3	생각을 많이 한다.		30	주어진 문제에 독특한 해결책을 제시한다.	
4	궁금할 때 다양한 방법을 동원하여 문제를 해결한다.		31	새로운 것을 시작할 때 두려워한다.	
5	자신만의 방법으로 일이나 행동을 한다.		32	틀에 박힌 대로 하는 것을 싫어한다.	
6	새로운 경험에 대해 개방적이다.		33	규칙대로 하지 않으려고 한다.	
7	새로운 것에 호기심이 강하다.		34	사물을 자세히 관찰한다.	
8	재미있는 이야깃거리를 잘 만들어 낸다.		35	남과 똑같은 행동을 하는 것을 싫어한다.	
9	새로운 시각을 통해 접근한다.		36	남보다 튀는 행동을 두려워하지 않는다.	
10	다양한 경험을 하려고 한다.		37	겉으로 전혀 관계가 없어 보이는 아이디어들을 연관지어 생각한다.	
11	주어진 일에 다야하게 접근한다.		38	지루한 것을 참지 못한다.	
12	주변에 관심이 많다.		39	항상 '왜' 라는 의문을 갖는다.	
13	부모님이 간섭하는 것을 싫어한다.		40	다른 사람을 의식하지 않는다.	
14	이미 정해진 것을 다른 방식으로 바꿔 보려 한다.		41	똑같은 일에 부딪혔을 때, 새로운 방법으로 접근한다.	
15	다양한 취미를 갖고 있다.		42	광범위한 종류의 책을 읽는다.	
16	다양한 정보에 신경을 쓴다.		43	타인의 아이디어를 수용한다.	
17	물건을 다른 용도로 사용하는 것에 대해 생각한다.		44	부모가 찬성하지 않더라도 해보려고 한다.	
18	기꺼이 모험을 하려고 한다.		45	예리한 식별력과 관찰력을 갖고 있다.	

19	자신이 이미 알고 있는 것에 대하여 다양하게 표현한다.		46	솔직한 성격을 갖고 있다.	
20	틀에 박힌 대로 하는 것을 싫어한다.		47	머릿속에 떠오르는 일은 무엇이든 시도해 보려고 한다.	
21	혼자서도 시간을 잘 보낸다.		48	복잡한 특성이나 변화에 대하여 민감하게 반응한다.	
22	사고의 폭이 넓다.		49	무엇인가를 만들 때 독창적인 것을 만들어 낸다.	
23	다양한 물건과 아이디어를 혼합하여 새로운 것을 만든다.		50	자신이 옳다고 생각하는 것은 끝까지 주장한다.	
24	새로운 것을 잘 받아들인다.		51	무엇인가를 만들 때 다양한 자료를 사용한다.	
25	보통 사람들과 다른 관점에서 사물을 본다.		52	다양한 분야에 관심이 있다.	
26	기발하고 신기한 아이디어를 낸다.		53	하나의 사물을 보고 다양한 생각을 한다.	
27	유머 감각이 있다.		54		

출처: 전경원(2003). 유아용 창의성 특성 검사. 학지사 부설 학지심리연구소.

6. 창의성 발달을 위한 교사의 발문

1) 교사의 발문

수업 활동에서 가장 많이 사용하는 기술 중에 하나가 발문(Questioning)이다. 주로 수업에서 사용되는 용어로 어떤 내용을 알고 있는 사람이 모르는 사람에게 질문을 하여 그에 대한 대답을 다양한 측면에서 생각해 보도록 함으로써, 스스로 정답의 깨달음을 얻게 하는 질문 기법이다. 또는 교사가 학습 활동을 목적으로 유아가 의식하지 않았던 것에 대해 문제의식을 갖게 하고, 사고 활동을 촉진하기 위해 사용하는 언어 표현이다. 발문은 유아들의 사고를 자극하고 창의성 신장을 촉진하는 중요한 기능이며, 교사의 중요한 학습 활동 중 하나이다.

교사의 발문은 교실 상황에서 교사와 학습자 간의 언어적 상호작용을 구조화하는 도구일 뿐 아니라 보다 고차원적 사고를 통해 학습 내용의 내면화를 유도하는 중요한 교수·학습 전략이 될 수 있으나, 대부분 수업에서 교사 발문은 회상을 요구하거나 일상적인 지식을 요구하는 것이기 때문에 사고를 유발하는 질문은 매우 적은 것이 현실이다(박영태 외, 2004).

학습자의 창의성을 촉진시키기 위해서는 교사 발문이 정답을 요구하는 것이 아니라 학습자에게 탐구를 요구할 수 있어야 한다. 즉, 수업 과정에서 교사의 발문은 유아의 사고가 활동할 계기를 마련해 주며, 학습 과정의 견인차 역할을 함과 동시에 송환 효과(feedback)의 수단이 되어야 한다. 그러므로 학습 과제를 제시하기 위해서나 문제해결 과정에서 학습자의 사고를 촉진하기 위해서 교사는 발문을 활용한다.

언어 상호작용 분석법에 의한 연구 결과에 따르면, 단순기억 질문은 인지적 기억을 자극하는 데 효과적인 반면에, 확산적인 질문은 유아에게 다양한 사고를 불러일으키고 다양한 반응이나 의견을 표현하게 하는 데 더욱 효과적이며, 수준이 높은 질문은 수준이 높은 지적 능력과 창의력을 계발해 준다고 하였다. 즉, 교사의 수준 높은 질문이 유아의 높은 성취와 상관이 있음을 시사한다.

2) 발문의 유형

브로저(Blosser, 1987)의 발문 유형은 크게 폐쇄적 발문과 개방적 발문의 두 가지이다. 폐쇄적 발문은 다시 인지-기억형 발문과 수렴적 발문으로 나누며, 개방적 발문은 확산적 사고 발문과 평가적 사고 발문으로 나누어 볼 수 있다.

(1) 폐쇄적 발문

몇 개의 인정할 수 있는 반응이나 정답이 있는 발문을 말한다.

"강아지가 좋은 가요?"

유형	설명
인지-기억형 발문 (connitive-memory question)	• 기억한 내용을 단순히 이끌어 내는 발문 • 인지, 기계적 암기, 선택적 회상 등과 같은 과정을 통해, 기억하게 된 내용의 사실, 개념 등을 단순히 재생성시킴
수렴적 발문 (convergent question)	• 지식을 알고 있는가를 확인하기 위한 발문으로 '예', '아니요' 등 하나의 기대되는 결과나 답을 요구하는 발문 • 기억하고 있는 자료의 분석과 통합을 요구하는 질문으로 정답이나 최선의 답을 이끌어 내는 질문

이는 재생기억적 질문으로 일문일답식 질문, 또는 폐쇄적 질문, 수렴적 질문이라고도 하며, 주로 지식 습득이나 지식 습득 여부를 점검하는 질문이다. 주로 교사 중심의 수업에 많이 사용하며, 재생기억적 질문을 많이 활용할 경우에 학습자의 수업 참여도가 매우 낮아지는 것으로 알려졌다. 일문일답의 형태 전개로 직선적 진행의 수업 전개 과정이다.

✣ 관련된 발문에 대해 생각해 보기

(2) 개방적 발문

정답이 한두 개로 제한되지 않은 발문을 말한다.

"강아지가 왜 좋은 가요?"

개방적 또는 창의적 질문으로 학습자의 사고를 자극하고 유발하여 새로운 발견을 하게 하거나 상상력을 확대시키는 질문으로 학습자의 탐구적 학습 활동을 창조해 나가는 질문이다.

따라서 교사의 창의적 질문은 넓은 의미로 사고 활동을 유발하고 촉진하는 질문으로서 확산적·개방적 질문이라고도 한다. 이는 일문다답 형태로 전개되며 문답의 공동체 또는 사고의 공동체 분위기를 조성하는 수업 전개 과정이 입체적으로 진행한다.

✣ 관련된 발문에 대해 생각해 보기

3) 교사의 창의적 발문법

유형	설명
확산적 발문 (divergent question)	• 이전에 가지고 있던 생각을 정교화하고 내재된 뜻을 이끌어 내 지식의 확대와 발전을 자극하는 발문 • 어떠한 상황의 결과, 또는 불확실한 미래를 예언하거나 가설을 설립하거나 추론을 하거나 분석된 요소들을 재편성하는 등 지적인 활동을 요구
평가적 발문 (evaluative question)	• 가치와 선택의 문제를 다루며 판단적인 특징을 갖는 발문 • 대답자 자신의 판단, 가치, 선택의 정당화, 선택과 의사 결정 등을 요구 • 개방적 발문으로 학습자로 하여 확산적 사고력을 증진시켜 창의적 사고력을 자극함

(1) 종류와 예제

종류	방법	예제
확산적 발문법	• 문제 범위를 확대하기 위해서 자유롭게 사고하여 다양한 반응을 할 수 있도록 질문하는 방법	– "또 다른 생각은?", – "다르게 생각해 본다면?" – "왜 그렇게 생각하니?" – "만약에 ~라면 어떤 일이 생길까?" – "어떻게 이야기를 꾸밀 수 있을까?"
	여러 가지 해결 방법을 떠올리는 사고	
탐색적 발문법	• 두 가지 사물을 보여 주고 사물의 속성을 탐색할 수 있도록 유도, 두 사물 간의 비슷한 점이나 다른 점에 대해 질문하여 비교 분석할 수 있도록 유도하는 방법	– "~와 ~은 어떤 점이 비슷하니?" – "~와 ~은 어떤 점이 다를까?"

<table>
<tr><th>종류</th><th>방법</th><th>예제</th></tr>
<tr><td rowspan="2">변증법적 질문법</td><td>• 문제제시 → 잠정적 해결책 제시 → 기본 가정 설정 → 반대 가정 설정 → 새로운 해결책 제시의 순서에 따라 질문하는 방법</td><td>– "어떻게 하면 ~할 수 있을까? (문제 제시), 유아는 교사가 제시한 문제에 대해 생각해 보고 (잠정적인 해결책)을 제시한다. 그러면 유아가 제시한 해결책에 대해 교사는 다시 "그럼 ~해야 겠구나"라고 말함으로써 해결책이 성립되기 위해 필요한 (기본 가정 설정)을 말하고 나서 "그런데 ~야, 만약 ~하지 않으면 어떻게 하지?"라고 말함으로써 (기본 가정에 대한 반대 가정)을 제시한다.
– 교사의 반대 가정을 들은 유아는 이 반대 가정에 입각해서 (새로운 해결책)을 제시하게 된다.</td></tr>
<tr><td colspan="2">변증법적 질문법의 과정을 통해 유아는 더 이상 새로운 해결책을 찾지 못할 때까지, 또는 새로운 방향으로 사고를 전환시킬 필요가 있을 때까지 계속 질문하기</td></tr>
<tr><td rowspan="2">비판적 질문법</td><td>• 문제 제시 → 잠정적 해결책 제시 → 기본 가정 설정 → 기본 가정 비판 → 새로운 해결책 제시의 순서로 질문하는 방법</td><td>– 문제 제시, 잠정적 해결책 제시, 기본 가정까지는 변증법적 질문법과 동일하게 진행, 그러나 비판적 질문법은 해결책에 대하여 기본 가정을 제시한 후, "정말 ~할 수 있을까?"라고 교사가 반문함으로써 기본 가정을 비판하도록 유도한 다음, 유아가 자신의 해결책이나 또래의 해결책을 자유롭게 비판함으로써 새로운 해결책을 고안하게 하는 방법이다(예: "만약에 배가 있다면, 정말 강을 건널 수 있을까?").</td></tr>
<tr><td colspan="2">비판적 사고는 여러 가지 상황들을 깊이 생각하여 사건의 의미, 본질 등을 찾아내기 위해 정보를 분석하고 평가하는 정신적 과정</td></tr>
</table>

변증법적 질문법과 비판적 질문법은 유아에게 다양한 사고를 하도록 유도하는 질문을 한다는 점에서 확산적 발문법과 유사하다.

그러나 확산적 발문법이 "~하려면 어떻게 하면 될까?"라고 한 번만 유도하는데 반해 변증법적 질문법과 비판적 질문법은 "~하려면 어떻게 하면 될까?"라고 질문한 후, 유아의 반응에 대해 "그럼 ~해야겠구나. 그런데 ~하면 어떻게 하지?"라는 질문을 추가적으로 반복함으로써 유아가 자신이 제시한 방법을 해결책으로 채택하기 위해 필요한 기본 전제와 만약 이것이 전제되지 않았을 때 제시할 수 있는 새로운 해결책의 대안을 연쇄적으로 생각해 내도록 유도한다는 점에서 더욱 발전된 창의적 질문법이라고 할 수 있다.

① 변증법적 질문법 예시

- 지구가 쓰레기가 너무 많아서 너무 아프다고 해. 어떻게 하면 좋을까?
- 쓰레기를 재활용을 하는 것이 어떨까?
- 그럼 아무 데나 쓰레기를 버리지 않고 재활용을 하면 되겠구나?
- 그런데 만약 아무 데나 쓰레기를 버리고 재활용도 하지 않으면 어떻게 될까?
- 맞아, 그럼 우리 소중한 지구가 많이 아프겠지. 지구를 돕기 위한 또 다른 방법이 있을까?

② 비판적 질문법 예시

- 지구가 쓰레기가 너무 많아서 너무 아프다고 해. 어떻게 하면 좋을까?
- 쓰레기를 재활용을 하는 것이 어떨까?
- 그럼 아무 데나 쓰레기를 버리지 않고 재활용을 하면 되겠구나?
- 우리가 정말 쓰레기를 아무 데나 버리지 않고 재활용도 할 수 있을까?
- 그럼 우리는 쓰레기를 아무 데나 버리지 않고 재활용도 잘하기로 약속하기로 하자.
- 지구를 돕기 위한 또 다른 방법이 있을까?

(2) 창의성 증진을 위한 발문 기법

유아에게 분명한 질문을 한다. 광범위하고 모호한 질문보다는 의도나 주제가 분명하고 명확한 질문을 한다. 질문을 한 후에는 답변과 느낌을 표현할 시간을 충분히 주며, 각 유아의 발달에 따라 유아의 반응을 교사가 요약할 것이 아니라, 유아 스스로 요약할 수 있게 한다.

① 이유, 증거, 원인을 탐색하는 질문

유아가 자신의 행동이나 사고 또는 어떤 상황에 대한 이유, 증거, 원인을 생각해 보도록 하기 위한 질문이다.

- 그렇게 생각하는 이유가 뭐지?
- 예를 들어 볼 수 있을까?
- 그렇게 말하는 이유가 무엇이니?
- 왜 그렇게 생각하니?

② 관점이나 시각의 다양성을 탐색하는 질문

유아가 자신만의 관점이 아닌 타인의 입장에서 어떤 상황을 생각해 보도록 하기 위한 질문이다.

- 너처럼 생각하지 않고 다르게 생각할 수도 있을까?
- 너의 말이 틀리다고 생각할 사람도 있을까?
- 그 사람들은 왜 그렇게 생각할까?
- 다른 사람들은 어떻게 생각할까?

③ 함축된 의미와 결과를 탐색하는 질문

유아가 자신이 직접 겪어 보지 못한 상황의 결과를 예측해 보도록 하거나 또는 어떤 상황의 함축된 의미를 생각해 보도록 하기 위한 질문이다.

- 네 말대로 하면 이 경우에는 어떻게 될까?
- 모든 사람들이 다 네 생각대로 하면 어떻게 될까?
- 네 생각대로 하면 세상이 이렇게 될 텐데 그래도 괜찮겠니?
- 나중에는 어떻게 될 것 같니?
- 왜 그렇게 된다고 생각하니?

④ 알게 된 방법이나 정보원을 탐색하는 질문

유아가 이미 알고 있는 사실이나 당연하게 여기고 있는 것을 알게 된 방법이나 경로를 생각해 보도록 하는 질문이다.

- 어떻게 그걸 알았니?
- 그러면 그건 확실한 것일까?
- 그걸 더 잘 아는 사람은 없을까?
- 다른 사람이 그것을 알까?
- 다른 사람이 어떻게 그걸 알게 되었을까?

✣ 관련된 발문에 대해 생각해 보기

____

____

____

____

제3부

창의적 예술교육

CHAPTER 6

예술교육과 창의성의 관계

1. 예술경험

Q 누리과정의 예술경험에는 어떠한 하위 영역이 있는가?

1) 예술경험의 가치

인간은 스스로 예술을 통해 새로운 것을 창조하며 독창성을 통해 자아를 실현하여 감정의 정화와 함께 더 나은 삶을 추구할 수 있는 능력이 예술적 경험을 통해 이루어진다. 유아를 둘러싼 환경과 자연으로부터 예술경험을 찾아내는 것은 인간을 자연 속에서 바라보는 듀이(Dewey)의 경험 미학에서 그 근거를 찾아볼 수 있다.

듀이는 20세기 미국의 철학자이자 교육가로서 모든 경험은 살아 있는 생명체와 그 생명체가 사는 환경 사이에서 일어나는 상호작용의 결과로 보고 예술에서 '미적 경험'을 강조하였다. 예술작품과의 만남은 학습자와 예술작품 사이에서 이루어지는 긴밀한 상호작용이며, 이것이 가능할 때, '하나의 경험', 곧 '미적 경험'을 하게 된다고 보고 이때 미적 경험은 다양한 요소들이 관련을 맺으며 통일체를 이루는 심미적 성질을 나타내는 경험이라고 하였다. 이러한 듀이의 경험 미학은 실제 생활 경험과의 연속성에서 미적 경험을 주장하며 그러한 경험 가운데 예술의 잠재성을 발견하는 것이다. 듀이는 다양한 경험들 가운데서 예술적 경험은 인간의 삶 속에서 가장 탁월한 경험으로 학습자가 예술적 경험을 이룰 수 있을 때 미적 성장이 가능하다고 주장하였다. 경험이란 현재를 거쳐 과거에서부터 미래로 이끄는 연속적인 것이며, 이는 정지적인 것이 아니라 역동적인 환경과의 상호작용이라는 것이 그의 지론이다. 일상 속에서 보고 듣고 행하는 삶 그 자체로서의 예술을 강조하는 이론이다. 듀이는 미란 일상적 삶과 떨어져 있는 것이 아니라 삶의 연장선상에 있는 것으로 일상 경험이 통합과 조화를 이루어 완전해질 때 예술경험이 되고, 일상적인 활동이 정서에 의해 애정을 가지고 매체로 표현될 때 예술작품이 된다고 보았다.

경험 중심의 예술교육을 주장하는 듀이의 견해는 유아의 흥미와 필요 및 욕구에 기반을 두고, 유아가 자발적으로 유용한 예술 활동을 경험함으로써 성장과 발달을 도모하는 데 이론적 토대를 마련해 준다. 유아기는 주변에 관심을 갖고 감각과 신체를 이용하여 보고, 듣고, 만지며 느낀 것을 자연스럽게 표현함으로써 예술적 요소를 인식할 수 있는 기초 능력이 발달되는 시기이다. 듀이는 유아가 잠재 능력을 발휘하여 성장할 수 있도록 환경을 조성하고, 다양한 경험을 할 수 있는 교육적 경험을 제공해야 한다고 보았다(이인화, 2018). 유아는 예술경험을 통하여 아름다움에 관심을 가지고 아름다움을 느끼고 탐색하며 표현할 수 있고 정서적 안정감과 풍부한 감정을 깨닫게 하여 일상의 만족과 행복, 사회적 적응에도 영향을 미치기 때문이다.

가드너(Gardner, 1989)에 의하면 유아기는 상징 체계에 속하며 이야기, 노래, 그림, 몸짓, 춤 등을 통해 지능이 표현된다. 이러한 예술경험은 하나 이상의 장점을 가지고 있으므로 유아들에게 예술경험의 제공은 매우 중요하다. 예술경험을 통하여 예술의 전 영역을 즐기고 이해할 수 있는 기초적인 능력을 키워 주며 앞으로 살아갈 세상에 대한 인식력을 키워 주기 위한 것이라 할 수 있다. 또한 유아기의 다양한 예술경험은 유아의 심미적 감각을 깨우며, 예술적 안목의 형성을 도우며 예술적 소양을 기르는 데 도움을 주기 때문이다.

따라서 인간의 삶에서 중요한 예술경험을 유아기부터 활성화하면 지적인 탐구 성향과 성장을 통해 전인적인 발달과 함께 풍요로운 인간의 삶을 영위할 수 있으므로 유아기에 예술경험 활동은 가치가 있다고 할 수 있다.

2) 예술경험의 이론

예술심리학에서는 직접 작품을 창조하거나 적극적으로 예술적 행위를 수행하는 예술가와 이를 수동적으로 수용, 향유하는 감상자 간에 인지적 및 정서적 심리기제에 차이가 존재하므로 예술적 경험을 창작경험과 감상경험으로 분류한다.

(1) 톨스토이(Tolstoy, 1930)

창작 과정(art making process)은 아이디어를 생성하고 탐색하는 초기 단계(initialization), 아이디어를 변화·발전시키기 위해 다양한 매체를 활용하는 확장과 적응 단계(expansion & adaptation), 기본 구조는 더 이상 바꾸지 않고 완성도를 높이기 위한 개선과 수정을 반복하는 마무리 단계(finalizing)로 구분하였다. 또한 창작 과정은 주제가 주어지고 이에 대한 해법을 찾기 위해 각 과정이 체계적으로 단계화되어 수행하는 하향식 접근 방법(top-down approach)과 경험에 대한 성찰의 상호작용을 통해 이루어지는 활동으로 보았다.

감상경험(aesthetic experience)은 시각 요소 탐색과 상향적 처리가 이루어지는 자동처리 단계(automatic procssing), 내용을 확인하고 장르를 분류하기 위해 관련 지식을 활용하는 기억기반처리 단계(meaning–making, aesthetic judgements, awsthetic emotions)로 구분하였다. 또한 감상경험은 데이터를 기반으로 문제를 찾아내는 방식인 상향식 접근 방법(bottom–up approach)이면서 동시에 보다 고차원적 사고가 요구되는 활동이라고 보았다.

(2) 클라인바워(Kleinbauer, 1987), 위너(Winner, 1982)

- 창작경험: 제 분야에서 자신의 사상이나 감정을 타인이 감각할 수 있는 언어, 소리, 선, 색 등의 소재를 통해 의도적으로 표현화하는 물리적·심리적 몰입 경험이며 이를 통한 주제에 대한 자기표현 활동이라고 볼 수 있다.

- 감상경험: 제 분야에서 예술작품을 대상으로 작품의 형식이나 내용을 이해하고 심리적, 정서적으로 향유하는 물리적·심리적 몰입 경험이며, 이를 통한 외부자극에 대한 재해석 활동이라 하겠다.

(3) 이모영(2011), 샤친저(Schachinger, 2002)

예술경험을 창의성과의 관계로 설명하였다. 창작경험은 다양한 대안을 지시할 수 있는 유연한 사고 능력을 향상시키지만, 감상경험은 오랜 시간과 깊은 인지 처리가 요구되는 활동으로서 경험의 질적 수준이 중요하다고 보았다.

(4) 최승은(2014)

창작경험은 융통성, 독창성, 도전성에 강한 영향을 주는 반면, 감상경험은 유창성과 개방성이 보다 영향력을 갖는다고 보고하였다.

정리해 보면, 창작경험은 이미 알려지거나 주어진 소재들을 동원하여 지속적으로 남과 다른 자기를 표현하고 그 결과 새로운 것을 창조하는 경험이다. 따라서 창작경험은 이질적인 요소들을 다양하게 연계하는 융통성이나 기존의 틀을 탈피하여 새로운 아이디어를 산출하는 독창성과 관련될 가능성이 보다 크다. 반면 감상경험은 타인의 작품을 수용하고 이해하고 재해석하는 과정으로 새로운 경험을 기꺼이 수용하려는 개방성이나 다양한 아이디어를 산출하는 유창성과 관련이 있을 수 있다. 특히 스미스(Smith, 2014)는 작품을 감상하는 것은 일종의 몰입(flowstate)을 경험하게 만들며, 이는 자기 인식(self-perceptions)과 관련된 상태라고 주장하였다.

2. 예술교육과 창의성의 관계

Q 예술을 잘하면 창의적일까? 창의적이면 예술을 잘할까?

예술교육에 의한 창의성은 효과적이고 빠르게 문제를 해결하는 인공지능의 기계적 사고와는 달리 문제를 새롭게 바라보게 하고 미적 체험을 가능하게 하는 직관적 사고다. 유아들은 사고가 억제되어 있지 않고 자유로운 활동을 추구하는 경향이 있기 때문에 예술경험을 통해 자신의 사고를 자신만의 방식으로 표출하고 표현함으로써 창의성을 증진하게 된다. 예술에서 키울 수 있는 창의성은 이 시대에 있어 필수적으로 요구되는 능력이며 예술경험을 창의성 요인들 중 하나로 간주하고 예술교육은 창의성에 대한 가치 부여 수준이 높아 예술작품이라는 구체적 산출물로 창의성의 실체를 확인할 수 있다.

이윤희(2018)는 누리과정의 유아 예술경험 활동이 창의성과 사회적 기술에 미치는 영향에 대한 연구를 통하여 유아 예술경험 활동은 유아의 창의성에 긍정

적인 영향을 주었으므로, 유아교육 현장에서 유아의 예술경험 활동을 적극 활성화할 필요가 있음을 강조하고 있다. 황윤세 등(2015)은 유아 예술교육 활동이 창의성에 미치는 효과를 분석한 결과, 대상에 따라 차이가 있으며 특히 만 5세는 만 3~4세보다 큰 효과가 있는 것으로 나타났다. 이 결과는 토랜스(Torrance, 1963) 연구에서 주장한 '유아기에 창의성이 발달하여 5세 반에 가장 절정을 이루며, 창의적 자기표현의 발달이 가장 왕성한 시기로 사회적 영향으로부터 비교적 자유로운 유아들의 창의성 계발 효과는 예술과 관련한 경험과 놀이를 많이 제공해 주어야 한다.'는 연구 결과와 상응한다. 그러므로 유아교육 기관에서 창의성을 발휘하는 예술 활동과 상호작용을 권장할 필요가 있고 유아의 예술교육 활동이 유아의 감성 체험, 정서 순화, 창의성 증진에 도움을 준다는 사실을 인식할 필요가 있다.

예술교육과 창의성의 관련성은 많은 선행 연구(공미자 외, 2008; 김현수, 조수현, 2012; 이규림, 2015; 조희연, 2009; 김은아, 2013; 하주현, 2001; 한국문화예술진흥원, 2009)를 통해 제안되고 있다. 즉, 예술교육은 지·덕·체의 조화로운 발달을 목표로 하는 전인교육이며, 예술 영역은 유아의 창의적 사고를 자극해 준다. 음악, 미술, 동작 등 다양한 영역의 체험은 유아의 민감성을 증가시키고 미래의 예술적 창조를 위한 기초가 된다. 또한 예술교육의 핵심 역량은 창의성을 개발하는 것이며(이에스더, 2013), 유아는 예술교육 활동을 통하여 개인의 감정과 표현, 상상력을 발휘하게 된다. 이는 예술적 활동을 빌려 창의적 활동을 행하는 과정이 되는 것으로 제안되며, 유아가 성장하는 데 있어 예술교육은 중요한 기반이 되므로 유아기에는 예술경험을 충분히 제공하여야 한다. 유아교육에서는 '교육'보다 '활동', '경험', '놀이'라는 용어로 사용되는 경향이 높아 예술과 관련된 전반적인 활동과 놀이를 유아의 예술교육 활동에 포함할 수 있다.

창의성의 요소와 예술과의 관계(윤덕순, 2009)는 다음과 같다.

첫째, 유아들이 다양한 음악적, 미술적 재료를 통해 표현하거나 다양한 작품을 감상하는 동안 유창성의 발달을 가져온다.

둘째, 예술작품 활동이라는 것은 새로운 생각, 새로운 사고, 이전과 다른 새로움으로 발견하고 창조하는 과정이다. 이러한 과정 속에서 독창성은 발달한다.

셋째, 자유로운 자기표현과 구상 등은 유아의 독특한 아이디어를 생성시키며 이러한 활동 속에서 유아는 긍정적이며 개방적인 태도를 기를 수 있다.

넷째, 귀로 듣고, 눈으로 보고, 손으로 만지고, 온 몸으로 느끼고, 유아는 온몸이 하나의 거대한 감각 기관(a great sense of organ)으로 이를 통해 환경에 민감하게 반응하고 대상을 관찰하여 표현하는 활동으로 민감성의 증진을 가져온다.

뿐만 아니라 음악, 미술, 동작으로 대변되는 예술이라는 영역은 자유로운 환경에서 유아들의 정신건강에 큰 도움을 주고 심리적 욕구를 만족시켜 주며 그림 혹은 신체를 통해 표현의 즐거움 및 작품의 완성에 대한 성취감을 갖게 해 준다. 예술은 자기 본위로 이루어지는 활동이기 때문에 유치한 표현이라 할지라도 유아가 스스로 만족감을 얻을 수 있게 도와주며, 유아가 창의적이고 융통성 있는 인간으로 성장하거나 또는 습득한 지식을 응용하지 못하고 정서적 메마름으로 인해 다양한 환경에 비적응하는 인간으로 자라게 하는 것은 유아기의 예술교육과 밀접한 연관이 있다.

3. 예술통합교육

예술이 통합적으로 이루어진 것을 어디에서 볼 수 있는가?

'예술통합교육을 위한 지침서'로 알려진 국가수준의 예술교육표준(The National Standards for Arts Education)은 '예술통합교육'의 개념을 예술교육의 한 형태로서 예술교과 내의 영역 활동, 예술교과·예술과 예술이 아닌 교과 활동 간의 연계교육을 의미하며, 주로 두 개 혹은 그 이상의 교과 간 연계를 통해 개별교과를 초월한 핵심 개념의 이해 및 활동을 도모하는 통합형 교육을 의미한다(CNAEA, 2002). 통합의 방식과 정도에 따라 연계통합, 융합 등의 다양한 예술통합교육이 가능하다고 하였다. 예술통합은 예술의 형식을 통하여 학생들이 자신들이 이해한 바를 설명하고 구성해 가도록 가르치는 접근 방식이다. 학생들에게 음악, 무용, 연극, 시, 스토리텔링, 그리고 시각 예술을 말이 아닌 행동으로 소개한다. 우리는 말이 미치지 못하는 곳에 음악·이미지와 움직임들이 교수와 학습, 둘 다를 이해하기 쉽게 해 준다는 것을 발견한다. 예술가·학자·교사들로서의 경험을 바탕으로 학생들이 각 개별 예술 영역들에 자신들의 전문적인 활동들을 연결하여 탐구하게 한다. 이 예술통합교육 프로그램의 교수 모델들과 현장 실행들은 다양한 예술적 경험에서 가져왔고 학생들은 예술과 다른 영역들을 연결시켜 창의적으로 사고하며 점진적으로 발전하는 목표들을 이룰 수 있을 것이다(Silverstein & Layne, 2010). 이때 교사는 새로운 정보를 전달하기도 하지만 학습 내용이 더욱 강화될 수 있도록 해야 하며, 문제를 해결하면서 각 영역이 서로 다르게 적용되고 각각의 영역이 다르지만 서로 연계가 된다는 것을 터득하게 되면서 통합교육을 인식하게 된다.

특히 이 시대의 예술 작업의 중심이 '예술을 위한 예술'에서 '예술을 매개로 한 예술'로 이동하면서 예술교육의 가치 기준도 창작과 감상이라는 예술적 관점에서 미적 감수성과 창조적 역량이라는 교육적 관점으로 변화하고 있다는 점을 감안한다면, 예술통합교육은 이러한 요구를 반영하여 예술교육이 수동적 '교육'에서 능동적 '학습'과 주관적 '체험'으로 전환되는 동력이 될 것이다(백 령, 2015). 따라서 예술통합교육은 미적 감수성과 창조적 역량이라는 시대적이고 교육적인 요구를 반영하는 교육 방식이다.

유아교육에서의 통합교육은 유아가 자신의 경험을 실생활과 관련짓고, 경험을 의미 있게 구성하고 각 교과 영역 간 관련성을 높이는 능력을 향상시킨다. 더불어 유아가 지식을 습득하고 응용하는 데 관련 교과나 인접교과에 대한 활동을 통하여 이를 용이하게 하며, 교과 전환이 어려운 유아에게 교과가 바뀌는 전환의 횟수를 줄임으로써 생소함을 최소화할 수 있도록 돕는다. 가드너(Gardner)는 통합교육 과정이 다양한 교과의 학문을 유아들에게 인위적인 분리 없이 인지적 연결을 형성하도록 해 준다고 하였다. 통합교육 과정은 유아들이 습득한 기술과 지식으로 관심 있는 주제에 대해 실행하며, 모든 영역을 완전하게 활용할 수 있도록 해 주는 것이 중요하다. 이에 대해 그는 통합교육 과정의 목적이 유아들에게 더 유의미한 교육 과정을 구성해 주는 것이라고 하였다.

유아 예술교육은 음악, 미술, 동작, 조형, 연극과 같은 예술 영역들이 자연스럽게 연계된 통합적인 활동으로 이루어지는 것이 바람직하며(Bloomfield, 2000; Herberholz & Hanson, 1990), 효율적으로 통합하기 위해서는 유아의 능동적인 참여와 창의성이 요구되는 놀이를 통한 교수-학습 방법이 적절하다(황윤세 외, 2015). 이러한 예술통합교육은 유아의 심미감을 바탕으로 그들의 자발적인 예술적 표현 욕구를 음악, 미술, 신체 표현, 문학, 극놀이 등의 다양한 예술 표현 양식으로 나타내는 것으로 이 과정에서 적극적인 예술 표현을 경험하게 하는 것이 필요하다. 또한 유아기에 예술의 한 영역에 치우치거나 단순한 활동으로 이루어지게 하기보다는 좀 더 다양한 표현을 장려하고 예술 영역들 간의 통합을 통한 깊이 있는 통합적 표현을 경험하게 하는 것이 필요할 것으로 보인다.

4. 예술교육과 창의성교육을 위한 교사 역할

나는 어떤 교사가 될 것인가?

"교사가 스스로의 미적 체험을 수반하지 않는 예술교육은 아무 의미가 없다. 스스로가 예술 체험을 즐겁게 하는 것을 통해 교육적 가치를 성찰하고 예술교육 환경을 제공하며 안내하는 일을 적극적으로 실천해야 한다."

프롬버그(Fromberg, 1995)는 음악, 미술, 동작과 같은 예술 활동 시 유아교사가 유아의 창의적인 표현과 협력적인 시도를 격려하고 강조하는 역할을 해 주어야 한다고 하였다. 자롱고와 스템프(Jalongo & Stamp, 1997)는 유아교사가 유아에게 예술 과정에 동기를 부여하고 결과에 대한 토론을 격려하며 용기를 북돋아 주는 역할을 수행함으로써 유아의 창조력에 영향을 미친다고 하였다. 교사의 인식 및 역할과 관련하여 휴이 등(Hui et al., 2014)은 예술교육에 대한 교사의 인식은 다양한 교육 수준의 유아 창의성을 증진시키는 데 있어 성공의 결정적인 요인이며, 교사는 유아의 전반적인 창의성을 이끌어 내는 데 구심적인 역할을 한다고 강조하였다. 이러한 연구 결과들은 실질적인 교육 과정의 결정자이자 실행자인 유아교사가 예술경험 영역을 이해하고 해석하여 교육을 실천에 옮기는 일련의 과정 속에서 유아의 창의성교육을 실현하기 위해서는 무엇보다 예술교육에 대한 올바른 인식을 가진 교사의 역할 수행이 중요하다(김영실 외, 2009; 문미옥, 이용주, 2000; Cheung & Mok, 2013; Hui et al., 2014)는 것을 보여 준다.

심숙영과 문시연(2015)의 연구에 따르면 예술교육에 대한 교사의 인식이 직접적으로 유아의 창의적 인성에 영향을 주면서, 동시에 예술교육에 대한 교사 인식은 창의성 증진을 위한 교사 역할에 영향을 주고 그에 따라 유아의 창의적 인성이 영향을 받는 것으로 나타났다.

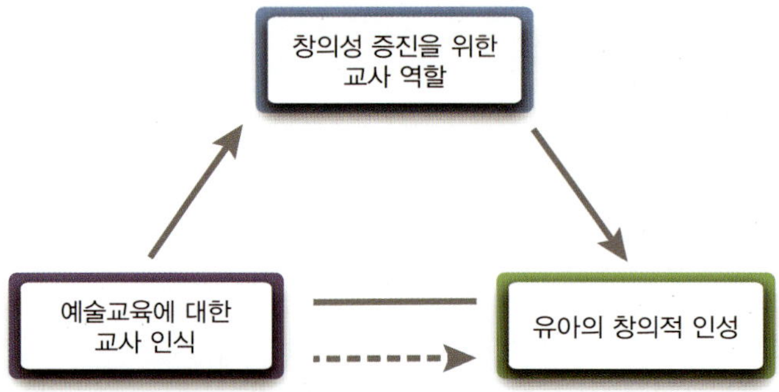

〈그림 6-1〉 예술교육에 대한 교사 인식이 주는 교사 역할의 매개 효과

따라서 유아를 대상으로 예술경험을 통한 창의성교육을 실현하기 위해서는 무엇보다 예술교육에 대한 올바른 인식을 가진 교사의 역할 수행이 중요하다. 조용기(2005)는 교사의 예술 인식과 관련하여 교사가 먼저 예술가적 품성과 감수성을 지닐 때 유아의 경험이 심미적 학습 활동으로 나갈 수 있다고 하였다. 예술 활동 시 교사가 유아의 창의적인 표현을 격려하고 유아에게 예술 과정에 동기를 부여하고 결과에 대한 토론을 격려하며 용기를 북돋아 주는 등의 창의성 증진 역할을 할 수 있도록 역량을 갖추어야 할 것이다.

맥신 그린(Maxine Greene)은 예술교사의 역할은 예술작품을 매개로 아이들과 접속된 채 아이들에게 진정한 도전을 주는 것 즉, 아이들이 무엇인가에 끌려 그것을 추구하도록 만드는 것이라고 말한다. 물론 이러한 예술교육은 단지 기량 중심의 예술교육과는 구별된다. 이러한 예술교육은 '무엇인가를 할 줄 아는 기술을 익히는' 예술교육이 아니라 '자신을 느끼고, 지각하며, 표현할 줄 알고, 질문할 줄 알게 되는' 예술교육을 지향한다. 예술교육은 재능, 기술 교육이 아니라 '인간교육'이다.

리드(Read)가 주장한 예술교육을 진행하는 교사의 역할은 다음과 같다.

첫째, 유아의 개인적 관심과 능력을 알기 위해 유아를 관찰해야 한다.

둘째, 유아에게 내제된 관심과 호기심을 자극시켜야 한다. 어떻게 선, 형태, 색 등이 생각과 감정의 표현을 위한 언어가 될 수 있는지 알려 줄 수 있어야 한다.

셋째, 교사는 적절한 재료를 충분히 제공하고 간섭을 최소화해야 한다고 주장한다. 또한 유아가 스스로 적합한 재료를 발견할 수 있도록 돕는 것도 매우 중요하다.

넷째, 교사는 유아가 자신의 이미지만 즐기는 것이 아니라 다른 친구의 이미지도 함께 감상할 수 있도록 해야 한다.

리드의 유아예술교육은 시각 예술에 치우쳐 설명한 경향이 있지만 유아예술교육을 하는 데 있어 교사들이 가져야 할 기본적인 자세를 알 수 있다.

교사는 유아들에게 창조성과 예술적 영감을 불러일으키는 환경을 제공, 그 환경으로부터 유아들의 호기심이 무엇을 의미하는지를 파악하면서 발현되도록 도움을 주어야 한다. 최고의 예술 환경 및 인적 인프라 활용을 통해 양질의 예술 경험을 제공하는 것이 매우 중요하다. 또한 교사는 단순히 작품으로서의 예술적 기술만을 가르치는 교육 행위가 아니라 각 유아들의 창의력과 예술적 개성, 그리고 더 나아가 참된 인간성의 함양에 도움을 주는 일을 즐겁게 계획하고 이를 실천하여야 한다. 교사 중심의 주관적인 결정이나 가치를 미리 설정하여 정답을 요구하듯 주입식으로 지도해서는 안 된다. 이러한 예술교육이 제대로 이루어지지 않는다면 어른들이 지닌 편협한 예술적 감각과 기술만을 유아들에게 주입하게 되어 오히려 유아들의 창조성과 개성을 키워 주지 못할 수도 있을 것이다.

예술 수업의 주도권을 아이들에게 주고 아이들이 스스로 상상하고 행동할 수 있도록 하는 자율적이고도 즐거운 예술교육을 실천하여야 한다. 또한 아이들이 자유롭게 예술을 탐색하도록 열린 질문의 기회를 제공, 상호작용하면서 그룹 안에서 다른 사람과 조화를 이루는 가운데 즐겁게 배울 수 있도록 안내해 주는 역할을 한다. 유아 스스로 탐구하며 풀어 나갈 수 있는 문제 상황을 부여하고 유아들이 하는 것들에 대하여 항상 지각하고 반응하여 줌으로써 유아들의 예술 반응을 격려하는 역할을 한다.

이상의 견해를 종합하면, 교사가 예술이란 가치가 있고 스스로를 행복하게 해준다는 자기 신념을 가질 때 창의성교육이 이루어질 수 있다. 이러한 마음가짐에서 나오는 교사의 행동은 유아들의 예술적 삶의 향유를 촉진하는 중요한 역할을 잘 감당하게 해 준다. 교사가 예술교육을 온전히 이해하고 더욱 잘 수행하려면 끊임없이 자신을 돌아보고 자신을 둘러싼 예술 세계를 이해하려고 노력해야만 한다. 예술교육은 학습을 돕는 보조 활동 정도로만 인식되거나 활용되어서는 안 된다. 그 자체로 가장 중요하고 필수적인 교육으로서 존중받아야 마땅하다. 또한 예술교육은 결과 중심의 교육이 아니라 조금은 느리고 시간이 걸릴지언정 아이의 상상력과 호기심, 창조성이 존중받고 지지받는 교육의 중심이 되어야 하는 것이다.

CHAPTER 7

예술교육 영역

예술은 인간의 정서 표현 활동이며, 예술교육은 다양한 정서를 경험할 수 있는 학습의 장이다(신종호, 2014). 특히 미래 인재의 창의성 증진이 교육의 중요한 화두가 되는 가운데, 창의성 계발을 위한 방안 중 하나로 예술경험은 중요한 관심의 대상이 되어 왔다. 특히 유아는 자신의 생각과 느낌을 언어적인 수단 외에 오히려 비언어적인 수단으로 더욱 잘 표현할 수 있기 때문에 예술 영역은 유아의 인지적 능력 확장과 잠재적 개발을 위해 활용되며, 유아들의 창의적 사고 및 표현을 자극해 주며 정서적인 안정감을 제공할 수 있다.

예술교육 활동은 유아에게 예술 장르별 기능을 습득하게 하는 것이 아니라 일상 속에서 아름다움을 찾고 예술을 접하여 경험을 넓히고 이를 내재화하여 자기만의 방법으로 표현하는 것을 말한다. 유아를 대상으로 한 예술교육에서는 작품에 대한 탐색과 감상을 구분하기 어려우므로 작품을 감상하면서 아름다움을 찾고 느끼는 경험이 일상적·감각적으로 충분하게 주어진다면 유아의 예술 표현은 자연발생적으로 드러나고, 이러한 유아의 개인적 느낌과 사고가 다양한 감각적 활동으로 표현되는 것이 예술교육 영역이다.

1. 음악

Q 음악 영역에서 창의적이라고 생각했던 적이 있다면 이야기해 보자.

인간은 태내기 때부터 음악과 분리될 수 없는 존재이다. 태내에서부터 접하는 모체의 혈류음과 심장 박동은 영아에게 소리와 리듬, 움직임에 대한 내적 잠재력을 제공함과 동시에 외부의 음악적 자극에 민감하게 반응할 수 있는 기반이 된다. 따라서 영유아가 성장하는 과정에서 경험하는 음악의 심미적 체험은 매우 중요하다(이홍수, 1990). 소리, 음악의 아름다움과 예술적 의미를 즐기고 표현하는 것은 심미적 체험을 의미하는데, 영유아는 음악을 듣는 것과 동시에 음악의 아름다움에 대한 자신의 느낌을 신체로 표현하고, 이러한 과정을 반복적으로 즐김으로써 심미적 감각을 기른다(Pica, 2004). 심미감이 단순히 인간의 정서를 순화시키는 능력이기보다 유아가 사물에 내재한 미적 요소에 의식적인 주의를 기울이고 이를 의식이 받아들여 특별한 지각 작용에 의하여 의미를 부여하기 까지는 다양한 사고가 통합적으로 작용하게 되는데, 이것은 창의적인 지식과 사고를 강조하는 현대의 학교에서 무엇보다 주요하게 고려해야 할 발달 영역이 분명하다(Feeney & Moravicil, 1978). 특히 리듬은 선율과 함께 음악의 맥을 이룬다. 모든 인간은 태내기 때 겪었던 심장 박동의 경험을 토대로 자신만의 고유한 리듬 감각을 갖게 되는데 이러한 리듬은 개인의 삶 전체의 영향을 미치며 자신만의 개성을 표현할 수 있는 기초가 된다(Connell & McCarthy, 2015). 또한 다양한 소리로 접근하여 완성된 음악을 통한 유아의 심미적 경험은 유아들에게 조화로운 인성교육이 실현될 수 있게 한다.

1) 음악적 요소 및 개념

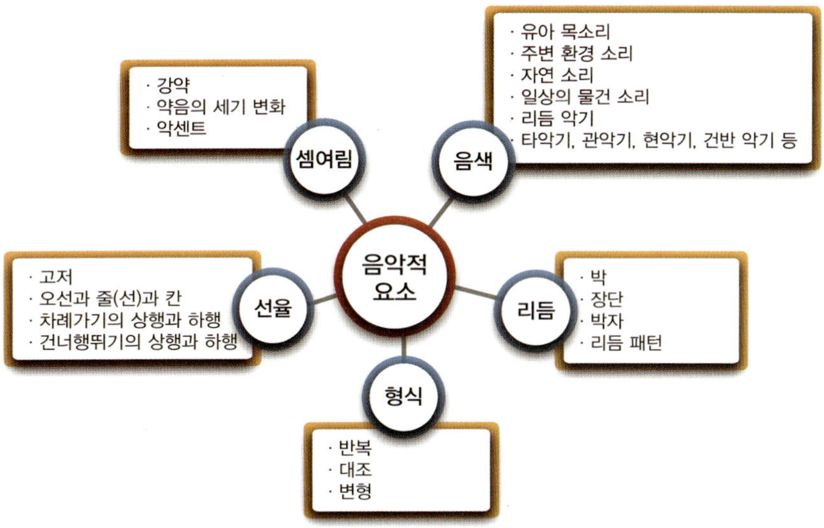

〈그림 7-1〉 음악적 요소

① 셈여림(Dynamic) : 음악의 개념 중 가장 먼저 발달하는 것으로 이는 개인의 심리적·생리적인 면에 영향을 주고 청각의 발달을 돕는다.

〈그림 7-2〉 셈여림 개념 자료

② 음색 : 소리에는 다양한 소리가 있고 각 소리는 독특한 표현성을 갖는 것으로 물체의 구조, 크기, 재료 등에 따라 다르게 나타나는 소리의 차이이다. 소리를 자유롭게 탐색할 기회를 제공함으로써 음색 개념의 발달을 도울 수 있고, 음색을 구분하고 느끼는 것은 감상과 창작학습의 기틀이 된다.

〈그림 7-3〉 음색 개념 자료

③ 선율 : 음이 연결되어 들리는 소리의 흐름으로 음의 높낮이와 음의 긴소리·짧은소리가 시간적으로 구성된 것을 의미한다. 리듬과 함께 음악을 구성하는 기본 요소로 가락이라고도 부르며, 특히 높낮이에 관한 부분은 오선을 활용하여 인식하게 한 후, 신체를 움직여 보는 동작과 함께 경험하게 한다.

〈그림 7-4〉 선율 개념 자료

④ 리듬 : 학자들에 따라 다양하게 구분되어지는 리듬은 음의 장단과 강약에 의해 음악적 소리를 조직화하는 것이다. 생활 속에서 우리는 리듬을 쉽게 인식할 수 있는데 계절의 변화, 밤과 낮의 변화, 심장 박동의 변화에서 리듬을 찾아 볼 수 있다. 하이네스와 거버(Haines & Gerber, 1996)는 리듬의 구체적인 개념을 박, 장단, 박자, 리듬 패턴, 빠르기로 제시한다.

〈그림 7-5〉 리듬 개념 자료

⑤ 형식 : 리듬, 멜로디, 화음, 음색, 강약 등의 요소가 전체적인 음악으로 배열되고 조직되어 그 결과로 음악의 형식이 형성된다. 특히 작곡가의 음악적 아이디어에 따라 음악적 개념을 반복하여 통일성을 강조하거나, 대조와 변형을 강조하는 형태로 조직되기도 하고 여러 가지로 변형되기도 한다.

〈그림 7-6〉 형식 개념 자료

2) 음악교육의 활동

음악 활동은 유아가 소리를 듣고 노래를 부르거나 악기를 연주하고 음악을 감상하면서 얻게 되는 행복감과 심미적 만족감을 유아 나름의 음악적 방식으로 표현하는 것이다. 유아는 노래를 부르거나 음악을 들으면서 자신의 음악적 표현에 기쁨을 느끼기도 하고 정서적 안정감을 찾기도 하며 본인의 생각과 아이디어를 표출하는 등 음악은 모든 유아의 삶에 수많은 긍정적 영향을 미치고 있다. 유아들도 삶에 있어서 음악이 필수 요소임을 인지하고 있다는 것은 매우 중요한 사실이다. 특히 음악의 요소들이 포함된 음악극 활동을 통하여 창의적인 사고 발달의 효과가 나타났다. 이미 알고 있는 노래의 리듬, 가락, 가사를 바꾸어 부른다거나 하는 활동은 유아의 창의적 사고를 증진시키고 있으며, 많은 연구에 의하면 통합적인 음악 활동이 음악적 창의성과 일반적 창의성에 미치는 긍정적 효과를 밝히고 있다.

음악의 역할과 기능에 대하여 살펴보면 다음과 같다(Liora & Christine, 2013).

첫째, 유아들은 기쁠 때, 행복한 시간을 보낼 때 노래를 통해 이를 표현한다. 이와 같이 유아는 정서를 표현하기 위한 수단으로 음악을 사용하며, 음악은 이를 위해 사회 구성원들이 공유하고 인정한 방법이라고 할 수 있다.

둘째, 유아는 음악을 들으면서 리듬에 맞춰 몸을 흔들거나 악기 연주하는 흉내를 내는 등 적합한 동작으로 심미적 즐거움을 나타낸다. 이러한 동작은 심미적 즐거움의 표현 방법 중의 하나이다.

셋째, 음악은 유아의 감정을 전달하는 매개체의 역할을 한다. 음악의 의사소통적 기능은 매우 일찍부터 발견되는데, 영아기에 나타나는 언어적·음악적 표현은 주요 양육자와의 의사소통을 가능하게 하며, 유아기를 거치면서 음악의 의사소통 기능은 점차 발달한다.

넷째, 유아의 음악적 경험에서 음악과 동작은 서로 분리될 수 없다. 대부분의 유아들은 음악에 맞추어 춤을 추거나 음악을 듣고 신체로 표현해 보는 동작 활동을 좋아한다. 신체 표현과 동작은 유아로 하여금 음악놀이에 적극적으로 참여하도록 하는 중요한 수단이 된다.

이상에서 살펴본 바와 같이 유아는 음악 활동을 통해 자신의 정서와 의사를 예술적으로 표현하는 방법을 배우고, 음악의 탐색, 감상 및 음악적 표현을 통해 심미감, 행복감을 체험한다.

3) 음악 활동의 내용

〈그림 7-7〉 음악 활동의 세부 내용

✣ 각 영역별 음악 활동 내용 생각해 보기

2. 미술

> **Q** 미술 영역에서 창의적이라고 생각했던 적이 있다면 이야기해 보자.

영유아는 자신의 느낌이나 정서를 언어로 표현하는 데 한계가 있으므로 드러나지 않는 자신의 억압된 정서나 감정을 그림으로 표출한다. 이를 통해 주변의 아름다운 것을 찾을 수 있고, 이를 표현할 수 있을 뿐 아니라, 아름다운 것을 감상할 수 있는 능력을 가져야 한다. 아름다움을 자신의 마음으로 받아들이고 표현하며 행복감을 느끼게 되는 것이 미술교육의 목적이다.

유아들은 그림을 그리면서 행복, 기쁨, 긍지를 느끼면 긍적적인 정신과 감정 표현 능력을 기른다. 유아들은 이성적인 존재이기 전에 감성적 존재로 대상을 객관적 시각으로 보지 않는 것이다. 감정적으로 아주 중요하고 의미 있는 대상을 비언어적으로 그려 내는 것이다. 미술은 실제 세계에서는 일어날 수 없는 공상 속에 존재하는 세계를 재현하게도 한다. 이런 가정과 충동이 긍정적이고 넓게 용인되는 방식으로 그림을 통해서 방출하게 할 수 있다. 이러한 과정을 거쳐 주어진 환경의 아름다움을 탐색하고 표현하는 일이 생활의 한 부분이 된 후 아름다운 것을 감상하는 습관까지 갖게 된다면 유아 미술교육의 목적은 달성된 것이다.

1) 미술의 요소와 구성원리

미술은 기본 요소와 구성원리로 나눈다. 미술은 점과 선, 면을 통해 그 자체로서 형태를 띠고 조형상의 통일과 질서를 가짐으로써 형식미를 추구하는 행위라고 할 수 있다. 이에 미술의 기본 요소인 점(Spot), 선(Line), 면(Face)과 그 외 요소인 색(Color), 모양과 형태(Form and Shape), 질감(Texture), 공간(Space) 등의 미적 대상을 의미 한다(Schirrmacher, 1998). 또한 미술의 구성원리는 균형(Balance), 강조(Emphasis), 리듬(Rhythm)·반복(Repetition)·패턴(Pattern), 비율(Proportion), 움직임(Movement), 통일(Unity)·변화(Variety) 등으로, 영유아는 미술 표현과 감상 활동을 통해 미술의 기본 요소와 구성원리를 이해하게 된다.

(1) 미술의 요소

– 점, 선, 면, 색, 모양, 질감, 공간

〈그림 7-8〉 칸딘스키 '구성 8'

그림은 미술의 기본 요소인 점·선·면을 활용하여 여러 모양을 만들고,
다양한 색감 활용하여 풍부한 감성을 만나게 한다.

(2) 미술의 구성원리

– 균형, 강조, 리듬·반복·패턴, 비례, 움직임, 통일·변화

〈그림 7-9〉 밀레 '이삭 줍기'

균형감을 잘 보여 주는 대표적인 작품으로 그림을 대각선과 수평선으로 나누어 보면 일정한 공간감과 각 그림 요소가 주는 비중이 적절히 배치되어 있어 감상 시 안정감을 준다. 가장 먼저 보이는 세 여인들(강조)과 이삭 줍는 움직임의 모습뿐만 아니라, 원근감을 이용하여 세여인과 건초더미을 대비시킴으로 더욱 풍부한 느낌을 주고 있다.

(3) 미술의 요소 및 구성원리 적용

〈그림 7-10〉 김홍도 '무동(舞童)'

경쾌한 발동작과 얼굴에 미소를 띤 무동의 모습은 특유의 힘이 베어 있는 딱딱한 활동을 더욱 강조하고, 반면 악사들은 딱딱하나 경직된 선을 이용해 대조적으로 안정감을 표현하고 있다. 무동과 악사 사이에 채색을 이용하여 원근감을 나타내고 있다.

- **미술의 요소 질문**

– 선 : 명화에서 사용된 선의 느낌은 어떠니? 붓을 이용해 굵은 선과 가는 선을 그려보자.

– 색 : 명화에서 어떤 색이 보이니? 어떤 색을 색칠하고 싶니?

- 모양 : 사람들을 선으로 쭉 이어보면 어떤 모양이 나올까?
- 질감 : 명화를 만지면 어떤 느낌이 들까?
- 공간감 : 어떤 악기를 연주하는 사람이 멀리 있는 것 같니?

- **구성의 원리 질문**
- 균형 : 명화에서 왼쪽과 오른쪽이 똑같은 부분은 어디 있니?
- 강조 : 명화에서 가장 눈에 띄는 부분은 어디 있니?
- 리듬·반복·패턴 : 악사가 쓴 갓 모양이 어떻게 반복되고 있니? 도형으로 표현해 보자.
- 움직임 : 명화의 무동은 어느 방향으로 춤을 추고 있는 것 같니?
- 통일·변화 : 악사들의 모습에서 같은 점과 다른 점은 무엇이니?

2) 미술교육의 활동

유아의 미술 활동은 예술 영역뿐만 아니라 유아의 정서, 신체, 언어, 사회성 등 유아의 전 영역에 걸쳐서 밀접한 관련이 있다. 따라서 유아기부터 사람과 사물, 자연과 예술을 주의 깊게 탐색·감상하게 하고 이에 대한 자신의 생각과 느낌을 자유롭고 독창적으로 표현하게 함으로써 심미적 태도와 창의력을 기를 수 있도록 이끌어 주어야 한다(shirrmacher, 2002). 미술 활동은 시각적으로 알 수 있는 그리기와 만들기 등의 미술 활동과 미술 감상 활동 등 미적 표현 일체를 뜻하며 유아 내면의 마음 상태를 자연스럽게 나타내 주는 그리기나 만들기 등을 통하여 미술의 기본 요소와 구성원리를 알고 이를 바탕으로 유아가 느끼는 감정을 자유롭게 표현하도록 하는 활동을 통하여 유아의 표상 발달이 이루어진다. 그림에서 나타나는 선, 형태, 모양, 질감, 공간, 균형 등은 유아의 미적 인지력과 깊은 관련이 있는 것으로 유아들의 생각과 느낌 등을 표현한 선, 균형, 형태는 유아의 독특한 상징적 활동 형태를 의미한다.

유아 미술 활동의 효과는 다음과 같다.

첫째, 유아의 미술 활동은 유아의 성장·발달을 가늠할 수 있는 지표가 된다. 유아는 여러 가지 미술 재료와 도구를 사용하면서 대·소근육을 조절할 수 있는 기회를 갖게 되며, 그리기와 만들기, 오리기, 붙이기 등과 같은 여러 가지 조형 행위를 통해서 유아의 눈과 손의 협응력이 발달하게 된다.

둘째, 미술 활동을 통해서 유아의 개성과 창의성이 발달한다. 유아는 미술 활동을 통해서 자유롭게 생각하고, 다양한 미술 재료를 선택하여 표현하는 기법을 탐색한다. 이러한 일련의 창작경험을 통해서 유아는 자신의 개성을 표출하며, 창의성의 발달을 이룬다. 미술감상 활동은 창의성의 하위 영역인 유창성, 융통성, 독창성, 상상력에 전반적으로 긍정적 영향을 미치는 것으로 나타났다.

셋째, 미술 활동은 유아의 정서순화를 돕는다. 유아는 기쁨, 슬픔, 행복감, 외로움, 분노 등 자신의 여러 가지 감정을 그림 그리기와 만들기 등과 같은 미술 활동을 통해서 표현하며 그 과정에서 유아는 감정의 자유로움과 심미적 기쁨을 누릴 수 있다.

넷째, 미술 활동은 유아의 사회성 발달을 돕는다. 미술 활동을 통해 친구와 함께 미술 도구나 재료들을 나누고 서로의 생각과 감정을 말하고 순서나 차례를 기다리는 행위 등을 통하여 유아의 사회성이 발달한다(이경혜, 2019, 재인용).

3) 미술 감상 방법

만 3세에 유치원에 입학하게 되면 유아들은 세상에 존재하는 것들은 모두 그림이나 입체물로 표현될 수 있다는 것을 안다. 유아들은 자기가 좋아하는 것과 싫어하는 것을 기준으로 사물을 선택하는데 그림도 마찬가지다. 객관적인 미적 기준에 맞추어 좋다고 판단하는 것이 아니라 "그냥 내가 좋으니까"가 감상의 기준이고 판단의 기준이다. 특히 연령이 낮을수록 미술적 탐색과 감상은 구분하기 어렵다. 생활 주변의 자연과 사물을 탐색하며 미술적 요소를 중심으로 경험하는데, 다양한 미술작품과 또래의 미술작품을 일상생활에서 자연스럽게 접한다. 유아기는 미술감상의 준비 단계이므로 높은 수준의 미술감상은 불가능하다.

유아의 미적 인식 발달 과정을 이해하면 미술감상 교육을 효율적으로 실행할 수 있다. 감상 방법 중 가드너(Gardner), 하우젠(Housen), 펠드만(Feldman)의 연구를 살펴보면 다음과 같다.

가드너(Gardner)는 자신이 그린 그림을 되돌아보며 생각해 보는 기회, 친구가 그린 그림을 감상해 보는 기회, 미술관이나 박물관을 견학하며 기초 수준의 감상 기회를 많이 갖게 되면 긍정적인 감상 태도가 길러진다고 보았다. 가드너의 감상 능력 발달 단계는 피아제(Piaget)의 인지 발달 단계 이론에 영향을 받아 미적 인식 발달 단계를 지각의 단계(0~2세), 상징 인식의 단계(2~7세), 사실적 단계(7~9세), 탈사실적 단계(9~13세), 예술적 위기의 단계(청년기)로 구분하였다.

하우젠(Housen)의 미적 발달 단계는 미술작품 감상에 있어 단계별 언어 구술의 특징을 나누어 제시한 것으로, 설명 단계, 구성 단계, 분류 단계, 해석 단계, 재창조 단계의 다섯 단계로 분류한다(정수기, 2008). 이 단계는 미술관의 프로그램과 관람객을 평가하기 위해 제시하였다.

펠드만(Feldman)은 비평적 감상학습의 중요성을 피력하며 미술감상 단계를 서술, 분석, 해석, 판단하기의 순서로 전개할 것을 주장하였다(Feldman, 1993). 이 4단계를 감상 전략이라고 부르는 학자도 있다.

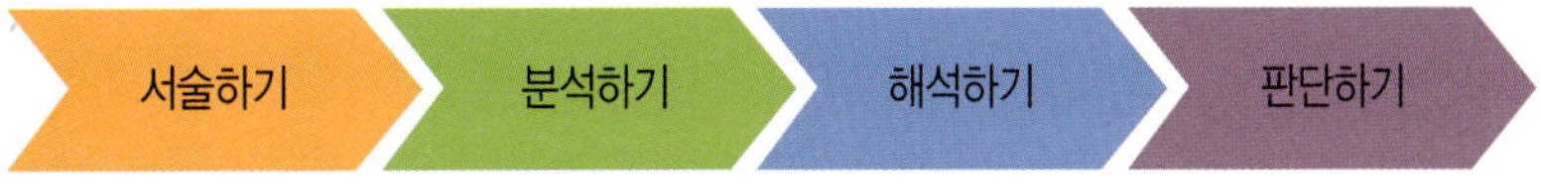

〈그림 7-11〉 펠드만의 미술감상 단계

(1) 서술(Description) : 말로 표현하는 단계

서술은 미술작품에서 알 수 있는 것들을 기록하여 목록을 만드는 단계이다. 이는 미술작품을 보면서 첫인상, 직관적 인상, 전체적인 느낌을 느껴 보며, 작품에 대해 아는 것, 알아본 것, 미술작품을 보며 느끼는 것을 말로 하거나 글로 쓰는 것이다. 다시 말해, 그림이나 미술작품을 보며 자신이 느끼고 생각한 미술의 기본 요소·구성원리, 일반적인 내용들에 대해 주관적 느낌이나 생각을 말하거나 쓰는 것이다. 유아의 발달 단계에 따라 지금 보고 있는 미술작품이 그림인지 조각인지 말할 수 있고 그림이라면 크레용으로 그렸는지 아니면 물감으로 그렸는지 말할 수 있다. 어떤 것들이 보이는지?, 무엇을 하는 모습인지?, 무엇을 들고 있는지?, 사람들은 어떤 표정을 짓고 있는지? 등에 대한 보이는 것을 말하는 단계이다. 교사는 유아의 발달 단계에 따라 미술의 요소에 대해 서술할 수도 있을 것이다.

(2) 분석(Formal Analysis) : 각 요소를 나누어 보는 단계

분석하기는 미술의 요소와 원리가 어떻게 서로 연관을 맺으며 그림에 적용되었는지를 깊이 생각하며 좀 더 전문적으로 말하거나 글로 쓰는 것이다. 화가가 화폭 위에 색, 점, 선, 모양, 명암, 공간, 질감과 같은 미술의 요소를 배열하면서 균형, 비례, 강조, 움직임, 변화와 통일성, 리듬·반복·패턴과 같은 미술의 구성원리 중 어떤 원리를 어떻게 적용했는지에 초점을 맞추어 미술작품을 심미적으로 분석해 보는 단계이다. 이 그림은 무엇으로 그렸을까?, 어떤 색깔들이 보이니?, 제일 먼저 보이는 것은 어느 부분이니?, 어느 곳이 제일 밝은 것 같니? 선을 따라가면 어떤 모양이 보이니? 등 미술 요소를 중심으로 말하는 단계이다.

(3) 해석(Interpretation) : 각 요소의 상호관계를 이해해 보는 단계

미술의 요소와 구성원리를 생각하며 작품에 대한 주제와 생각을 확인하는 과정이며, 미술작품에 나타난 정서와 의미를 알게 되고, 서술·분석 단계에서 관찰했던 모든 것들이 무엇을 의미하는가를 결정하는 단계다. 미술작품을 감상하다 보면 자연히 느낌이 오고 생각도 하게 된다. 미술의 요소나 미술의 원리에 대해 아는 것이 없고 어떻게 그리는지에 대해 서술하거나 분석할 수 없는 유아도 작품을 보며 느끼는 감정, 기분을 표현한다. 이 그림을 보고 어떤 느낌이 드니?, 어떤 기분이 드니?, 화가는 이 그림을 왜 그리게 되었을까?, 이 작품의 제목을 무엇으로 지어보고 싶니? 등 작품에 대한 자신의 생각과 느낌을 말하는 단계이다.

이때 교사의 역할은 미술의 요소인 색깔과 기분을 연결 지어 해석하게 해 보고 화가의 작품뿐 아니라, 친구들의 그림을 보면서 유아들이 기초적 수준에서 미술의 요소나 구성원리와 연관 지어 보고 느낄 수 있도록 도와주는 것이다. 이를 위해 교사들이 미술에 대해 폭넓은 경험을 쌓고, 미술의 요소와 구성원리에 대한 지식을 갖춘다면 유아들이 보이는 호기심을 미적 인식으로 연결시킬 수 있을 것이고, 이를 그림으로 표현하게 도울 수 있다. 유아들의 이러한 표현 능력은 감상 능력과도 연결되어 곧 다른 사람들의 그림이나 조각 등 작품을 감상할 수 있는 능력으로 발전한다. 따라서 교사는 개개인 유아들이 그림이나 조각을 보며 반응하는 내용을 중요하게 여겨야 한다.

과거에 그려진 그림들을 해석할 때는 그 화가가 살았던 시대는 어떠했고 어떤 영향을 받았는지?, 그 시대의 가치관은 어땠는지?, 어떤 옷을 입었었는지?, 왜 이 작가는 그리는 방법이 지금과 다른지? 등을 생각해 보는 것이다. 유아들에게는 과거를 생각해 보는 일이 쉽지 않을 터이지만 현재의 상황과 비교해서 그림의 표현이 어떻게 다른지 정도는 해석할 수 있을 것이다.

(4) 판단(Evaluation or Judgement) : 평가해 보는 단계

처음 작품을 대했을 때 보이는 것, 느껴지는 것, 생각나는 것을 말이나 글로 쓰고, 미술의 요소와 구성원리가 어떻게 엮여서 작품으로 나타나는지를 분석해 본 후, 자신의 느낌과 생각을 곁들이며 작품을 해석했다면 판단하기는 내가 좋아하는 것 또는 싫어하는 것에 의해 판단하지 않고 작품을 미술적 관점에서 가치가 있는지 없는지에 대해 판단하는 단계이다. 이 그림이 마음에 드니?, 어떤 점이 마음에 드니?, 그림에서 가장 재미있게 본 것은?, 이 그림의 제목은 무엇일 것 같니?, 제목을 붙인다면 무엇이 좋을까? 어떤 재료로 만들고 싶니? 등 작품에 대해 유아가 판단과 평가를 하는 단계로 볼 수 있다.

유아들은 이 판단하기 단계를 전문적으로 해낼 수 없다. 유아교사나 미술전공인도 미술에 관한 전문 지식을 가지고 판단하기 어렵다. 다만 판단하기 단계에서 교사는 되도록 미술적 관점과 지식을 활용해 유아들이 이해할 수 있는 단어로 작품에 대해 이야기를 하는 것이 바람직함을 알고 행동할 필요는 있다. 유아들이 교사의 도움으로 미술작품을 감상하는 기초적 태도를 갖게 될 것이고 성장해 가면서 그들의 삶이 좀 더 미적으로 향상될 것이기 때문이다.

〈펠드만의 미술감상 단계 예시〉

A 화가 : 이중섭 | 제목 : 황소

• 서술 단계

- 무슨 동물인 것 같니?
- 어떤 것들이 보이니?
- 어떤 표정이 보이니?

• 분석 단계

- 어떤 종류의 선이 사용되었니?
- 황소의 크기가 어떠니?
- 직선과 곡선 중 사용된 것은 무엇일까?
- 어디로 움직이고 있을까? 어떤 색깔이 보이니?
- 어떤 재료로 그림을 그린 것 같아? 움직임에 힘이 느껴지니?

• 해석 단계

- 작품의 의미, 작가의 의도 등 발견하고 이해하는 관점에서 명화를 보니 어떤 느낌이 드니?
- 화가는 왜 많은 동물 중 황소를 표현한 걸까?
- 황소는 어떤 기분일까?
- 만약 내가 화가라면 황소의 어떤 모습을 표현해 보고 싶니?

• 판단 단계

- 이 그림이 마음에 드니?
- 어느 부분이 제일 기억에 남니?
- 화가는 무엇을 표현하려고 한 걸까?

B 화가 : 반 고흐 | 제목 : 별이 빛나는 밤

• 서술 단계

- 어둑어둑한 밤하늘을 개성 있게 표현한 작품이야. 이 작품에는 무슨 색이 많이 보이지?
- 어떤 모양들이 많이 보이니?
- 보이는 대로 이야기해 보도록 할까?

• 분석 단계

다양한 색감을 사용하여 전체적인 분위기에 신비로움을 더했다.

- 이 화가는 무엇으로 이 작품을 그렸을까?
- 어떤 방법으로 그린 걸까?

• 해석 단계

별의 모양을 별 모양이 아닌, 빛이 나는 모습의 별을 구불구불한 선이 말려 있는 모양새로 개성 있게 표현했다.

- 이 그림의 제목을 너희가 정해 볼래?
- 화가가 정한 이름은 '별이 빛나는 밤' 이라고 해. 왜 제목이 '별이 빛나는 밤'일까?

• 판단 단계

밤에 가족과 함께 산책을 나갔을 때의 밤하늘을 연상하며 접근해 본다.

- 작품을 감상하고 난 후의 느낌은 어땠어?
- 이 작품에서 제일 마음에 들었던 부분이 어느 부분이야?
- 어디에 이 그림을 놓아 두고 싶니?

3. 동작

Q 동작 영역에서 창의적이라고 생각했던 적이 있다면 이야기해 보자.

유아는 움직임을 통해 자신과 신체를 알아 가고, 주변을 탐색하며 사물을 조작하고 인지를 발달시켜 간다(Piaget, 1952). 그리고 부모나 교사 등 성인과의 안정된 신체 접촉을 통해 정서적 안정감을 느끼고 사회관계를 발달시키기 시작하며 자아 개념을 형성한다. 또한 몸을 움직임으로써 신체적 기술을 습득하고, 신체를 조절하는 능력을 기른다(Gallahue, 1976; Laban, 1948).

마에스키(Mayesky, 2002)는 신체 능력에 대한 성취감과 자신감을 경험한 영아일수록 전인적 발달을 이룰 가능성이 높다고 주장하였고, 피카(Pica, 2004)는 동작경험을 통해 신체 조절 능력이 발달된 영유아는 자연스럽게 다른 사람들과 협동하는 기회를 갖게 되며 자신감과 창의력을 기를 수 있다고 하였다. 이러한 연구자들의 견해는 유아의 신체 능력이 인지 능력이나 사회·정서 능력 등 다른 영역의 발달과도 밀접한 관련이 있음을 뒷받침한다. 유아는 즐겁고 활발한 움직임의 경험을 통해 타인과 소통하며 사회적 관계를 맺고 모방을 통한 움직임이나 관찰 및 감상에 따른 정서를 움직임으로 표현함으로써 신체적·언어적·정서적·인지적·심미적·창의적 발달 및 문제해결력 등의 전인적 발달을 이루어 갈 수 있게 된다. 유아기에 다양한 목적을 가진 동작 활동을 풍부하게 제공해 주어 표현할 수 있는 기회를 제공한다.

1) 동작의 구성 요소

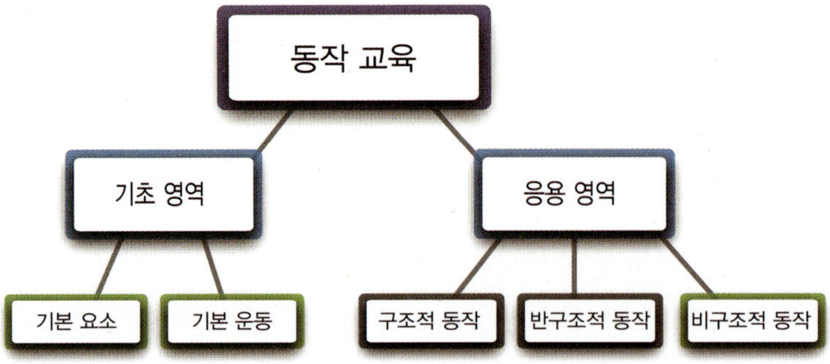

〈그림 7-12〉 동작교육의 세부 영역

(1) 기본 요소

① 신체 : 신체 모양, 신체 부분, 신체 전체

② 에포트 : 힘(무게), 시간, 흐름

③ 공간 : 영역, 높낮이, 방향, 범위, 경로

④ 관계 : 신체 부분 간의 관계, 사람과의 관계, 사물과의 관계

(2) 기본 운동

① 비이동 운동 : 뻗기, 구부리기, 꼬기, 회전하기, 흔들기, 앉기, 피하기 등

② 이동 운동 : 걷기, 달리기, 발끝으로 걷기, 한 발 들고 뛰기, 두 발 번갈아 뛰기, 점핑하기, 도약하기, 미끄러지기, 말뛰기, 오르기, 구르기, 균형 잡기 등

③ 조작 운동 : 던지기, 차기, 치기, 튀기기, 굴리기, 잡기 등

(3) 비구조적 동작

유아가 언어로 표현할 수 없는 자신의 생각이나 느낌을 신체 움직임으로 표현한 것으로 노랫말이 없는 표제 음악이나 동작의 특징을 잘 나타내는 묘사 음악

에 맞추어 춤을 추거나 떠오르는 이미지를 상상하면서 춤을 주는 것이다. 유아는 이를 통해 즐거움과 표현의 자유로움, 상상력, 창의적 표현력을 강조하는 동작으로 탐색과 발견을 통해 창의성 발달을 촉진한다. 비구조적 동작에는 창의적 신체 표현, 동극, 무용(춤) 등이 있다.

2) 동작교육의 활동

유아는 다양한 움직임과 춤을 통해서 표현할 수 있음을 알고 표현의 과정을 즐기며, 아름다운 움직임과 춤을 구성하는 요소를 탐색 및 감상하고, 이에 대한 자신의 생각과 느낌을 신체를 활용하여 표현함으로써 풍부한 감성과 심미적 태도를 기를 수 있다(김경란 외, 2016). 이러한 신체 운동을 통하여 유아의 자아 개념을 발달시키고 사회적으로 협동할 수 있는 능력을 기르며, 창의적 사고와 상징적 표현 능력, 심미적 감각을 발달시키는 등 전인 발달의 기초를 다질 수 있다.

피카(Pica, 2004)의 연구에 따르면 유아들의 초기 학습은 운동 발달을 기초로 이루어지므로 계속해서 이루어지는 지식 습득 역시 운동 발달을 기초로 해야 한다고 하였다. 달크로즈는(Jaque–Dalcroze, 1931)는 즐거움은 가장 강력한 정신적 자극제하고 주장했는데, 유아들에게 동작이야말로 가장 확실한 즐거움이며, 몬테소리(Montessori, 1949)는 몇 년간 유아들을 관찰한 후, 정신 작용이 신체 표현과 연결되어 있다는 결론을 내렸다. 아인슈타인(Einstein)은 어떤 것을 글로 적기 전에, 처음에는 시각적·운동 감각적 이미지를 통해 느꼈다고 하였다.

유아 동작교육 활동에서의 신체 표현은 움직임을 통하여 동작교육의 기본 요소와 기본 운동을 배우도록 하고 이를 바탕으로 유아가 움직이고자 하는 자신의 내적 감정을 자발적, 창의적으로 표현할 수 있도록 이끌어야 한다(최재원, 2009). 특히 동작의 요소 중 '공간'은 유아 자신 및 주변을 둘러싼 공간을 탐색하고 스스로 자신의 신체, 도구를 통하여 동작으로 표현하는 방법이 필요하다. 유아의 움직임은 공간 안에서 발생하며 유아가 공간에 대한 동작을 탐색하기 위해서는 움직일 수 있는 공간에 대한 이해가 선행되어야 한다. 이러한 연구 결과는 공간의 인식이 신체의 움직임이나 동작을 통해 이루어진다는 로시나(Leushina, 1991)와 야키만스카야(Yakimanskaya, 1991)의 연구 결과와 맥을 같이한다고 볼 수 있다. 유아의 공간 능력을 증진시킬 수 있는 방법으로 유아가 자신의 신체를 움직이는 동작 활동에 공간의 방향화와 시각화의 요소를 넣어 구성한 활동을 제안한다면, 자신을 둘러싼 공간을 동작을 통해 인식함으로써 공간 능력까지 발달시킬 수 있어 교육 현장에서 적용할 경우 매우 효과적일 것이다.

4. 문학

Q 문학 영역에서 창의적이라고 생각했던 적이 있다면 이야기해 보자.

유아 예술교육에서 문학은 사람의 생각과 말, 글 등을 언어를 표현 매체로 하는 예술 및 그 작품을 말한다. 문학은 대부분 그림책이라는 예술 장르를 통해 그 자체만으로도 유아들에게 상상력을 자극하게 된다(변윤희 외, 2004).

그림책은 그림과 글이 함께 조화를 이루는 책을 의미하는 것으로 미술과 문학이라는 서로 다른 예술 형식이 유기적으로 결합한 복합 언어 예술이다. 유아들은 문학적 경험을 통해 언어의 아름다움과 그림을 통한 시각적 아름다움을 만나, 흥미와 경험을 풍부하게 하며 글을 읽지 못하더라도 그림을 통해 의미를 해석하여 창의력, 사고력, 상상력을 증대하고 인지, 언어 등의 영역에 긍정적 영향을 줄 수 있다(Mol, Bus, de Jong & Smeets, 2008; O'Connor, 2014).

유아 그림책은 본 텍스트와 주변 텍스트, 글과 그림, 내용과 조형 요소가 유기적으로 관련을 맺는 가운데 내용을 전달함으로 유아가 비교적 손쉽게 접할 수 있는 살아 있는 예술 작품이다. 잘 선정된 그림책은 유아에게 더없이 좋은 탐색 대상으로서의 세계가 펼쳐져 있어 어른이나 유아 모두에게 서로를 이해하고, 세계를 탐색할 수 있는 좋은 기회를 제공해 준다. 이는 유아들의 흥미를 유발시키며 상상력을 증진시킬 수 있고 책을 읽으면서 자연스럽게 그 속에 내포된 정보를 받아들일 수 있어 그림책을 통한 활동은 유아들의 창의성 발달에 좋은 도구가 될 수 있다.

1) 언어의 구성 요소

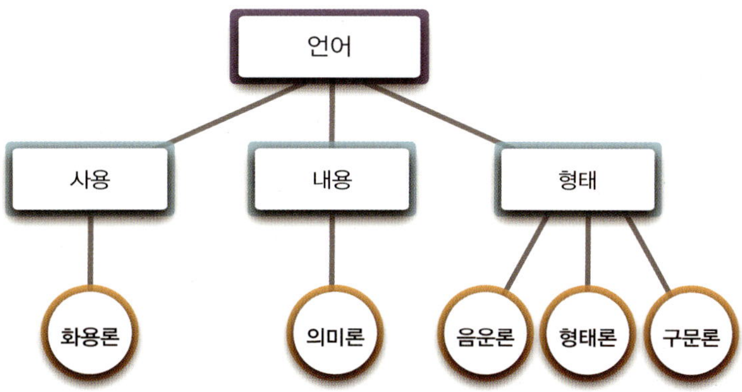

〈그림 7-13〉 언어의 구성 요소

① 형태 : 음운론, 형태론, 구문론

음운론은 말소리의 배열에 관심을 갖는 것으로서 음성의 최소 단위인 음소(phoneme) 즉, 자음과 모음을 대상으로 한다. 형태론은 단어의 내적 구조에 관심을 갖는 것으로서 의미의 최소 단위인 형태소(morpheme)를 대상으로 하며, 형태소는 쪼개면 의미가 없어져 버리는 의미의 최소 단위이다. 구문론은 문장의 형태나 구조(syntax)에 관심을 갖는 것으로서 단어의 순서, 문장의 구성이 주된 대상이다.

② 내용 : 의미론

문장이 무엇을 의미하느냐(semantic)에 관심을 갖는 것으로서 단어나 단어 조합의 의미나 내용을 결정하는 규칙을 말한다.

③ 사용 : 화용론

의사소통적 맥락 내에서 문장이 상황적 맥락에 적절하게 의미를 전달하고 있는냐의 문제에 초점을 맞추고 있는 것으로 적절한 문장의 선택이 중요한 의미를 갖는다.

2) 언어의 형태

① 듣기 : 기초적인 언어 발달로서 의사소통에 가장 큰 비중을 차지하며 음성 언어를 의미가 있는 메시지로 변형시키는 과정이다(Jalongo, 2003; 이대균 외, 2018).

② 말하기 : 말은 의사소통의 수단으로 말하는 사람과 듣는 사람의 상호이해를 전제로 한다.

③ 읽기 : 글자를 소리 내어 발음하는 것으로 아이들이 읽기를 원하는 것은 글자가 아니라 이야기나 정보, 아이디어 등의 의미인 것이다.

④ 쓰기 : 글자를 보고 쓰거나 소리 나는 대로 받아쓰는 것으로 아이들이 글자로 쓰려고 원하는 것은 그들의 이야기와 지식과 아이디어를 전달하려는 욕구 때문이다.

3) 문학적 요소

① 주제 : 명확한 주제와 단일한 주제는 유아의 흥미를 지속시키고, 결과를 미리 예측하는 것을 즐기게 한다.

② 플롯 : 명확한 시작, 절정, 결말로 이야기 속의 줄거리를 통일성 있게 만드는 구성이다.

③ 등장인물 : 독특하고 살아 있는 것 같은 생동감 있는 인물로 유아가 공감할 수 있는 인물로 설정한다.

④ 배경 : 이야기 속의 분위기를 조성하며 인물과 사건의 현실성을 더해 주고 주제를 이야기한다.

문체는 내적으로 흥미와 재미가 있는 언어, 즉 문장의 반복과 의성어·의태어로 유아가 이해할 수 있는 어휘로 쓴다.

4) 문학교육의 활동

유아에게 있어 동화는 친밀감을 바탕으로 세상의 지식을 습득하게 만드는 원동력으로 이와 관련된 다양한 활동은 인간 발달의 기반인 신체, 사회성, 정서, 언어, 인지 등의 발달을 돕는다.

그림책을 활용한 유아 문학 활동의 목적은 문학작품에 대한 긍정적인 태도와 작품에 대한 이해를 높이고, 문학작품을 이해하고 감상하는 다양한 방법을 익혀 자신과 타인, 세상에 대한 이해를 증진하는 데 효과적이다(변윤희 외, 2004). 뿐만 아니라 동화를 활용한 활동은 상상력과 동화 내용을 표상하고 표현하는 창의적인 능력을 증진시킨다. 책 읽기·확장 활동, 생활 동화 활용·정서교육 활동, 그림 동화 관련 표현 활동 등의 연구에서는 정서지능 증진 효과를 밝히고 있으며, 동화 개작 활동과 동화 패러디 활동 등의 연구에서는 창의성 증진 효과를 밝혔다. 그 밖에 환상 동화를 통한 그림 그리기 활동과 생태 그림책을 활용한 자연친화 활동, 동화를 활용한 모래 놀이 활동, 동화를 통한 동작 표현 활동 등에서는 유아의 창의성과 정서지능 모두에 긍정적 효과를 보였다(이윤희, 2018). 또한 미완성 동화를 들려준 후 나머지 이야기를 완성해 보도록 하는 방법(Schuenk,

1983), 글 없는 그림책을 통해 이야기를 꾸며 보도록 하는 방법(Raines & Isball, 1988), 동화를 들려준 뒤 교육적 개입을 통하는 방법 등은 상상을 자극하는 그림과 질문을 제시하여 반응하도록 하는 방법 등으로 확산적 사고를 직접적으로 하도록 요구하는 것이다. 유아 그림책 읽기 활동을 통해 자연스럽게 확장 활동과 감각적 경험으로 이어질 수 있으며, 어휘력 발달에 매우 효과적이다. 이야기 속의 다양한 정보들을 통하여 지식과 문화를 접할 수도 있으며 그림책 속의 움직임과 리듬을 통해 자연스럽게 신체 표현, 미술, 음악, 극놀이 등으로 재구성하여 표현할 수 있게 된다. 이러한 의미에서 문학은 유아 예술교육의 한 영역으로 포함시킬 수 있다.

이처럼 그림책과 예술 활동이 만나는 유아 문학예술 활동은 유아의 언어·미술·신체·음악·창의성의 증진에 효과적이며, 유아 자신과 주변 세계에 대한 이해를 증진하고, 그림책을 통해 얻게 되는 유용한 정보가 될 것으로 여겨진다. 유아기는 창의성의 근원인 탐구적이고 호기심 있는 활동이 보편적으로 나타나는 시기로 유아기에는 스스로 사고하도록 자극만 주어도 창의성이 향상될 수 있다. 실제로 확산적 사고를 활용하는 이러한 방법들은 창의성 개발에 효과적인 것으로 나타나고 있다.

5. 극놀이

Q 극놀이 형태에서 창의적이라고 생각했던 적이 있다면 이야기해 보자.

극놀이는 가작화 놀이(make-believe play), 상징 놀이(symbolic play), 상상 놀이(imaginative play), 가상 놀이(pretendingplay), 사회극화 놀이(sociodramatic play) 등 다양한 용어로 사용된다. 이와 같은 용어의 공통점은 가작화(as-if) 요소가 놀이 속에 포함되어 있다는 점이다. 가작화는 놀이에서 실제 삶이 연출되는 것이 아니라 현실을 떠난 즉, 존재하지 않는 대상을 표상화하는 놀이로 영유아기의 상상력 및 언어 능력의 습득과 함께 발달하는 영유아기 특유의 놀이이다. 인형 놀이, 소꿉놀이, 아기 돌보기 등으로 역할과 상황을 설정해 자유롭게 노는 놀이로 영유아 자신의 정서를 간접적으로 표현하도록 돕고 부모나 친구 등과 친밀감을 유지하면서 부정적인 감정을 스스로 다스리는 기술을 익히게 한다. 따라서 극놀이는 가작화 상황에 따라 놀이 유지에 필요한 의사소통을 통하여 놀이를 진행해 가는 것이다.

예술적 표현 유형으로 극놀이는 음악, 미술, 움직임과 춤, 언어 등의 통합적인 예술 표현과 경험의 장이다. 만 5세경에 극놀이 표현이 정점에 이른다. 유아들은 흥미롭고 인상 깊었던 사건이나 대상을 모방하고 가장하여 유아로 하여금 그들이 다음에 접하게 될 실제 생활 상황을 준비하게 하며, 놀이 속에서 재현함으로써 창의성을 계발하고, 상상력을 발전시키며, 동시에 일상적으로 필요성을 느끼지 않던 언어를 사용할 수 있는 기회를 준다(Sarah, 2001). 자신과 친구의 역할과 모든 상황 조건을 현실과 다른 상태로 상상하며 이야기를 만들어 가는 행위는 만 5세를 지나면서 점차 사라지게 된다.

극놀이의 유형은 자유선택 활동 시간에 역할 놀이에서 일어나는 '자발적 극놀이', 대집단 활동 시간에 교사의 지도 아래 일어나는 '동극', 프로젝트로 진행되면서 다른 영역과의 통합 활동으로 일어나는 '음악극', 극놀이 과정에서 일어나는 '이야기 짓기' 등의 유형으로 제시하고 있다(하정희 외, 2018).

2020년 3월부터 시행된 2019 개정누리과정은 유아가 중심이 되고 놀이가 살아나는 교육 과정을 추구함으로써 유아·놀이 중심의 교육 과정을 중시한다. 교사는 역할극, 인형극, 동극, 음악극 등 예술을 기반으로 하는 유아들의 극놀이가 활발히 전개될 수 있도록 유아들에게 다양한 음악을 들려주고, 예술 공연 관람 활동을 통해 유아들이 예술과 극놀이에 대한 정보와 지식을 얻을 수 있도록 할 것이다. 여기에서는 동극와 음악극의 요소를 중심으로 살펴본다(박찬옥 외, 2014; 장은희, 2007).

1) 동극의 요소

동극의 요소는 말, 침묵, 움직임, 제스처, 행위, 의상, 소품(매체), 조명(색), 이미지, 소리, 노래, 음악, 음향, 공간, 상징, 기호, 인물, 시간, 리듬, 의미, 관계, 상호작용, 원인과 결과, 구조, 구성, 감정 등이다(백령, 2015).

● 동극의 지도 과정

① 동화 : 선정, 감상(들려주기), 회상
② 무대 구성 및 소품 준비
③ 배역 선정하기 – 인물의 역할 분담 – 몸짓으로 동화 장면 표현
④ 규칙 정하기 – 동극하는 유아와 관람하는 유아의 태도
⑤ 공연하기
⑥ 평가하기
⑦ 재공연과 총평가

2) 음악극의 요소

① 음악적 요소 : 배경 음악 선정하기, 노래 부르기, 악기 탐색·연주·표현하기(효과음 만들기), 녹음하기

② 언어적 요소 : 읽기, 내용 이해하기, 이야기 나누기(브레인스토밍), 등장인물 분석하기, 대본쓰기, 저널 쓰기

③ 신체적 요소 : 역할나누기, 등장인물 표현하기, 음악에 맞게 신체 표현하기, 협동심 기르기, 타인감정 이해하기

④ 미술적 요소 : 무대배경 만들기, 의상·소품 만들기, 조명, 분장하기, 포스터 만들기

⑤ 연출적 요소 : 자신이 맡은 역할과 음악극 흐름 예측하기, 무대에서 위치 확보 및 공간 배정하기(무대공간 연출하기), 총연습하고 평가하기

3) 극놀이의 진행 과정(walsh, 1984)

① 동화를 감상하고 난 뒤 동화내용에 대해 질문하는 문제·제시하기

② 극놀이 상연을 위한 역할 선정하기

③ 관중 준비 단계로 관객인 유아의 태도 및 설명하기

④ 가상의 무대 구성하기

⑤ 극놀이 상연하기

⑥ 극놀이 후 평가하기

⑦ 토의 내용을 반영하여 극놀이 재상연하기

4) 극놀이의 활동

유아의 극놀이 활동은 상상적 요소를 포함하고 있기 때문에 다양한 소품 등을 이용하여 이야기 속의 역할이나 상황을 재현 또는 실연해 보는 활동을 할 수 있도록 한다. 교사는 유아의 자유롭고 창의적인 표현을 수용하고 격려하며 배역 정하기, 무대 배경 꾸미기, 소품의 제작과 활용 등에 있어서 유아의 의견을 존중하도록 하여 활동하도록 한다(김현정 외, 2017). 또한 유아가 안전한 공간에서 여유를 가지고 자유롭게 극놀이를 할 수 있도록 교사는 유아 극놀이를 위한 적절한 놀이 시간, 놀이 장소를 확보하여야 한다. 유아는 극놀이를 통해 준비하거나 상연하는 과정에서 유아의 느낌과 생각, 상상을 충분히 표현하고 동화나 즉흥적으로 극을 재현해 봄으로써 사고력과 표현력을 기를 수 있으며, 유아의 감성을 발산하도록 하여 자아와 자신감, 다른 사람을 조망하는 능력과 창의적 표현력을 발달시킨다.

이상과 같이 '예술교육 영역'을 중심으로 개념 및 요소와 활동에 대해 살펴보았다. 소리로 시작하는 음악, 시각적 요소로 접근하는 미술(명화), 생각과 느낌을 움직임과 춤으로 표현하는 동작, 글로 표현하는 문학, 그리고 통합적 예술표현을 통해 나타내는 극놀이 활동은 유아의 개인적인 느낌과 사고가 다양한 감각적 활동으로 외형화된 표현이다. 유아들은 이 같은 예술교육을 통해 자신의 사고를 자신만의 방식으로 표출하고 표현함으로써 창의성을 증진하게 된다. 스타코(Starko, 1995)에 의하면 유아기는 창의성 발달에 가장 민감한 시기로 이 시기의 창의성교육을 받지 못하면 성인이 되어서도 이를 증진시키기 어려울 뿐만 아니라 창의성에 민감한 유아기에 교육을 받은 사람만큼 발달하기 어렵다고 말한다.

이 창의성에 민감한 유아기에 소리, 그림과 같은 예술작품에 담긴 예술적,

지식적 요소를 탐색, 감상하고 이에 대한 생각과 느낌을 예술 영역 활동으로 표현하는 과정을 통해 유아의 미적 체험과 새로운 창작물의 창출을 돕고, 유아들에게 예술적 탐색뿐만 아니라 신체 운동·건강에 대한 지식·언어적 지식·사회적 지식·수학적 지식·과학적 지식을 탐구하게 하는 것은 예술과 과학, 상상과 논리가 공존하는 21세기에 필요한 창의적인 전인교육을 위한 교육의 장임을 강조한다.

CHAPTER 8

창의예술 프로그램

유아를 위한 예술교육 영역 활동의 음악, 미술, 동작, 문학, 극놀이의 창의성 구성 요소가 통합되고, 창의적 사고 기법을 활용한 유아의 창의성 증진을 위한 창의예술 프로그램을 개발하고자 한다. 창의성 영역과 유형별 발문을 통한 다양한 접근 방법으로 상상력, 예술적 감성, 복잡한 문제를 해결하기 위해 도전하는 문제해결 능력을 갖추고, 비판적이고 창의적 소양을 기르는 데 창의예술 프로그램이 현장에서 유아들에게 창의력을 발휘하는 영향력을 기대한다.

1. 창의예술 프로그램의 예시

현장 교사의 수업을 기반으로 미술·동작·음악과 관련된 요소에 대한 발문을 따로 제시해 볼 수 있으며, 유아의 연령에 따라 발문이 다양할 수 있다.

명화를 보고 미술의 기본 요소에 해당하는 선, 색, 모양, 질감, 공간과 구성원리인 강조, 비례, 움직임 등을 발문할 수 있으며, 동작의 기본 요소에서는 과일의 특징을 손가락·신체로 표현해 보기, 과일 장수의 모습을 모방해 보기, 다양한 과일의 모습을 친구들과 함께 신체로 표현해 보기, 과일을 따는 모습을 비이동동작·이동 동작으로 표현해 보기 등을 활동해 볼 수 있다. 음악의 기본 요소로는 기본 박자에 맞추어 손뼉 치기·리듬 악기 두드리기, 음색(악기) 알아보기, 높은 소리 경험한 후, 낮은 소리 찾아보기, 반복되는 리듬 패턴에 악기로 반응하기, 리듬 악기로 연주해 보기, 기본 박자에 맞추어 씩씩하게 걸어 보기 등으로 확장하여 경험해 볼 수 있다.

1) 명화감상

화가 : 빈첸초 캄피 | 제목 : 과일 장수(1580)

(1) 화가 : 빈첸초 캄피(Vincenzo Campi, 1536~1591)

빈첸초 캄피(Vincenzo Campi)는 이탈리아 화가로, 〈과일 장수(Fruit seller)〉는 먹거리의 풍요로움을 보여 주는 대표적인 작품으로 사과와 배, 견과류, 체리, 복

숭아, 살구, 모과, 밤, 블랙베리와 라즈베리, 건포도 등이 그려져 있다. 그림의 왼쪽 멀리 사다리를 놓고 과일을 따는 사람들이 묘사되어 있으며, '수확'과 '판매'라는 두 주제를 함께 담은 것으로 그림의 재미를 더한다. 썩은 부분 하나 없이 오직 '먹음직스러움'만을 자랑하는 이 과일 그림의 실상은 현실을 거꾸로 반영한 것으로, 이 시기 음식을 구하기 어려운 시대에 식욕을 돋우기 위해 식당에 걸린 그림들이다. 캄피의 그림 역시 식사하는 방에 걸기 위해 의뢰되어 제작되었으며, 풍성한 과일들을 다양한 색채를 활용해 표현해 주어 작품의 재미를 더해 준다.

(2) 명화 선정 이유

첫째, 다양한 색감을 인지하고 인식하는 기회가 된다.

둘째, 유아 교육 시 필요한 생활 주제인 '영양소'와 관련성이 있다.

셋째, 누리과정에서 중요한 유아 흥미도를 고려하였다.

(3) 미술의 요소에 관련된 발문 제시

- 명화에서 어떤색이 보이니?
- 어떤 모양들이 보이니?
- 과일 장수 옆의 장소에서 멀리에 있는 것은 무엇이니?
- 명화에서 가장 눈에 띄는 것은 무엇이니?

2) 음악감상

작곡가 : 루이지 덴차 | 곡명 : 푸니쿨리 푸니쿨라(Funiculì, Funiculà)

(1) 작곡가 : 루이지 덴차(Luigi Denza, 1846~1922)

루이지 덴차(Luigi Denza)는 이탈리아의 나폴리 근교 스타비아(Castellammare di Stabia)에서 태어났다. 나폴리 음악원에서 가에타노 도니체티Gaetano Donizetti), 빈첸초 벨리니(Vincenzo Bellini), 주세페 베르디(Giuseppe Verdi) 등과 활약한 사베리오 메르카단테(Saverio Mercadante)와 파올로 세라오(Paolo Serrao)에게 음악을 배웠다. 1884년에는 런던으로 이주, 1898년 런던의 왕립 음악원 교수가 되었다. 1880년 이탈리아 나폴리 근처의 베스비오 화산에 처음으로 개통된 케이블카를 시민들이 무서워 아무도 타지 않으려고 하자, 케이블카 설치자가 의뢰를 하여 가요제에 참가하여 노래로 케이블카를 홍보했다는 이야기가 전해진다. 나폴리 지방의 민요를 활용하여 창작한 이탈리아 가곡(6/8 박자에 Allegretto brillante)으로, 가사는 "케이블카가 움직입니다. 빨리빨리"라는 의미를 담고 있으며, 제목은 '푸니콜라레'로 '케이블카'를 의미한다.

(2) 음악 선정 이유

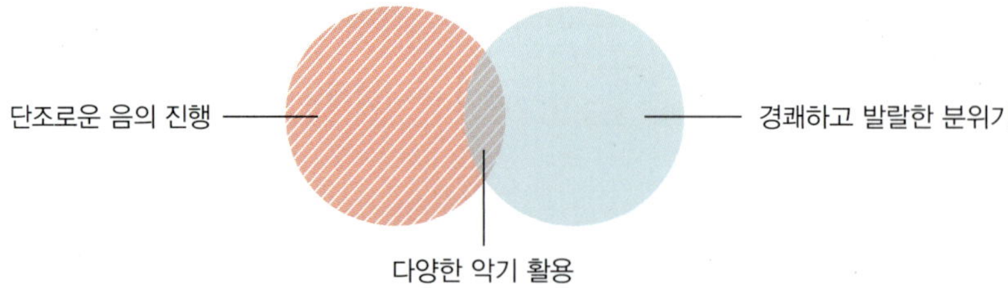

첫째, 단조로운 음의 진행으로 유아들이 바로 따라 부르고 금방 익숙해진다.

둘째, 경쾌하고 발랄한 분위기로 바로 흥얼거리며 즐거워하며 유아들끼리 음을 바꾸어 부를 수 있다.

셋째, 흥미로운 음악으로 교실의 리듬 악기를 활용하여 연주해 볼 수 있다.

(3) 음악적 요소에 관련된 발문 제시

- 음악의 느낌은 어떤 것 같니?
- 음악에 맞추어 손뼉을 쳐 볼까?
- 소리가 점점 커지는 부분을 리본 막대로 표현해 볼까?
- 음악에서 작은 소리엔 손뼉을 큰 소리에는 손뼉과 발 구르기를 해 볼까?

3) 명화와 음악감상

(1) 명화와 음악 감상하기

- 다양한 표현으로 연결할 수 있다.
- 여러 방면의 수업으로 연계가 용이하다.
- 영역별로 흥미로운 발문이 가능하다.

(2) 명화와 음악감상에 대한 연령별 발문

① 만 3세

- 그림을 감상해 보니 어떤 기분이 드니?
- 그림에서 무엇이 보이니? 어떤 과일들이 보이니?
- 과일 장수는 무엇을 하고 있니? 어떤 표정을 짓고 있니?

② 만 4세

- 그림을 감상해 보니 어떤 느낌이 드니?
- 그림에서 무엇이 보이니?
- 그림 속 하늘은 어떤 모습이니?
- 뒤에 있는 농부는 무엇을 하고 있니?
- 앉아 있는 과일 장수는 무엇을 하고 있니?
- 어떤 표정을 짓고 있니? 무엇을 하고 있니?
- 왜 이렇게 다양한 과일이 있는 걸까?

③ 만 5세

- 그림 속 과일 장수는 무엇을 하고 있는 것 같니?
- 왜 그렇다고 생각했니?
- 뒤에 하늘은 무슨 색이니?
- 뒤에 있는 농부는 무엇을 하고 있는 걸까? 왜 과일을 따고 있을까?
- 그림 속에 있는 여인의 앞에 있는 것이 무엇일까?
- 과일의 종류가 이렇게 많은 이유가 무엇일까?
- 왜 과일을 팔고 있을까?

2. 창의예술 프로그램 현장에 적용하기

1) 창의성 영역별 활동

(1) 소리 창의성

● 과일 악기 연주해 보기

아이들이 직접 만든 과일 악기를 활용하여 음악에 맞추어 연주해 보았다.

- 소리 민감성 : [음악을 감상한 후] 어떤 악기의 소리가 들리니?
- 소리 상상력 : 만약 과일을 따는 농부라면 어떤 소리를 들을 수 있을지 상상해 볼까?
- 소리 유창성 : 그림을 보고 어떤 소리가 날 것 같은지 상상하며 악기를 연주해 볼까?
- 소리 융통성 : 음률 영역에 있는 악기 중 또 어떤 악기가 그림과 어울릴까?
- 소리 정교성 : 우리가 박자에 맞게 박수를 쳐서 음악을 표현해 볼까?
- 소리 독창성 : 직접 우리만의 악기를 만들어 연주해 볼까?

(2) 도형 창의성

● 과일 쉐이커 만들어 보기

아이들이 직접 수박 악기를 제작하며 과일의 모양에 대해 인지하고, 과일이 우리가 연주해 볼 수 있는 악기로 재탄생될 수 있음을 인지하는 흥미로운 수업이었다.

- 도형 민감성 : [명화를 감상한 후] 그림에서 보이는 모양이나 도형은 무엇이 있을까?
- 도형 상상력 : 수박을 잘랐을 때 어떤 모습이 나올지 상상하며 악기를 만들어 볼까?
- 도형 유창성 : 과일 장수가 과일을 파는 모습을 상상하며 그려 볼까?
- 도형 융통성 : 수조작 교구를 활용해서 우리만의 과일 장수 그림을 만들어 볼까?
- 도형 정교성 : 점점 익어 가는 과일의 모습을 그림으로 한번 표현해 볼까?
- 도형 독창성 : 진열되어 있는 과일들을 자유롭게 표현해 볼까?

(3) 동작 창의성

● 과일의 모습을 동작으로 표현해 보기

아이들이 직접 만든 음악을 감상하고 명화에 나오는 과일 중 제시해 주는 과일의 특징을 살려 신체로 표현해 보았다.

- 동작 민감성 : 과일 장수 그림 속 과일 장수의 모습을 동작으로 표현해 볼까?
- 동작 상상력 : 뒤의 농부가 과일을 어떻게 수확했을지 한번 몸으로 표현해 볼까?

- 동작 유창성 : '푸니쿨리 푸니쿨라'라는 곡을 감상하며 과일 장수의 모습을 몸으로 표현해 볼까?
- 동작 융통성 : 음악을 들어보니 어떠한 동작이 떠오르니?
- 동작 정교성 : 각자 다른 과일을 몸으로 표현해 보고 서로 맞추어 보기로 할까?
- 동작 독창성 : 내가 과일 장수가 되었다고 생각하며 명화를 나만의 방법으로 표현해 볼까?

(4) 언어 창의성

● **명화감상 후 인상 깊은 점을 글로 표현해 보기**

아이들이 명화를 감상하며 자신이 가장 인상 깊게 느낀 것을 종이에 작성하도록 하고, 이를 친구들 앞에서 발표해 보도록 하였다.

- 언어 민감성 : 그림 속 과일 장수의 모습과 시장에서 과일 장사를 하는 분들의 같은 점과 다른 점을 찾아볼까?
- 언어 상상력 : 그림 속 과일 장수는 어떻게 말했을까?
- 언어 유창성 : '과일'하면 생각나는 단어를 언어로 표현해 볼까?
- 언어 융통성 : 음률 영역에 있는 악기 중 또 어떤 악기가 그림과 어울릴까?
- 언어 정교성 : 농부가 과일을 수확할 때 어떤 소리가 났을지 한번 소리 내어 표현해 볼까?
- 언어 독창성 : 우리의 목소리로 음악을 한번 표현해 볼까?

(5) 조작 창의성

- 과일나무 만들기

명화 속 과일을 감상하고 뒤편에 과일을 따고 있는 농부에 초점을 맞추어 아이들이 직접 과일나무를 만들고 과일을 따는 농부가 되어보았다.

- 조작 민감성 : [음악을 감상한 뒤] 음악을 감상해 보니 어떤 느낌이 드니?
- 조작 상상력 : 그림 뒤편에 과일을 따는 농부는 왜 과일을 딸까?
- 조작 유창성 : 그림에 더욱 잘 어울리는 제목을 생각해 보고 직접 만들어 볼까?
- 조작 융통성 : 동그란 반구에 면봉으로 물감을 찍어 과일의 모습을 표현해 볼까?
- 조작 정교성 : 쌓기 영역에 있는 블록을 활용하여 과일나무를 한번 만들어 볼까?
- 조작 독창성 : 바깥에 있는 나뭇잎으로 과일나무를 한번 만들어 볼까?

(6) 기타

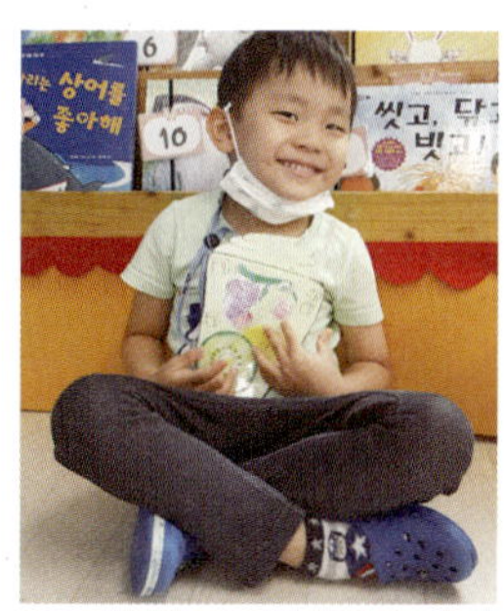

[요리] 오레오 과일 빙수 만들기

[미술] 영양 만점 과일 주스 그림 그리기

[협동 미술] 과일 모빌 만들기(물감 찍기)

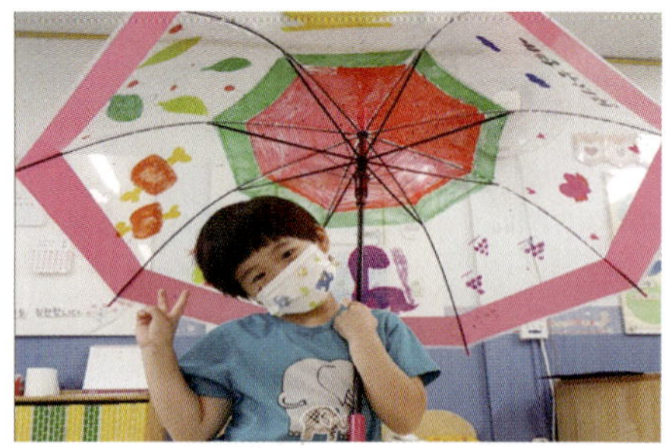

[미술] 과일 우산 만들기

[동극] 대본 작성하기

[동극] 동화 구연 하기

[협동 미술] 과일나무가 가득한 숲속 꾸미기(습자지 사용)

2) 교사의 자기 성찰(평가)

처음에는 예술교육을 어떻게 진행해야 될지 낯설기도 하고 고민이 많았다. 아이들에게 누리 놀이 과정에 맞게 수업을 진행하려면 아이들의 흥미가 뒷받침되어야 하는데 평소에 해 오던 수업과는 다른 방식의 수업이라서 '도전'이라는 생각에 걱정이 많이 되었다.

최대한 예술교육에 대해서 많이 고민해 보고, 다양한 수업을 아이들에게 제안해 주었다. 처음에는 아이들도 선생님이 음악과 명화를 연결시켜 제안하니 새로운 교육 방식에 조금은 당황하는 모습이었는데 점차 아이들이 예술교육에 흥미를 보여 주었다. 나중에는 유아들이 직접 다양한 유형의 활동을 제시하기도 하고, 자유선택 활동 시간에 자신의 개성이 담긴 작품을 만들어 주기도 하였다. 점차 아이들이 자발적으로 수업을 확장시켜 나가는 모습을 보며 예술교육은 누리 놀이에 꼭 필요한 교육이라는 생각이 들었다.

현장에서 근무하며 학업을 병행하다 보니 내가 실행하고자 하는 수업을 바로 적용할 수 있어 좋았고, 아이들과 하나의 작품이나 음악을 가지고 다양한 활동을 진행할 수 있어 자유로운 수업이 된 것 같아 즐거웠다.

제4부

영유아를 위한 창의예술교육의 실제

chapter 9 명화와 명곡감상

CHAPTER 9

명화와 명곡감상

유아교육 현장의 예술교육 실천은 유아의 미적 체험을 돕고, 창의성의 증진을 돕는 것으로, 이는 궁극적으로 유아들이 살아갈 미래 시대에 대비하여 예술적이고 창의적인 역량을 함양하게 될 것이다. 또한, 유아의 삶과 예술을 연결하는 과정을 통해 유아들이 미적 체험을 하며, 새로운 창조물을 창출하는 기회를 갖게 될 것이다. 이는 궁극적으로 유아의 삶을 아름답고 이롭게 하며, 유아들이 예측하기 힘든 미래 사회를 살아가는 데 필요한 핵심 역량인 창의성을 키워 줄 것으로 여겨진다.

창의성과 관련한 예술교육 활동이 최근에 더욱 활발하게 이루어지고 있다. 예술교육 활동은 여러 활동들과 통합적으로 이루어져 유아교육 현장에서 창의성 효과를 기대한다. 제시한 유아 창의예술교육 프로그램은 다양한 창의적 프로그램 중 한 방법이다. 모든 예술교육을 통한 프로그램은 유아의 창의성을 개발하기 위한 확산적 사고에 중점을 두고 있다. 소리, 도형, 언어, 동작, 조형의 영역을 활용하여 유아들에게 자발적으로 표현을 많이 하도록 하거나 사고하도록 하는 것은 확산적 사고를 하도록 간접적으로 유도하는 방법이다. 확산적 사고는 상상력을 중심으로 한 다양한 아이디어의 생성에 중점을 두는 사고를 의미한다. 이를 위한 방법론으로 유아들의 인격적 성장과 학습 과정을 향상시키는 데 효과적인 전경원(2004)의 유아종합창의성모델(ACCM) 이론에 근거한 '창의성 유형'과 '유아 창의성 영역'을 접근하여 프로그램을 진행, 제시하였다. 각 예술 영역의 기본에 바탕으로 두고 예술적 요소들이 유기적 관련을 가지며 통합적이고 균형감 있게 구성된 창의예술교육 프로그램이 유아의 예술성을 증진하고 내재화하여 전인적 발달에 긍정적 영향을 줄 수 있다고 본다.

예술과 예술교육의 새로운 역할과 기능이 교육 현장에서 이루어지길 기대한다. 예술이 수리나 과학과 같이 복합적 인지력과 창조적 잠재력의 성장과 계발을 가능하게 한다면 분명 유아들의 교육적 잠재력을 최대 한도로 실현시키기 위해서는 '예술 안의 교육'과 '예술을 통한 교육'이 모두 필요하다.

1. 밀레 〈만종〉 & 에릭사티 〈짐노페디 1번〉

1) 명화감상

작가

장 프랑수아 밀레(Jean François Millet, 1814~1875)

프랑스 출생으로, 초상화가 당선되며 초상화가로서 예술가의 길을 걷기 시작했다. 자연을 사랑한 농민 화가로, 전염병을 피해 바르비종(Barbizon)으로 이주해 많은 다른 화가들과 바르비종의 풍경을 담아 내며 바르비종파가 생겨났고, 이를 자연주의라고 불렀다. 대표작으로 〈만종〉 외에 〈이삭 줍는 사람들〉이 있다.

작품 설명

황혼 녘에 한 남자와 여자가 삼종 기도를 올리는 장면을 그린 그림으로 어린 시절의 추억을 담은 그림이다. 화면의 3분의 2를 차지하는 대지는 안정적인 구도를 만들어 자연과 인간의 밀착된 관계를 강조하였다. 화면의 빛은 이들의 모습을 강조하고 있으며, 농촌과 자연의 순수함을 보여 주고 있다. 농민의 삶을 숭고한 삶이라고 표현하고 있다.

미술 요소 질문

- 선
  - 명화 속에서 선을 찾아볼까?
- 모양
  - 명화 속에서 가장 많이 보이는 모양은 무엇이니?
  - 모서리가 날카로운 모양은 어디 있니?
- 색
  - 어떤 색이 가장 잘 눈에 띄니?
  - 배경에는 어떤 색들이 있지?
  - 주로 어떤 색을 많이 사용한 것 같니?
  - 화가는 왜 그런 색으로 그림을 그렸을까?
  - 따뜻한 느낌/차가운 느낌을 주는 색을 찾아볼까?
- 명암
  - 가장 어두운 부분은 어디이니?
  - 가장 눈에 띄는 부분은 어디이니?
  - 왜 어느 곳은 어둡게, 어느 곳은 밝게 그렸을까?
- 질감
  - 만지면 어떤 느낌이 들까?
  - 매끄러운 느낌과 거친 느낌이 드는 것을 찾아보자.
- 공간감
  - 그림을 보면 하늘과 땅이 어딘지 알 수 있니?
  - 땅은 어디일까?
  - 어떻게 알 수 있었니? 하늘이 멀리 보이니?

구성원리 질문

- 균형
  - 부부가 나란히 서 있지 않았다면 어땠을까?
  - 왼쪽이나 오른쪽에 서 있었다면 어땠을 것 같니?
- 강조
  - 작품에서 가장 눈에 띄는 부분은 어디이니?
  - 왜 눈에 띄게 그렸을까?
  - 작품에서 이상하게 보이는 점은 있니?
- 움직임
  - 작품 속의 사람들은 각각 어떤 모습을 하고 있니?
  - 작품에서 보이는 사물이 움직인다고 생각되니?
  - 어떤 음악이 어울릴까? 동작을 직접 몸으로 나타내 볼까?
- 조화
  - 그림 속에 무엇이 보이니?
  - 그림 속의 물체가 서로 잘 어울리게 그려졌다고 생각하니? 왜 그렇게 생각했니?

명화 분석

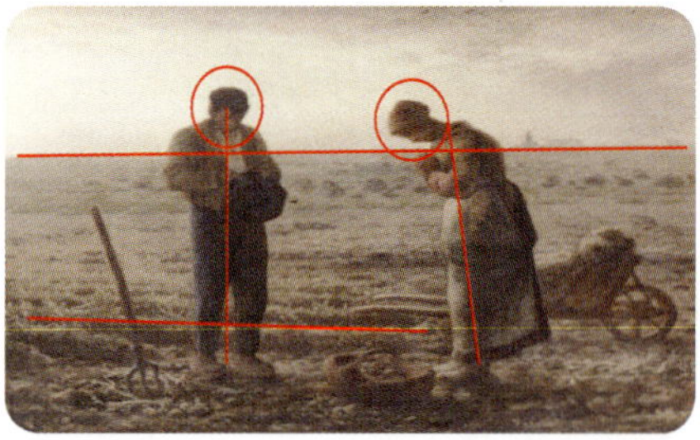

- 멀리 보이는 교회의 만종을 듣고 기도를 유도, 원근법 사용
- 대지(2/3)와 하늘(1/3)의 구도는 안정적 구도
- 두 인물의 표정은 어둡게 표현해 의도적으로 가려 두어 이상화시킴

- 지평선과 밭고랑은 수평, 인물은 수직으로 표현해 순간적 정지 모습을 보여 줌
- 농기구와 수레는 균형을 표현함
- 해로 인한 밝은 부분과 어두운 부분으로 해가 지고 있음을 표현함, 해가 짐으로 만종을 표현함

연령별 발문

- 만 3세
  - 명화를 감상하니 어떤 느낌이 드니?
  - 그림 속의 계절이 어떤 것 같니?
  - 사람들은 무엇 하고 있을까? 사람들의 표정은 어떤 것 같니?
  - 그림 속의 하늘은 어디 있니?
  - 그림 속 땅은 어디 있니?
  - 어떻게 하늘과 땅을 구분 할 수 있었니?
- 만 4세
  - 명화를 감상하니 어떤 느낌이 드니?
  - 그림 속의 계절이 어떤 것 같니?
  - 주로 어떤 색을 사용하여 농촌을 표현하였니?
  - 사람들은 무엇 하고 있을까?
  - 사람들의 표정은 어떤 것 같니?
  - 그림 속의 하늘은 어디 있니?
  - 그림 속 땅은 어디 있니?
  - 어떻게 하늘과 땅을 구분 할 수 있었니?
- 만 5세
  - 명화 속에 나온 두 사람은 어떤 기도를 하고 있을까?
  - 왜 그렇게 생각했니?
  - 누가 그린 작품일까?
  - 왜 이 그림을 그리게 되었을까?

- 그림을 그리면서 어떤 마음이 들었을까?
- 원근법이 무엇인지 알고 있니?

2) 명곡감상

짐노페디 No.1
(1889)

작곡가

에릭사티(Erik Satie, 1966~1925)

프랑스 출생의 작곡가·피아니스트, 1878년에 파리 음악원에 입학했으나 아카데믹한 교풍을 싫어해 중퇴하였다. 1888년 피아노곡 〈3개의 짐노페디〉, 1890년 〈3개의 그노시엔느〉를 작곡하였다. 이외에 〈별의 아들〉, 〈가난한 사람들을 위한 미사〉, 〈파라드〉 등이 있다. 〈파라드〉는 장 콕토의 대본, 피카소의 무대 장치와 의상, 마시느의 안무에 의한 곡으로 권총이나 사이렌, 비행기의 폭음까지 도입한 발레 음악이다. 큐비즘의 발레'라는 소문이 자자 했다. 만년에는 교향적 극작품 〈소크라테스〉 등으로 간소한 작풍에 이르러서 후의 신고전주의 선구자가 되었다.

작품 설명(Gymnopedie no 1 Satie)

짐노페디(Gymnopedie)는 1889년에 발표한 부드러운 왈츠 선율의 3곡의 피아노 모음곡으로, 짐노페디란 고대 스파르타의 연중 제전 행사에서 알몸의 젊은이들이 여러 날 동안 합창과 군무로 신을 찬양하던 행사로, 이 고대 제전의 춤추는 모습을 피아노 모음곡으로 표현한 것이다.

- 1번 : 느리고 비통하게(Lent et douloureux)

• 2번 : 느리고 슬프게(Lent et triste)
• 3번 :느리고 장중하게(Lent et grave)

음악적 요소 질문

• 셈여림

- 소리가 커지고 작아지는 부분이 있을까?
- 소리가 커질 때 어떤 느낌이 드니?
- 소리가 작아질 때 어떤 느낌이 드니?

• 음색

- 어떤 악기의 소리 같니?

• 선율

- 실로폰을 연주하며, 높은 소리를 내려면 어느 부분을 연주해보아야 할까?(음높이)
- 이 음악을 들어 본 적이 있니? 어떤 느낌이 드니?

• 리듬

- 음악에 맞추어 걸어보자. 음악에 맞추어 움직이려면 어떻게 움직이는 게 좋을까?
- 음악을 들으며 손뼉 치기를 해 볼까? ⇨ 박과 박자
- 길고 짧게 들리는 소리에 타악기를 사용하여 똑같이 흉내 내어 볼까? ⇨ 장단
- 음악의 빠르기가 느린 것 같니? 빠른 것 같니?
- 어떤 부분에서 빠르기가 변화할까? ⇨ 속도

3) 명화 + 명곡감상

명화와 명곡을 함께 감상하고 이야기 나누기

4) 창의성 영역별 활동

(1) 소리 창의성

- 민감성 : [명곡을 감상한 후] 어떤 악기의 소리인 것 같니?
- 상상력 : 그림 속에서 어떤 소리가 들릴 것 같니?
- 유창성 : 그림 속 상상되는 소리를 직접 표현해 볼까?
- 융통성 : 음률 영역의 악기를 활용하여 그림과 어울리는 소리를 만들어 볼까?
- 정교성 : 음악 소리를 목소리로 표현해 볼까?
음률 영역의 악기를 사용하여 명곡과 비슷한 소리를 만들어볼까?
- 독창성 : 자연물로 명화와 어울리는 소리를 만들어 볼까?

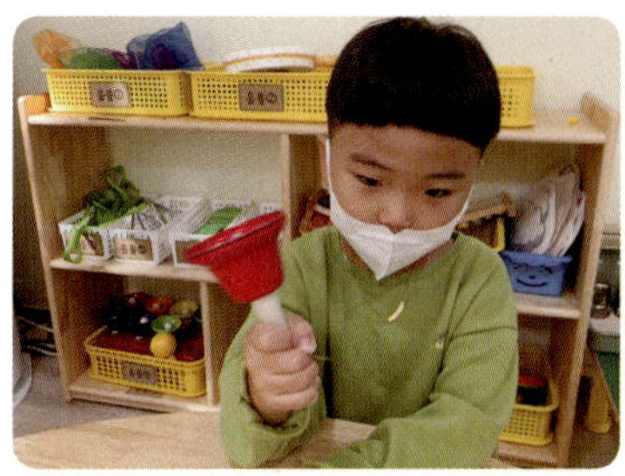

(2) 도형 창의성

- 민감성 : 명화의 틀린 그림 찾아보는 활동을 해 볼까?
- 상상력 : 명화의 빈 칸을 상상하여 그림을 그려 볼까?
- 유창성 : 다양한 도형을 활용하여 명화를 꾸며 볼까?
- 융통성 : 여러 가지 도형으로 명화를 재구성해 볼까?
- 정교성 : 그림 속의 작은 부분을 돋보기로 관찰한 뒤 그려 볼까?
- 독창성 : 내가 상상한 가을 하늘을 도형을 활용하여 꾸며 볼까?

(3) 동작 창의성

- 민감성 : 명화 속 인물의 동작을 신체로 표현해 볼까?
- 상상력 : 명화의 이전 행동, 이후 행동을 상상하여 동작으로 표현해 볼까?
- 유창성 : 명화를 보며 극놀이로 구성하여 표현해 보면 어떨까?
- 융통성 : 명곡을 듣고 떠오르는 동작을 표현해 볼까?
- 정교성 : 명화 속의 동작을 정교하게 따라해 볼까?

(4) 언어 창의성

- 민감성 : 명화를 보고 찾아 볼 수 있는 가을의 특징에 대해 이야기해 볼까?
- 상상력 : 명화 속 사람들이 어떤 기도를 하고 있는 것 같니?
- 유창성 : 가을 하면 생각나는 것들엔 무엇이 있을까?
- 융통성 : 명화 속 도구들을 대신할 수 있는 것들엔 무엇이 있을까?
- 정교성 : 명화 속엔 어떤 것들이 보이는지 이야기해 볼까?
- 독창성 : 명화의 앞뒤 이야기를 상상하여 꾸며 볼까?

그림 속 기도 내용 상상해 보기

(5) 조작 창의성

- 민감성 : 명화 퍼즐 맞추기 활동을 해 보자.
- 상상력 : 블록으로 가을 풍경을 꾸며 볼까?
- 유창성 : 자음, 모음 스탬프로 명화 제목을 새롭게 새겨 보자.
- 융통성 : 자연물로 명화 배경을 표현해 보자.
- 정교성 : 인물의 표정을 직접 만들어 볼까?
- 독창성 : 다른 곡식이나 과일을 거둔다면 어떤 것들일까? 잡지에서 찾아 붙여 보자.

명화 제목 스탬프로 새기기

(6) 기타

- 실외 활동 : 감자 캐기
- 실내 대체 활동 : 수레로 물건 옮기기
- 요리 활동 : 감자 샐러드 만들기
- 반 만 제시한 명화, 이어 그리기

(7) 시각 자료

2. 모네 〈화가의 지베르니 정원〉 & 라흐마니노프 〈라일락〉

1) 명화감상

화가의 지베르니 정원
(1900)

작가

클로드 오스카 모네(Claude Oscar Monet, 1840~1926)

프랑스 출생, 짧게 끊어지는 거친 붓질로 빛의 변화를 표현하는 새로운 기법을 선보이며 인상파 양식의 등장을 알렸다. 대표작은 〈수련〉(파리 오랑주리 미술관에 소장 중인 '수련' 연작(1914~1916)은 자연에 대한 우주적 시선을 보여준 걸작으로 평가받음), 〈인상〉, 〈해돋이〉 등이다.

작품 설명

모네는 서로 다른 색채들을 병합시켜서 정원에 가득 핀 꽃들과 나뭇잎을 표현하였다. 색의 배합을 통해 이루어지는 것이 아니라, 서로 다른 색채들이 각자의 지위를 획득하면서 이루어졌다. 그림의 구도는 비스듬하게 분할되어 있어 관객의 시선을 아이리스로 향하게 한다. 공통적 색채의 배열을 통해 화면은 역동성을 획득한다. 화폭의 중앙과 그 주변은 같은 보라색이지만 서로 다르다. 모호한 경계이지만, 이를 통해 빛의 효과를 선명하게 드러내고 있다. 자세히 들여다 보면, 그늘을 표현하기 위해 짙은 보라색과 함께 어두운 초록색을 사용했음을 알 수 있다. 이 그림은 정원을 그렸다기보다, 정원이라는 시공간에 깃든 빛의 흔적을 화폭에 담은 것이다.

미술 요소 질문

- 그림에서 점과 선을 찾아 볼 수 있을까?
- 어떤 색을 많이 사용한 것 같니?
- 어떤 모양의 꽃인 듯하니?
- 거칠게 느껴지는 부분은 어디니? 부드럽게 느껴지는 부분은 어디니?
- 정원에 어느 쪽으로 바람이 부는 것 같니?
- 그림에서 가장 강조된 부분은 어디니?

연령별 발문

- 만 3세
  - 무엇이 보이니?
  - 어떤 느낌이 드니?
  - 무엇이 생각 나니?
  - 어떤 색의 꽃이 보이니?
  - 정원에 어떤 꽃들이 보이니?
  - 명화를 보고 어떤 생각을 하였니?

• 만 4세

- 무엇이 보이니?
- 꽃에서 어떤 냄새가 날까?
- 어떤 꽃일까?
- 여기는 왜 이렇게 꽃이 많이 있을까?
- 왜 꽃과 나무가 많을까?
- 나무 뒤에 있는 집은 누구의 집일까?

• 만 5세

- 그림 속 장소가 어디인 것 같니?
- 만약 내가 그림 속 정원에 있다면 기분이 어떨 것 같니?
- 명화를 보고 나니 어떤 기분이 드니?
- 누가 이렇게 예쁘게 정원을 가꿔 놨을까?

2) 명곡감상

라일락
(1902)

작곡가

세르게이 라흐마니노프(Sergei Rachmaninoff, 1873~1943)

러시아 출생의 러시아계 미국인 작곡가, 피아노 연주자, 지휘자이다. 전통을 충실히 지키려 하는 보수적인 경향이 강하다. 후기 낭만파에 속하며, 대표작은 〈파가니니 주제에 의한 광시곡 op. 43〉, 〈악흥의 순간 op. 46〉, 〈알레코 1892〉, 〈교향곡 1·2·3번〉 등이다.

작품 설명(Rachmaninov : Lilacs, Op.21, No.5)

〈라일락〉은 1902년 '로망스'로 발표된 러시아 가곡이다. op.21 작품으로 전체 12곡으로 구성되어 있으며, 5번째 곡으로 시렌(그리스 신화의 사이렌)이라는 별칭을 가지고 있다.

3) 명화 + 명곡감상

명화와 명곡을 함께 감상하고 이야기 나누기

4) 창의성 영역별 활동

(1) 소리 창의성

- 민감성 : 곡을 듣고 어떤 악기의 소리인지 맞춰 볼까?
- 상상력 : 만약 꽃에서 소리가 난다면 어떤 소리가 날지 상상해 보고 표현해 볼까?
- 유창성 : 열매를 이용하여 곡을 연주해 볼까?
- 융통성 : 악기 하나를 이용하여 다양한 소리를 표현해 볼까?
- 정교성 : 목소리를 사용하여 악기 소리를 비슷하게 따라해 볼까?
- 독창성 : 교실에 있는 교구들로 연주해 볼까?

(2) 도형 창의성

- 민감성 : 꽃이 어떻게 생긴 것 같니? 꽃의 서로 다른 점을 찾아볼까?
  꽃을 도형으로 표현한다면 어떤 도형으로 표현해 볼 수 있을까?
- 상상력 : 꽃들이 다 지고 가지만 남은 모습을 상상하여 표현해 볼까?

- 유창성 : 꽃이 피고 지는 모습을 그림으로 그려 볼까?
  꽃이 피고 지는 모습을 관찰해 보고 어떤 도형이 보이는지 이야기해 볼까?
- 융통성 : 다양한 도형들로 정원을 그려 볼까?
- 정교성 : 꽃을 관찰하고 관찰한 것을 그림으로 그려볼 까?
  그림 속 꽃을 돋보기로 관찰해 보고 비슷하게 그려 보자.
- 독창성 : 명화의 나머지 부분을 상상하여 그려 볼까?
- 정교성 : 유치원 정원에 있는 꽃을 관찰해 보고 관찰한 꽃을 자세히 그려 보자.

유치원 정원에 있는 꽃을 관찰해 보고 관찰한 꽃을 자세히 그려 보았다.

(3) 동작 창의성

- 민감성 : 라일락 꽃의 향기를 얼굴 표정으로 표현해 볼까?
- 상상력 : 라일락 꽃에 날아든 나비의 모습을 비이동 동작으로 표현해 볼까?
- 유창성 : 바람에 움직이는 라일락 꽃을 다양하게 표현해 볼까?
- 융통성 : 음악을 듣고 떠오르는 모습을 리본 막대로 표현해 볼까?
- 정교성 : 음악의 흐름에 따라 라일락 꽃이 피고 지는 모습을 손가락으로 표현해 볼까?
- 정교성 : 꽃병에 있는 라일락의 모습을 신체 부분으로 표현해 볼까?

(4) 언어 창의성

- 민감성 : 내가 아는 정원의 모습과 그림 속 정원이 어떤 점이 다른지 이야기해 볼까?
  그림 속에 어떤 색깔이 보이니?

- 상상력 : 만약 정원에 있다면 기분이 어떨 것 같은지 이야기해 볼까?
  명곡을 들으며 명화 속 한 가운데에 서 있다면 무슨 생각이 들까?
- 유창성 : '꽃' 하면 생각나는 것들을 모두 이야기해 볼까? 어떤 꽃인 것 같니?
- 융통성 : 만약 정원에 꽃이 없었다면 정원은 어떻게 생겼을 것 같니?
- 정교성 : 꽃을 관찰해보고 꽃의 생김새를 이야기해 볼까?
  명화에 보이는 꽃이 어떻게 생겼니?
- 독창성 : 명화의 제목을 새롭게 지어 볼까?

명화를 보고 꽃에 관심을 많이 보여 '꽃' 하면 생각나는 것들을
이야기 나누고 마인드맵으로 그려 아이들이 협동하여 색칠해 보았다.

(5) 조작 창의성

- 민감성 : 명화 그림 퍼즐을 맞춰 볼까?
- 상상력 : 나만의 꽃을 상상해 보고 다양한 재료로 나만의 꽃을 만들어 볼까?
- 유창성 : 교실에 있는 다양한 교구들로 꽃과 정원을 만들어 볼까?
- 융통성 : 꽃을 어떻게 표현할 수 있을까?
- 정교성 : 잎이 흩날리는 모습을 표현해 볼까?
  꽃잎이 흩날리는 모습을 물감을 불어 표현해 볼까?
  한지로 꽃잎을 정교하게 표현해 볼까?
- 독창성 : 뽁뽁이를 이용하여 나무를 꾸며 볼까?
  바깥 놀이터에 있는 나뭇가지와 나뭇잎을 이용해 나무를 꾸며 볼까?

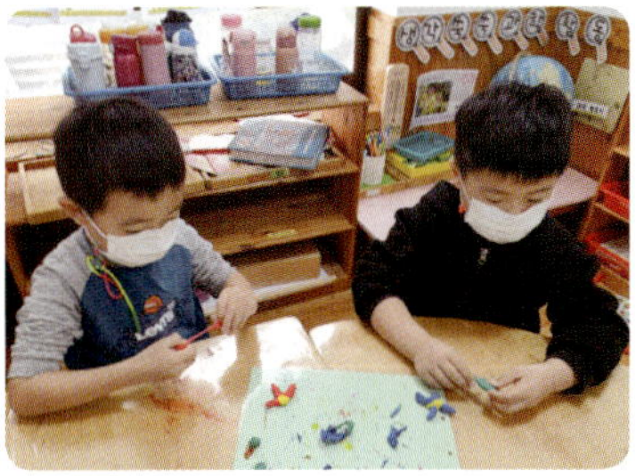

[조작 상상력]

아이들이 좋아하는 아이클레이로 나만의 꽃을 상상하여 자유롭게 표현해 보았다.

[조작 유창성]

교실에 있는 몰펀 블록을 사용하여 꽃을 만들었다.

(6) 기타

- 뽁뽁이 재활용 : 꽃나무 그리기, 뽁뽁이 안에 보라색 물감 넣고 꾸미기
- 다양한 기법으로 꽃나무 꾸미기 활동을 하며 질감 표현이 달라지는 것에 대해 알아보기
- 꽃을 이용한 화전 만들어 먹어 보기
- 조화나 생화를 제공해 주어 다양하게 관찰하기
- 명화를 보며 꽃 축제에 온 것처럼 동작으로 표현해 보기
- 계절에 맞는 꽃 축제 열기
- 우리 반의 정원 만들기
- 라일락에 대해 교구를 제시하여 알아보기, 라일락 꽃 물들이기
- 꽃종이 접기

(7) 시각 자료

화분 케이크 만들기

꽃 지문 물감 찍기, 나무 물감 찍기

3. 밀레이 〈가을 낙엽〉 & 차이콥스키 〈10월 가을의 노래〉

1) 명화감상

가을 낙엽
(1855~1856)

작가

존 에버렛 밀레이(John Everett Millais, 1829~1896)

영국 출생으로, 어려서부터 특별한 재능을 보여 왕립 아카데미에 입학하였으며, 이후 초상화를 그리기 시작하였다. 헌트(Hunt)의 영향을 받아 사물을 자세히 묘사하였으나 창조성이 부족하였다. 성서에서 취재한 작품이 많으며, 테니슨(Tennyson)의 시에 붙인 목판 삽화는 걸작이다.

작품 설명

이 작품은 스코틀랜드 퍼스의 아네트 별장 정원에서 그린 것으로 가장 시적인 그림 중 하나이다. 저 멀리 노을, 가을 낙엽을 태우는 장면을 통해 가을이 가진 슬픔과 명상의 분위기를 표현할 수 있다고 생각한 듯하다. 소녀들의 표정은 아름다움의 무상함을 느끼게 한다.

미술 요소 질문

- 어떤 색이 많이 사용되었니?
- 멀리 보이는 하늘의 색은 어떤 느낌이 드니?
- 소녀들이 입은 옷의 색은 어떤 색이니?
- 낙엽의 색은 어떤 느낌이 드니?
- 낙엽은 어떤 모양이 많은 것 같니?
- 낙엽을 만지면 어떤 느낌이 들까?
- 그림에서 강조한 것은 무엇일까?
- 연기는 어디로 날아갈까?

연령별 발문

- 만 3세
  - 명화 속 사람들의 표정이 어때? 어떤 것들이 보이니?
  - 낙엽은 어느 계절에 볼 수 있을까?
- 만 4세
  - 명화를 감상하고 난 후에 어떤 느낌이 드니?
  - 어떤 계절의 모습일까? 왜 그렇게 생각하니?
  - 사람들의 표정이 어떤 것 같아? 왜 그렇게 생각했어?
- 만 5세
  - 명화를 감상한 후에 어떤 느낌이 드니?
  - 누가 그린 작품일까? 어떤 계절을 표현한 작품일까?
  - 가을하면 무엇이 떠오르니?
  - 너희는 어떤 상황에서 작품 속 사람들의 표정을 하니?

2) 명곡감상

10월 가을의 노래(사계 Op. 37 중)

작곡가

차이콥스키(Chaikovskii, 1840~1993)

러시아 출생의 작곡가, 〈백조의 호수〉, 〈잠자는 숲속의 미녀〉, 〈호두까기 인형〉은 그의 3대 발레작품으로 꼽힌다. 러시아의 음악을 세계적으로 알렸으며 '발레곡의 대가'라고 불린다.

작품 설명(The Seasons Op.37B–X. October 'Autumn Song')

피아노 독주곡 〈사계〉는 1년의 12달이 갖고 있는 분위기를 묘사한 곡으로 서정적 곡이다. 10월 '가을의 노래'는 톨스토이의 짧은 시를 가지고 만든 작품으로 낙엽지는 가을의 풍경이 가득한 곡이다.

음악적 요소 질문

- 음악의 세기는 어떤 것 같니?
- 빠르기는 어떤 것 같니?
- 음이 올라가는 부분과 내려가는 부분에서 리본 막대로 표현해 볼까?
- 어떤 악기로 연주되는 것 같니?

연령별 발문

- 만 3세
  - 명곡을 감상하고 난 후에 어떤 느낌이 들었니?
  - 왜 그런 느낌이 들었니?

• 만 4세

- 명곡을 감상하고 난 후에 어떤 느낌이 들었니?
- 왜 그런 느낌이 들었니?
- 어떤 악기가 사용되었을까?

• 만 5세

- 명곡을 감상하고 난 후에 어떤 느낌이 들었니?
- 왜 그런 느낌이 들었니? 명곡은 어떤 계절을 표현하고 있을까?
- 어떤 악기의 소리가 들리니?

3) 명화 + 명곡감상

명화와 명곡을 함께 감상하고 이야기 나누기

4) 창의성 영역별 활동

(1) 소리 창의성

• 민감성 : 어떤 악기의 소리가 들리니?

• 상상력 : 낙엽에서 어떤 소리가 들릴 것 같아?

• 융통성 : 곡식 마라카스로 명화와 어울리는 소리를 만들어 볼까?

• 정교성 : 명곡을 잘 들어 보고 들리는 악기 소리를 목소리로 표현해 볼까?

• 독창성 : 떨어진 낙엽으로 명화와 어울리는 소리를 만들어 보는 게 어때?

(2) 도형 창의성

- 민감성 : 낙엽 사이에 숨겨진 그림을 찾아서 동그라미를 해 볼까?
- 상상력 : 명화 속 낙엽 자리에 어떤 것을 그려 넣을 수 있을까?
- 융통성 : 낙엽을 뒤집어도 보고, 돌려도 보고, 옆으로도 보면서 모양을 관찰해 볼까?
- 정교성 : 명화 속 낙엽의 모양과 우리가 알고 있는 낙엽의 모양이 어떤 것 같아?
  낙엽의 모양과 잎맥을 관찰하여 그려 보자.
  명화 속 낙엽과 우리가 알고 있는 낙엽의 모양을 비교해 보자.
- 독창성 : 낙엽이 떨어지기 전 나무의 모습을 상상해 보고 지문으로 표현해 볼까?
  낙엽이 떨어지기 전의 나무의 모습을 생각해 보고 지문으로 표현해 보자.

(3) 동작 창의성

- 민감성 : 명화 속의 낙엽이 되어서 몸으로 표현해 볼까?
- 상상력 : 낙엽이 떨어지지 않고, 나무에 알록달록 단풍나무의 모습을 하고 있다면 사람들은 어떻게 하고 있을지 동작으로 표현해 볼까?

- 유창성 : 명화에 세 명의 사람이 어떤 말을 하고 있을지 역할극을 해 볼까?
- 융통성 : 명곡을 듣고 느낌을 동작으로 표현해 볼까?
- 정교성 : 명화 속의 사람 중 한 명의 모습을 잘 보고 따라해 볼까?
- 독창성 : 명화 속의 사람들이라면 어떤 동작을 할지 한번 표현해 볼까?

(4) 언어 창의성

- 민감성 : 명화 속 계절은 뭐지? 가을에는 어떤 것들을 볼 수 있는지 이야기해 볼까?
- 상상력 : 명화 속 사람들의 표정이 어때? 왜 그렇게 생각했니?
  사람들은 어떤 이야기를 나누고 있을까?
- 유창성 : 가을 하면 어떤 것들이 생각 나니?
- 융통성 : 명화 속에 낙엽 대신 어떤 것들이 있으면 좋을까?

가을에 볼 수 있는 것에 대해 이야기 나눈 후 해바라기 만들기 활동을 하였다.

- 정교성 : 명화 속에 낙엽과 사람 말고 또 어떤 것들이 보이니?
- 독창성 : 사람들이 낙엽 앞에 왜 서 있는지 상상해 보고 이야기해 볼까?

(5) 조작 창의성

- 민감성 : 명화에 빠진 부분을 찾아서 연결해 볼까?
- 상상력 : 재활용품으로 가을 하면 생각나는 것들을 만들어 볼까?
- 유창성 : 다양한 색의 색종이를 사용해서 가을 나무와 떨어지는 낙엽을 표현해 볼까?
- 융통성 : 자연물로 명화 속 계절을 표현해 볼까?

자연물로 명화 속 계절 가을의 모습을 표현하는 활동을 하였다.

- 정교성 : 실과 바늘을 가지고 낙엽 모양 바느질을 해 볼까?
- 독창성 : 잡지에서 낙엽과 같은 색깔을 찾아서 나무를 꾸며 볼까?

(6) 기타

- 단풍길 만들기
- 바깥놀이 : 낙엽을 활용한 놀이(캠핑놀이)
- 스트링 아트로 낙엽 액자 만들기
- 푸드아트 : 가을 나무

(7) 시각 자료

- 가을스타그램

유아들 스스로 가을의 아름다움을 담아 내며 밀레이의 '주제 없이 아름다움으로만 가득 찬 그림'을 이해할 수 있는 활동을 제공해 주고 싶었다. 바깥 놀이를 하면서 자유롭게 가을의 모습을 담아 낼 수 있는 활동이다.

• 명화 색깔 돋보기

명화의 낙엽의 모습을 지우고 셀로판지를 붙여 제작하였다. 유아들이 직접 가을을 느끼고, 낙엽 이외에 다른 것들을 자유롭게 상상해 보고 셀로판지를 대 보면서 기존 명화와의 다른 점을 느낄 수 있는 활동을 할 수 있도록 제작하였다.

4. 에이크 〈아르놀피니 부부의 초상〉 & 헨델 〈하프 협주곡〉

1) 명화감상

아르놀피니 부부의 초상
(1434)

작가

얀 반 에이크(Jan Van Eyck, 1390~1441)

벨기에 출생으로, 15세기 플랑드르 미술의 대가이자 궁정 화가다. 휴화 기법을 확립·활용한 화가로서 수많은 종교화를 제작, 귀족·성직자·상인 등의 생생한 초상화에서 능력을 발휘하였다. 대표작은 〈헨트 제단화〉, 〈남자의 초상〉 등이 있다.

작품 설명(The Arnolfini Portrait)

작품 제작 연도는 1434년으로 런던 내셔널 갤러리에 소장되어 있으며, 작품의 종류는 유화이다. 사실적이고 정밀한 세부 표현과 화려한 색채, 수학적 원근법이 아닌 경험에 의한 공간적 깊이감을 표현하였다. 에이크가 고안했다고 알려진 유화물감을 통해 극대화된 사실적 표현이 두드러진다.

세분화하여 명화 감상하기

미술 요소 질문

T: 어떤 그림인 것 같나요?

C: 사과하고 있는 그림 같아요. / 결혼하고 있는 그림 같아요. / 왕자와 공주 같아요.

T: 이 작품의 이름은 무엇일까?

C: 공주와 왕자의 결혼식. / 집에서 하는 우리 결혼식. / 아이가 나올 것 같은 여자와 화난 남자.

T: 이 명화를 보고 어떤 느낌이 들었나요?

C: 표정 때문에 무서워요. / 검은색이 많아서 무서워요. / 사랑하는 그림이니까 예뻐 보여요. / 강아지가 그려져 있어서 귀여워요.

T: 무엇으로 그림을 그렸을까요?

C: 물감이요. / 크레파스요.

T: 명화 속에서 어떤 색이 가장 많이 사용 된 것 같나요?

C: 빨간색이요. / 갈색이요. / 초록색이요.

T: 화가는 이 그림을 왜 그렸을까요?

C: 결혼하고 싶어서 그린 것 같아요. / 결혼식 선물로 주려고 그린 것 같아요. / 나중에 뱃속에 애기 태어나면 보여 주려고 그렸을 것 같아요.

2) 명곡감상

하프 협주곡(Op.4 No.6, 1악장)
(1738)

작곡가

게오르크 프리드리히 헨델(Georg, Friedrich Händel, 1685~1759)
바로크 시대의 작곡가, '음악의 어머니'라 불릴 정도로 세계 음악사에 큰 영향을 끼친 음악가이다. 헨델의 작품들은 단순하고 경쾌한 분위기여서 편하게 들을 수 있다. 대표작은 〈메시아〉, 〈수상음악〉, 〈왕궁의 불꽃놀이〉, 〈알미라〉 등이다.

작품 설명(Harp Concerto In B Flat Major Op.4. No.6)

헨델은 1938년 6개의 오르간 협주곡(HWV 289–294)을 출판하였다. 그중 마지막 곡을 하프 연주곡으로 편곡하였는데, 1악장은 Andante–Allegro로 방송의 시그널 음악으로 사용되어 많은 사랑을 받고 있는 경쾌한 분위기를 전하는 음악이다.

음악적 요소 질문

T: 음악을 들어 보니 어떤 느낌이 들었나요?

C: 백조가 생각났어요. / 행복한 느낌이 들었어요. / 물이 떨어지는 것 같았어요. / 결혼할 때 나는 노래 같아요.

T: 어떤 악기로 연주했을까요?

C: 실로폰 소리가 난 것 같아요. / 멜로디언으로 연주한 것 같아요. / 피아노로 연주한 거 같아요. / 나팔 소리가 들렸어요.

T: 곡의 빠르기는 어떤 것 같나요?

C: 빨랐어요.

T: 이 음악의 제목은 무엇일까요?

C: 미끄럼틀 타는 물방울 친구들. / 실로폰 송.

3) 명화 + 명곡감상

T: 명화와 음악을 함께 감상해 보니 어떤 느낌이 들었나요?

C: 여자랑 남자랑 걸어서 가운데에서 만나는 거 같아요. / 결혼식 노래 같아요. / 우리 이모 결혼 할 때 나왔던 노래와 비슷해요.

4) 창의성 영역별 활동

(1) 소리 창의성

- 민감성: 음악에 어울리는 악기는 무엇일까?

- 독창성: 아르놀피니 부부에게 어떤 음악을 들려주고 싶니?
- 상상력: 결혼식에 어울리는 악기로 연주해 볼까?

(2) 도형 창의성

- 민감성: 그림에서 곡선, 직선은 어디에 있니?

- 상상력: 비어 있는 그림을 완성해 볼까?

(3) 동작 창의성

＊우리만의 결혼식 해보기

• 상상력: 우리만의 결혼식을 해 보면 어떨까?

• 독창성: '결혼'을 신체로 표현해 볼까?

• 융통성: 명화 속에서 아르놀피니 부부가 다른 동작을 하고 있다면 어떤 동작일까?
• 민감성: 결혼 행진곡을 들을 때 기분을 제스처로 표현해 볼까?
• 유창성: 결혼식장에 입장할 때와 연회장에서 파티할 때의 걸음걸이를 표현해 볼까?

- 정교성: 비어 있는 곳에 그림을 그려 볼까?
- 융통성: 아르놀피니 부부에게 어떤것을 그려주면 좋을까?

(4) 언어 창의성

＊결혼식 다녀온 경험 회상하며 이야기 나누기

- 정교성: 결혼식에서 무엇이 제일 기억에 남니?
- 정교성: 결혼식이 어땠는지 이야기해 볼까?

＊대화 내용 예측해 보기

- 상상력 : 결혼할 때 서로 어떤 약속을 주고받으면 좋을까?

＊명화 속 부부에게 축하 편지 쓰기

- 융통성: 명화 속 부부에게 어떻게 축하해 줄 수 있을까?
- 정교성: 명화 속 부부에게 축하 편지를 써 볼까?

(5) 조작 창의성

***턱시도 / 드레스 만들어 보기**

- 상상력: 턱시도를 입은 나의 모습은 어떨 거 같니?
- 상상력: 드레스를 입은 나의 모습은 어떨 거 같니?
- 유창성, 융통성: 턱시도와 드레스를 어떻게 만들어 보면 좋을까?
- 독창성: 교실에 있는 미술 재료로 턱시도와 드레스를 만들어 볼까?

• 유창성: 블록으로 결혼식장을 만들어 볼까?

*초대장 만들기

• 독창성: 아르놀피니 부부의 결혼식 초대장을 만들어볼까?

• 상상력: 결혼식장 손님들은 어디에 있을까?

• 독창성: 그림에는 없는 결혼식장 손님들을 그려 볼까? / 손님들은 무엇을 하고 있을까?

(6) 기타

- 재활용품으로 악기(하프) 만들어 보기
- 두 사람 결혼을 축하해 주기 위한 선물 그리기
- 자유롭게 옷을 바꿔 보기(콜라주)
- 배경을 자유롭게 바꿔 보기
- 물을 이용해 진동 알아보기(하프 연주의 원리 알아보기)

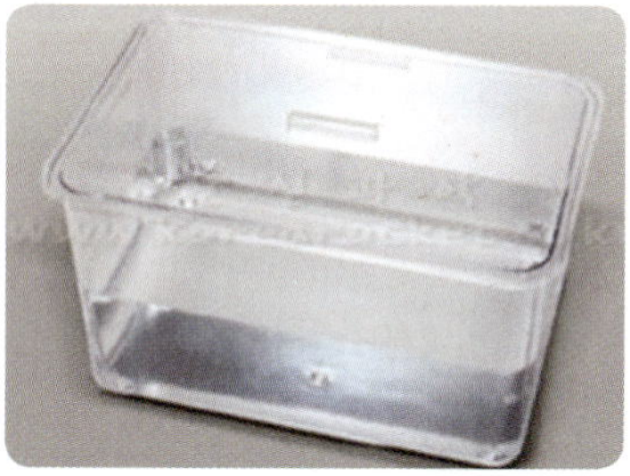

5. 브뤼헐 1세 〈아이들의 놀이〉 & 제이엠 〈장난감 숲〉

1) 명화감상

아이들의 놀이
(1560)

작가

피터르 브뤼헐 1세(Pieter Bruegel the Elder, 1525~1569)

네덜란드 출생의 르네상스 화가이다. 부자(父子)가 모두 화가라서, 아버지는 Elder, 아들은 Younger로 구분한다. 평범한 이웃들의 일상을 생생하고 재치 있게 그려 내며, 그 모습 속에서 사람들이 삶의 지혜와 깨달음을 얻길 바랐다. 사람들의 모습을 빼곡하게 그려져 있는 것이 특징이며, 농민의 일상을 그림으로 그려 '농민 화가'로 불렸다. 〈아이들의 놀이〉와 같이 어린이들을 주인공으로 할 만큼 아이들을 소중한 존재로 여겼다.

작품 설명

- 위에서 아래를 내려다 보는 부감도적 시점에서 군상들과 마을 풍경을 한눈에 조망할 수 있도록 화면을 구성하였다.
- 아이들의 의복 묘사에서 빨간색, 짙은 노란색, 파란색의 주요 색채들이 반복적으로 등장하는 구도로 통일감과 질서를 느낄 수 있다.

건축적인 요소들로 구획된 넓은 공간 안에 수평선과 대각선을 따라 여러 무리들과 그들이 즐기고 있는 다양한 놀이들이 유기적으로 연결이 되도록 배치하였다.

사람들의 행동 하나 하나가 사실적이며 정밀하고 생동감 있게 묘사 되어 있다.

- 다양한 놀이 제시를 제시하였다.

미술 요소 질문

- 어떤 모습이 보이니? / 몇 명의 사람들이 보이니?
- 색은 어떤 색들이 많이 보이니?
- 어떤 놀이를 하는 모습이 보이니?
- 내가 해 본 놀이가 있니?
- 그림 속 친구들은 지금 어떤 마음일까?
- 내가 친구들과 함께 놀이를 할 때는 어떤 마음이었니?

2) 명곡감상

장난감 숲
(2016)

작곡가

제이엠(조정만, Jay M, 1993~)

음악인·작곡가로, 마피아 뮤직 앤 퍼블리싱 소속이며 2016년 디지털 싱글 앨범 〈first step〉으로 데뷔하였다.

작품 설명

자작곡으로 디지털 피아노로 연주한 작품이며, 밝고 경쾌함을 전해 준다. 장조와 단조로 연주되어 흐름의 변화를 느낄수 있다.

음악적 요소 질문

- 음악을 들었을 때의 느낌은?
- 어떤 악기를 사용 했을까요?
- 소리의 크기(높이)는 어땠나요?
- 소리의 빠르기는 어땠나요?
- 제목을 듣고 난 후에는 어떤 모습이 상상되니?

- 장난감들이 어디를 가는 것일까?
- 장난감들이 없다면 어떨까?

3) 명화 + 명곡감상

명화와 명곡을 함께 감상하고 이야기 나누기

4) 창의성 영역별 활동

(1) 소리 창의성

*노래와 어울리는 악기를 선택하여 노래에 맞춰 연주하기
*음에 맞춰 가사 말을 만들어 내용 만들어 보기
*장조와 단조의 노래 듣고 차이점 이야기해 보기

- 민감성: 무슨 악기로 연주된 음악일까?
- 상상력: 음악을 들으며 리듬에 맞추어 원하는 모양으로 걸어볼까?
- 융통성: 이 음악에 맞추어 리듬 악기로 연주해 볼까?
- 유창성: 멜로디[따라 손뼉을 쳐볼까?
- 독창성: 음에 맞추어 가사를 만들어볼까?

(2) 도형 창의성

***그림 재구성해 보기**

***수평과 대각선의 그림 그려 보기**

- 민감성: 명화 속에서 다양한 도형을 찾아볼 수 있을까?
- 융통성, 독창성: 수평과 대각선 위에 어떤 그림을 그려 볼 수 있을까?
- 상상력: 대각선 위에 미끄럼틀을 그려 보면 어떨까?
- 정교성: 명화 속에서 세모, 네모, 동그라미로 된 그림을 찾아볼 수 있을까?

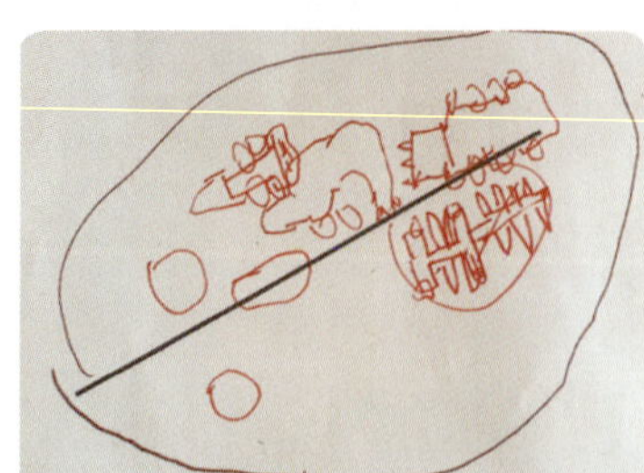

(3) 동작 창의성

***명화 속 동작을 표현하여 어떤 놀이인지 맞춰 보기**

- 융통성: 명화 속 아이들의 놀이 중 각자 좋아하는 동작을 표현해 보면 어떨까?
- 정교성: 명화 속 아이들의 놀이를 똑같이 따라해 볼까?
- 유창성: 어떤 놀이를 표현하는지 맞추어 볼까?
- 상상력: 장난감 숲 음악을 들으며 자유롭게 표현해 볼까?
- 민감성: 대각선에 맞춰 걸어가 볼까?

(4) 언어 창의성

- 민감성: 그림에서 제시한 다양한 놀이를 할 때 들리는 소리를 적어 볼까?
- 상상력, 유창성: 그림 속 친구들이 어떤 대화를 하고 있을까?
- 정교성: 그림 속 친구들이 어떤 대화를 하고 있는지 적어 볼까?

·명화 속 사람들이 어떤 이야기를 나누었을지 생각해 보고, 써보세요.

대한유치원

- 상상력: 그림 속 친구들에게 내가 놀이를 소개한다면 어떻게 말할까?
- 독창성: 그림 속 친구들에게 어떤 놀이를 소개해 주고 싶니?

- 유창성: 내가 좋아하는 놀이를 소개할 수 있니?
- 독창성: 놀이하고 있는 아이들에게 편지를 써 볼 수 있겠니?
- 상상력: 놀이하고 있는 아이들은 어떤 대화를 하고 있을까?

(5) 조작 창의성

***사람이 아닌 동물로 그림 재구성해 보기**

- 상상력: 그림 속 아이들이 동물이라면 어떨까?
- 유창성: 그림 속 아이들을 동물로 그려 볼까?
- 유창성: 블록을 이용하여 놀이터 구성해 볼까?

＊놀이할 때 사용할 물건 만들기

• 유창성: 놀이할 때 어떤 놀잇감으로 놀이해 보고 싶니?

• 융통성, 독창성: 놀이할 때 사용할 놀잇감을 만들어 볼까?

• 정교성: 다양한 놀이 기구를 만들어 볼까?

(6) 기타

• 수조작 활동

  – 부분 맞추기 퍼즐 활동

• 미술

  – 전체 그림 그려 보기

- 실외 놀이: 명화 속 놀이 경험해 보기
- 과학 영역: 우리나라 전통 놀이와 비교하기
- 역할 영역: 장난감 되어 보기
- 게임 활동: 몸으로 놀이 표현하여 맞추기
- 그래프 활동: 우리 반 친구들이 좋아하는 놀이로 그래프 만들기

6. 피카소 〈거울 앞에 소녀〉 & 쇼팽 〈녹턴 20번〉

1) 명화감상

거울 앞에 소녀
(1932)

작가

파블로 피카소(Pablo Picasso, 1881~1973)

프랑스에서 활동한 입체파 화가이다. 프랑스 미술의 영향으로 파리로 이주하였으며 르누아르, 툴루즈, 뭉크, 고갱, 반 고흐 등 거장들의 영향을 받았다. 초기 청색 시대를 거쳐 입체주의 미술 양식을 창조하였고 20세기 최고의 거장이 되었다. 대표작으로 〈게르니카〉, 〈아비뇽의 처녀들〉 등의 작품이 유명하다.

작품 설명

그림 속의 여인은 그의 연인이었던 '마리 테레제 발터'로 당시 나이는 22세, 그녀의 몸 머리, 가슴, 배 등이 여러 둥근 과일들로 표현되었다. 이 그림은 피카소의 입체파 시절의 그림이다. 360°의 화면을 모두 담기 위한 구성을 통해 소녀를 표현하였다. 선과 색채가 강렬한 작품으로, 더욱 중요한 것은 거울 속의 이미지는 신비할 뿐 아니라 예언(임신)과도 같다는 것이다. 사물을 분해하고 재해석하는 특징이 있다.

미술 요소 질문

T: 그림을 보니 어떤 생각이 드니?

C: 애기를 안고 있는 것 같아요.

어지러워요. 돌아가는 것 같아요.

세모, 동그라미가 빙글빙글 하는것 같아요.

거울이 있는 것 같아요.

T: 사진 속 사람은 어떤것 같니?

C: 아기를 안고 있는 것 같아요.

외계에서 온 것 같아요.

놀란 것 같아요(거울을 봤는데 외계인 처럼 생겨서).

T: 분위기는 어떠니?

C: 무서워요.

거울에 엉덩이가 웃고 있어요.

기뻐요. 놀라요.

으스스 해요.

T: 제목은 뭐라고 지으면 좋을까?

C: 애기 와 엄마.

거울과 주인.

엄마 배에 아기.

마법 거울.

소녀의 마음.

T: 어떤 도형들이 보이니?

C: 동그라미, 세모, 네모, 다이아몬드, 구불구불한 선.

2) 명곡감상

녹턴 No.20
(1895)

작곡가

프레데리크 쇼팽(Frederic Chopin, 1810~1849)

폴란드 작곡가이자 피아니스트로, 기교와 표현의 피아노곡의 대가이다. 6세에 피아노를 시작해 8세에 피아노 신동으로 명성을 떨쳤다. 12세에 작곡을 시작하였고 1825년 최초의 작품 〈론도〉를 작곡했다. 이후 200곡 이상을 작곡하였고, 평생 거의 피아노를 위한 곡만 작곡하였다. 낭만주의 작품의 대명사로 불린다.

작품 설명(Nocturne No. 20 in C# minor op posth)

녹턴은 야상곡이라고도 한다. 낭만파 시대에 작곡된 소곡으로 주로 피아노를 위하여 작곡된 작품으로 뚜렷한 형식은 없다. 쇼팽 사후 그의 유물에서 발견된 곡으로 1895년에 출판되었다. 21개의 녹턴 곡이 작곡되었으며, 그중 20번째 작품으로 잔잔하며서도 어두움과 슬픔이 그려진다.

음악적 요소 질문

T: 어떤 악기의 소리가 들렸니?

C: 피아노요. 하프요.

T: 음악의 소리가 어땠니?

C: 무서워요. 옛날 노래인 것 같아요. 무서운 귀신이 복도에 숨어 있는 거 같아요.

T: 음의 높낮이는 어떤것 같아?

C: 그대로 가는 것 같아요. 손가락이 빠르게 움직일 것 같아요.

3) 명화 + 명곡감상

명화와 명곡을 함께 감상하고 이야기 나누기

4) 창의성 영역별 활동

(1) 소리 창의성 + 동작 창의성

*음악을 들으며 친구와 명화 표현하기

- 민감성 : 거울을 만져 볼까?
- 상상력 : 친구와 함께 명화 속 주인공이 되어 보면 어떨 거 같니?
- 유창성 : 친구와 함께 명화 속 주인공이 되어 볼까?
- 정교성 : 거울을 보고 있는 소녀와 손을 똑같이 움직여 볼까?

*나처럼 해봐요

- 민감성 : 친구의 표정이 어떤 거 같니?
- 유창성 : 친구의 표정을 따라 해 볼까?

• 정교성 : 친구처럼 팔과 다리를 움직여 볼까?

(2) 도형 창의성

＊도형으로 꾸며 보기

• 민감성 : 명화 속에 어떤 도형이 있는지 찾아볼까?
• 상상력 : 도형으로 명화 속 인물을 그려 보면 어떤 거 같니?
• 유창성 : 다양한 도형을 이용하여 소녀를 만들어 볼까?

(3) 언어 창의성

＊제목 만들기

- 상상력 : 거울을 바라보고 있는 내 모습은 어떤 모습일까?
- 유창성 : 거울을 바라보고 있는 나의 모습을 그려 볼까?
- 독창성 : 명화의 제목을 지어 볼까?

***이야기 만들기**

- 상상력 : 소녀는 거울 속 자신과 어떤 이야기를 하고 있을까?
- 유창성 : 소녀는 거울 속 자신과 어떤 이야기를 할지 적어 볼까?

(4) 조작 창의성

***블록으로 명화 재구성하기**

- 상상력 : 명화 속 소녀를 블록으로 만들어 보면 어떨까?
- 유창성 : 블록을 사용하여 소녀를 만들어 볼까?
- 융통성 : 어떤 블록으로 소녀를 만들어 볼 수 있을까?
- 독창성 : 블록으로 만든 소녀의 이름은 무엇이라고 지어 주고 싶니?

(5) 기타

＊피카소 거울 앞의 소녀 그리기

- 유창성 : 무엇으로 거울 앞의 소녀를 그려 볼까?
- 독창성 : 거울 앞의 소녀는 어떤 표정일까? 어떤 자세일까?
- 정교성: 거울 앞의 소녀를 그려 볼까?

7. 반 고흐 〈아를르의 포룸 광장의 카페 테라스〉 & 몬티 〈차르다시〉

1) 명화감상

아를르의 포룸 광장의 카페 테라스
(1988)

작가

빈센트 반 고흐(Vincent van Gogh, 1853~1890)

네덜란드 출생의 후기인상주의 화가이다. 개인의 감정이나 대상의 아름다움을 직접적으로 전달하였다. 눈앞에 있는 것을 똑같이 재현하기보다는 자신의 감정을 강하게 표현하기 위해서 주관에 따라 색채를 사용하였다.

작품 설명

이 작품은 검은색을 전혀 사용하지 않고 밤 풍경을 표현, 짙은 파란색과 밝은 노란색의 강렬한 색채 대비는 물리적 세계에서 느껴지는 주관적인 감정을 가장 중요하게 여겼던 그의 철학을 보게 한다. 원근법 기법을 사용한 대표적 작품이다.

이처럼 짙은 파란색과 밝은 노란색의 강렬한 색채 대비는 물리적 세계에서 느껴지는 주관적인 감정을 가장 중요하게 여겼던 그의 철학을 엿보게 해 준다.

미술 요소 질문

T: 명화를 보고 어떤게 보여요?

C: 하늘위에 눈이 있는 것 같아요. / 꽃 같아요. / 별 같아요..

나무, 별, 사람, 책상, 의자, 돌, 집, 흙이 있어요.

T: 어디 같아요?

C: 공원, 집, 빵집이요.

T: 사람들은 뭐 하고 있는 것 같아요?

A: 밥 먹고 있어요. 빵 먹고 있어요.

T: 지금은 낮이에요? 아니면 밤 같아요?

A: 하늘이 파란색이어서 깜깜한 밤 같아요.

T: 어떤 색깔이 보여요?

A: 노랑색, 파란색, 초록색, 하얀색, 회색, 검은색, 주황색, 하늘색, 금색, 연두색, 보라색.

T: 사람들은 음식을 먹으면서 어떤 말을 하는 거 같아요?

A: 밤이야. / 하늘에서 눈이 오는 거 같아. / 음식 먹자. 과자 먹자. / 김치 먹자. / 물 먹자.

T: 만약 내가 여기에 있으면 뭐하고 싶어요?

A: 엄마랑 앉아서 이야기할 거예요. / 밥 먹을 거예요. / 카드 갖고 놀 거예요.

2) 명곡감상

차르다시
(1904)

작곡가

비토리오 몬티(Vittorio Monti, 1868~1922)

이탈리아의 작곡가이자 바이올리니스트로, 만돌린 연주자 및 지휘자이다. 헝가리의 민속무곡 차르다시를 바탕으로 작곡한 작품으로, 원곡은 만돌린을 위한 곡이다. 바이올린과 오케스트라 곡으로 편곡되어 연주된다.

작품 설명(Csárdás)

차르다시는 4분의 2박자로 슬프고 무게 있는 선율로 느리게 시작(Lassú)되어 전환점에서 빠른 곡조(Friska)로 바뀌며 휘몰아치듯 열정적인 멜로디를 보여 주다가 후반부에선 격정적으로 강렬하게 끝맺는 것이 특징이다. 이러한 러수(Lassú)와 프리스카(Friska) 조합이 차르다시의 구조이다. 원곡은 만돌린 연주용으로 작곡되었다.

음악 요소 질문

T: 음악을 듣고 나니 어떤 느낌이 드나요?

C: 어지러운 느낌이요. / 무서운 느낌이요. / 재밌는 느낌이요.

T: 어떤 악기를 사용한 것 같나요?

C: 바이올린이요. / 피아노요.

T: 소리의 크기는 어땠나요?

C: 작아졌다가 커졌어요.

T: 박자의 속도는 어땠나요?

C: 느리게 가다가 빨라졌어요. 중간에 또 느리다가 빨라졌어요.

3) 명화 + 명곡 감상

T: 음악을 들으면서 명화를 감상해 보니 어땠나요?

C: 사람들이 일어나서 춤을 출거 같아요.

T: 음악 도입 부분을 들으면서 명화를 보니 어땠나요?

C: 겨울 같아요. 어두워 보여요. 하늘에서 눈이 떨어질 거 같아요. 사람들이 추워 보여요.

T: 음악 중간 부분을 들으면서 명화를 보니 어땠나요?(빠른 부분)

C: 사람들과 이야기하면서 웃고 있을 거 같아요. 빠른 소리가 들려서. 사람들이 많을 거 같아요.

T: 음악 중간 후반을 들으면서 명화를 보니 어땠나요?(느린 부분)

C: 나는 기분이 들 거 같아요. 편안한 기분이 들 거 같아요. 슬퍼 보여요

T: 음악 마무리 부분을 들으면서 명화를 보니 어땠나요?

C: 기분이 좋아 보여요. 좋은 생각을 하고 있는 것 같아요.

4) 창의성 영역별 활동

(1) 소리 창의성

＊피아노 소리 탐색하기

- 민감성: 피아노 소리를 들어 볼까?
- 유창성: 피아노 소리가 어떤 거 같아?
- 독창성: 피아노로 노래를 만들어 볼까?

***다양한 리듬 악기로 박자, 소리, 음에 맞추어 연주하기**

- 연주한 악기 : 탬버린, 소고, 트라이앵글, 스틱 벨, 에그 쉐이커, 레인에이커
- 처음에 박자에 맞춰 천천히 연주하다가, 중간 부분이 되자 천천히 작게 치다가 빠르고 높은음으로 바뀌자 크고 빠르게 연주한다.

(2) 도형 창의성

***그림 재구성하기 : '내가 여기에 있다면?'**

- 상상력: 명화 속에 내가 있다면 어떨까?
- 독창성: 명화 속에 나를 어떻게 그려 보면 좋을까? / 명화 속에 있는 나를 그려 볼까?

***원근법 그림 그려 보기**

어린이집 가는 길에 하늘색
눈이 내리고 있어요.

어린이집 끝나고
집으로 가고 있어요.

집으로 가는
모습이에요.

명화 그림 속을 걷고 있는데
옆에만 초록 눈이 내리고 있어요.

집으로 가는 길에
비가 내려요.

저 멀리
우리 집이 있어요.

(3) 동작 창의성

***노래 감상하면서 몸으로 표현해 보기**

- 유창성 : 음식을 먹고 있는 것을 동작으로 어떻게 표현하면 좋을까?

  팔을 구부리고 손을 움직여서 음식을 먹는 모습을 표현했다.

- 유창성 : 길거리에서 걸어 다니는 사람을 어떻게 표현하면 좋을까?

  누워서 발을 하늘 위로 자전거 타듯이 다리를 구부렸다가 폈다가 빠르게 반복하면서 표현했고, 또 온몸을 움직이며 빠르게 뛰어다니면서 표현했다.

  노래 빠르기와 느린 리듬에 맞춰 유아들이 몸으로 표현해 보았는데 노래가 느리고 조용할 때는 온몸으로 발레하듯이 천천히 움직이면서 손끝 동작도 세밀하게 표현하면서 우아하게 표현했다. 또 노래가 빨라지면서 높은음으로 갈 때는 아이들 대부분이 뛰면서 손과 팔을 빠르게 움직였다.

  처음에 그냥 들려주었을 때는 노래가 무섭다고 하고 재미없다고 말했는데 몸으로 표현하고 나서 재미있고 신난다고 말해 주었다.

(4) 언어 창의성

- 예술가(음악가, 화가)들은 카페에서 어떤 대화를 하고 어떤 생각을 했을까?

[음악가들]

- 사람들 목소리를 들으면서 음악을 만들었을 것 같아요.
- 내가 만든 음악 소리를 사람들이 듣고 행복해졌으면 좋겠다고 생각했을 것 같아요.

[화가들]

- 키티 그림을 그려 봐야겠다고 생각했을 것 같아요.
- 화가끼리 "너는 무슨 그림을 그렸니?", "잘 그렸다." 이렇게 서로 이야기했을 것 같아요.
- 밤하늘을 보면서 예쁜 그림을 그렸을 것 같아요.

***사람들이 어떤 이야기를 하고 있는지 생각해 보기**

- 상상력 : 명화 속 사람들은 어떤 이야기를 하고 있을까?
- 유창성 : 사람들이 어떤 이야기를 하고 있는지 말풍선을 채워 볼까?

(5) 조작 창의성

＊카페, 음식점을 블록을 이용해서 구성해 보기

- 상상력 : 블록으로 만든 카페는 어떨까?
- 유창성, 독창성 : 블록으로 카페를 만들어 볼까?

＊밤하늘의 별 접어보기

- 정교성 : 색종이로 밤하늘의 별을 접어 볼까?

＊명화 퍼즐 맞추기

(6) 기타

＊밤하늘 풍경 그려 보기

- 상상력 : 밤하늘 풍경을 떠올려 볼까?
- 유창성, 융통성 : 밤하늘 풍경을 어떻게 그려 보면 좋을까?
- 유창성, 정교성 : 밤하늘 풍경을 그려 볼까?

밖에 있는 놀이터를 봤는데 반짝반짝 빛나서 무지개를 그려 보았어요.

집에서 밤하늘 보는 것을 그려 보았어요.

집에서 꽃을 심어 보고 별을 보다가 잠들었어요.

엄마랑 아빠랑 형아랑 나랑
텐트 치고 캠핑하고 있어요.

엄마랑 동생이랑 나랑
하트 꽃을 심어 보았어요.

명화에 나오는 집을
그려 보았어요.

***[실외놀이] 느리고 빠른 음악에 맞춰 술래잡기 하기**

***[과학] 밤과 낮의 카페 비교하기**

***[역할] 카페 운영해 보기(손님, 서빙, 요리사)**

- 상상력 : 내가 카페의 손님이 되어 볼까?
- 상상력 : 내가 카페에서 서빙을 하면 어떨까?
- 상상력, 유창성 : 내가 카페에서 요리사가 되어 어떤 요리를 하면 좋겠니?
- 독창성 : 카페의 이름을 지어 볼까?
- 유창성, 정교성 : 카페를 홍보하는 홍보지를 만들어 볼까?

8. 모네 〈인상, 해돋이〉 & 베토벤 〈비창 소나타 2악장〉

1) 명화감상

작가

클로드 오스카 모네(Claude Oscar Monet, 1840~1926)

프랑스 출생으로, 인상파 양식의 창시자 중 한 사람이다. '빛은 곧 색채'라는 인상주의 원칙을 고수하며, 빛이 만들어 내는 순간을 그렸다. 똑같은 풍경도 빛과 날씨에 따라 순간 다른 모습을 보인다는 것에 흥미를 가지게 되면서 하나의 주제에 여러 장의 그림을 그리는 연작이 시작되었다.

작품 설명

1872년 작품으로서 캔버스에 유채 기법으로 나타낸 인상주의 작품이다. 최초의 인상파 전시회에서 첫선을 보인 이 작품은 르 아브르 항구가 보이는 창문에서 내려다 본 항구를 보고 느낀 즉흥적인 인상을 그렸기 때문에 제목이 〈인상, 해돋이〉가 되었다. 어둠 속에서 해가 막 떠오르는 풍경을 담은 이 그림은 검은색이 사용되지 않았음에도 충분히 어둠을 표현할 수 있다는 혁신적인 실험이었다고 하며, 뚜렷한 사물의 형상을 통해 풍경을 나타내려고 하지 않고 빛과 그림자 효과를 통해 인상을 전하려고 하였다. 이 그림은 바다와 하늘을 색채로 구분하였다.

2) 명곡감상

비창 소나타 2악장
(1798~1799)

작곡가

루트비히 판 베토벤(Ludwig van Beethoven, 1770~1827)

독일 출생의 음악 신동, 소나타 형식을 확립하였고 고전 시대와 낭만 시대를 연결하는 작곡가이다. 교향곡, 협주곡, 실내악곡, 피아노 소나타, 바이올린 소나타, 소품, 오페라, 성악곡 등 많은 작품을 발표하였다. 〈월광 소나타(op.27-2)〉, 〈열정 소나타(op.57)〉와 함께 베토벤의 3대 소나타라 부른다.

작품 설명(Sonata No.8 in C minor for Piano, Op.13 "Pathétique")

'비창 소나타'는 전체 세 개의 악장으로 작곡되었다. 2악장은 Adagio Cantabile로 느리고 조용히 진행되다 갑자기 격정적인 분위기로 전환 후 다시 조용한 느낌으로 마무리 된다. 베토벤의 친구·후원자였던 칼 폰 리치노프스키(Carl von Lichnowsky)에게 헌정된 작품이다. '비창'은 베토벤 자신이 붙인 것이 아니라, 출판 시 출판업자에 의해 붙여졌다. 113악장은 긴장감과 강렬함이 표출되는데 베토벤이 최초로 드러낸

드라마틱한 자신의 모습이며, 어둡고 침침하며 비극적인 분위기가 지배하는 최초의 심리주의적, 표현주의적 피아노 소나타로 기록되어 있다.

3) 명화 + 명곡 감상

명화와 명곡을 함께 감상하고 이야기 나누기

4) 창의성 영역별 활동

(1) 소리 창의성

***노래 부르기** : 둥근 해가 떴습니다, 나뭇잎 배, 새해 노래

***일출을 악기로 표현해 보기**

- 상상력 : 해가 뜨는 모습을 상상해 볼까?
- 유창성 : 해가 뜨는 모습을 어떤 악기로 표현해 볼까?
- 융통성 : 해가 뜨는 모습을 악기로 어떻게 연주해 볼 수 있을까?

(2) 도형 창의성

***도형으로 교통기관 만들기**

- 상상력 : 도형으로 만든 교통기관이 있다면 어떨 거 같니?
- 유창성 : 어떤 도형으로 교통기관을 만들어 볼까?
- 독창성 : 내가 만든 교통기관의 이름을 지어 볼까?
- 정교성 : 도형을 붙여 교통기관을 꾸며 볼까?

(3) 동작 창의성

***명화를 몸으로 표현해 보기**

- 상상력 : 바다 위에 떠 있는 배가 되어 볼까?
- 유창성, 정교성 : 해가 뜨는 모습을 몸으로 표현해 볼까?

***그림자 밟기 놀이**

***노 저어 보기**

(4) 언어 창의성

***일출을 봤던 경험에 대하여 이야기 나누기**

***일출을 감상해 본 후 이야기 나누기**

- 상상력 : 해가 뜨는 모습을 상상해볼까?
- 융통성 : 해는 어디서 뜰까?
- 유창성 : 해가 뜨는 모습을 보니 어떠니?

***해양교통기관 알아보기**

(5) 조작 창의성

***물감 번지기**

***수채화 물감으로 그림 그려 보기**

*종이배 접기

- 상상력 : 내가 만든 종이배를 물에 띄우는 내 모습을 상상해 볼까?
- 정교성 : 색종이로 종이배를 접어 볼까?
- 독창성 : 내가 접은 종이배의 이름을 지어 볼까?
- 독창성 : 종이배로 어떤 놀이를 해 보고 싶니?

(6) 기타

*일출에 따른 그림자 변화 알아보기

*아침, 점심, 저녁의 밤하늘과 해의 변화 알아보기

*배가 어떻게 물에 뜨는지 알아보기

- 상상력 : 물 위에 떠 있는 배를 상상해 볼까?
- 유창성 : 배는 물 위에 어떻게 떠 있는걸까?

9. 이중섭 〈소〉 & 모차르트 〈클라리넷 협주곡〉

1) 명화감상

소

(1953~1954)

작가

이중섭(1916~1956)

한국인들이 가장 사랑하는 화가이다. 평안남도 출생의 아버지를 여의고 외가에서 성장, 일제 치하에서 민족 비극의 상황을 알리고 자주정신, 창의를 중요시하는 교육을 받음으로써 그림을 통해 우리나라의 현실을 알리는 작품 활동의 길을 걷게 되었다. 어려서부터 소를 그리는 것을 좋아했고, 그림을 그릴 때에는 하루 종일 소만 바라봤다고 한다. 그러한 관찰력 덕분에 굉장히 역동적이고 생동감 넘치는 소 그림을 그릴 수 있었다. 대표작으로는 〈흰 소〉가 있는데, 이것은 백의민족이였던 대한민국을 의미한다. 그림을 보면 소가 말라 있는 모습처럼 보이는데, 당시 6.25 전쟁 이후로 먹고 살기 힘들었던 상황을 표현한 것이다.

작품 설명(소)

소의 묘사에서 보이는 강직한 구륵법(형태의 윤곽을 먼저 그리고 안을 색으로 채우는 방법)은 고구려 고분 벽화에서도 나타나는 전통적인 표현법이다.

미술 요소 질문

〈서술하기-마음 열기〉

작품에 대한 첫인상, 직관적 인상, 전체적인 느낌을 느껴 보며, 작품의 제작 동기를 파악한다.

T: 그림에서 무엇이 보일까?

C: 소가 보여요. / 소 뼈가 보여요.

T: 그림을 보니 어떤 느낌이 드니?

C: 소가 화가 많이 난 것 같아요

T: 이 그림은 누가 그렸을까?

C: 농부 아저씨가 그렸을 것 같아요.

〈분석하기-자세히 보기〉

작품에 대한 객관적인 분석, 조형 요소를 찾아보며 보이는 것을 자세히 관찰하며 분석하는 과정이다.

T: 무엇으로 그린 것 같니?

C: 크레파스로 그린 것 같아요. / 물감으로 그린 것 같아요. / 먹으로 그린 것 같아요.

T: 이 그림 속 보이는 색깔은 무엇 무엇이 있을까?

C: 검정, 주황, 빨강, 흰색, 남색이 있어요.

T: 선을 쭉 따라가 보면 어떤 모양이 보이니?

C: 지렁이가 보여요. / 네모가 보여요. / 세모가 보여요.

T: 어떻게 그린 것 같니?

C: 손가락으로 그린 것 같아요.

〈해석하기-작가의 마음 열기〉

작품의 의미를 알아보며, 작품에 표현된 시대 상황과 작가의 마음상태를 파악한다.

T: 작가는 왜 이렇게 그림을 그렸을까?

C: 소를 사랑해서요. / 소를 잊지 못해서요.

T: 그림이 언제 그려졌을 것 같니?

C: 아주 옛날에 그려졌을 것 같아요.

T: 작가는 이 그림을 그리고 무슨 생각을 했을까?

C: 소를 사러 시장에 갔을 것 같아요.

〈판단하기-생각하고 판단하기〉

작품에 대한 가치 판단을 한다.

T: 이 그림을 누구에게 선물해 주고 싶니?

C: 정육점 아저씨요. / 농부 아저씨요.

T: 이 그림의 제목은 무엇일 것 같니?

C: 소 그림. / 병원 가는 소. / 화난 소. / 소풍가는 소.

T: 이 그림을 걸어 놓는다면 어디에 걸어 놓을까?

C: 해님반이요. / 해님반 선생님 집이요.

2) 명곡감상

클라리넷 협주곡(K.622 가장조 3악장)
(1791)

작곡가

볼프강 아마데우스 모차르트(Wolfgang Amadeus Mozart, 1756~1791)

오스트리아 출생으로, 바이올니스트 아버지로부터 음악교육을 받은 음악적 재능이 뛰어난 음악 신동으로 불렸다. 6세부터 연주 여행을 시작하였으며, 궁정 음악가로 활동하였다. 대표작은 〈피가로의 결혼 K.492〉, 〈교향곡 제40번 K.550〉, 〈레퀴엠 K.626, 마술피리 K.6220〉, 〈터어키행진곡 K.331〉, 〈작은별 변주곡 K.362〉 등이다.

작품 설명(Clarinet Concerto In A Major, K.622 – IIII. Rondo – Allegro)

모차르트가 남긴 유일한 클라리넷 협주곡으로 그의 최후 작품이다. 당시 클라리넷 악기의 특징을 최고도로 발휘한 작품이다. 그는 클라리넷이라는 악기에서 나오는 맑은 음색을 처음에는 재미있어했지만 나중에는 슬픔으로 표현하게 되었다. 이 협주곡은 모차르트가 죽기 두 달 전인 1791년 10월 작품으로 이미 죽음을 예상한 담담한 심경에서 맑고 아름다운 협주곡이 씌여졌다(제1악장 알레그로, 제2악장 아다지오, 제3악장 론도, 알레그로).

음악적 요소 질문

T: 음악을 들었을 때 어떤 느낌이 들었니?

C: 너무 신나요. / 춤을 추고 싶어요.

T: 이 음악을 연주한 악기는 무엇일까?

C: 피리요. / 피아노요. / 바이올린이요.

T: 소리의 크기는 어땠니?

C: 처음엔 작았는데, 나중엔 커져서 시끄러웠어요. / 깜짝놀랐어요.

T: 음악이 빠른 것 같니? 느린 것 같니?

C: 느린 것 같아요. / 빠른 것 같아요.

T: 이 음악의 제목은 무엇인 것 같니?

C: 피리요. / 피아노 치는 사람이요.

3) 명화 + 명곡 감상

명화와 명곡을 함께 감상하고 이야기 나누기

4) 창의성 영역별 활동

(1) 소리 창의성

*클라리넷 부분이 나오면 다른 악기로 연주해 보기

*소의 울음소리를 악기로 표현해 보기

- 유창성: 소의 울음소리를 악기로 연주해 볼까?
- 독창성: 무엇으로 소의 울음소리를 낼 수 있을까?

*동물의 울음소리 악기로 표현해 보기

*빨대로 나만의 피리 만들고 클라리넷 협주곡 음악에 맞춰 연주해 보기

(2) 도형 창의성

*명화 속에서 도형 찾아보기

*도형만 이용하여 명화 재구성해 보기

- 유창성: 여러 모양의 도형으로 소를 그려 볼까?
- 독창성: 어떤 모양으로 소를 그려보면 좋을까?

*명화 퍼즐 활동해 보기

(3) 동작 창의성

*클라리넷 협주곡 들으며 리듬 막대로 표현해 보기

- 민감성: 리듬 막대를 잡아보니 어떠니?
- 독창성: 리듬 막대로 소를 표현해 볼까?

*동물이 되어 동물의 움직임 표현해 보기

- 민감성, 유창성: 명화 속 소를 흉내 내 볼까?

*굵은 선, 얇은 선 위 걸어가 보기

(4) 언어 창의성

＊명화감상 후 이야기나누기

- 상상력: 명화 속 소는 어떤 기분일 거 같니?
- 상상력: 이 그림은 누가 그렸을까?
- 민감성: 명화 속 동물은 어떤 동물일까?
- 유창성: 명화 속 소는 무엇을 하고 있을까?

＊음악감상 후 이야기 나누기

＊이중섭 화가에게 편지 쓰기

＊모차르트에게 편지 쓰기

(5) 조작 창의성

＊명화 재구성하기

＊여러 가지 재료로 재구성하기(휴지, 신문지, 털실, 양초 등)

*나만의 흰 소 꾸미기

- 상상력: 나만의 흰 소를 상상해 볼까?
- 독창성: 나만의 흰 소의 이름을 무엇으로 지어 볼까?
- 정교성: 나만의 흰 소의 뼈를 무엇으로 표현해 보면 좋을까?
- 융통성: 이중섭 작가의 소를 보며 나만의 흰 소를 그려 볼까?

*고무찰흙을 이용해 소외에 다른 동물 만들어 보기

*자석 블록을 이용해 동물 만들어 보기

– 자석 블록을 이용해 클라리넷 만들어 보기

10. 모네 〈아르장퇴유의 가을〉 & 파가니니 〈칸타빌레〉

1) 명화감상

아르장퇴유의 가을
(1873)

작가

클로드 오스카 모네(Claude Oscar Monet, 1840~1926)

프랑스 출생의 인상주의 화가이다. "빛이 곧 색채"라며 물체가 가지고 있는 고유의 색은 기억과 관습이 만든 편견으로 보고 '눈'이 보는 대상의 색채는 빛과 대기 주변 색에 의해 매순간 새로 만들어지는 것이라 주장하였다. 그림 속 대상의 형태를 빛으로 표현하였다. 대표작은 〈수련〉, 〈인상, 일출〉, 〈정원의 여인들〉 등이다.

작품 설명

북서쪽으로 센강을 끼고 있는 미니 도시 아르장퇴유. 센강 양옆으로 붉고 노랗게 물든 나무, 하늘, 구름, 전통 가옥, 성당을 배치하였다. 햇빛에 부서지며 가을 색의 찬란하고 순간적인 인상을 그림으로 표현하였다. 모네는 그림의 주제보다는 변화하는 자연 풍경의 순간적 인상을 어떻게 그릴 것인가에 주안점을 두었다.

미술 요소 질문

- 선 : 그림에서 사용된 선은 어떤 것 들이 있니? 각각의 선은 어떤 느낌 일까?
- 색 : 어떤 색을 가장 많이 사용했니? 하늘과 강의 색은 어떤 느낌이 드니?
- 질감 : 강물은 어떤 느낌이 드니? 거칠게 느껴지는 곳을 찾아보자.
- 공간 : 가장 가깝게 느껴지는 곳은 어디니? 집의 크기는 어떠니?

구성원리 질문

- 균형 : 오른쪽과 왼쪽의 같은 점과 다른 점은 무엇일까? 찾아보자.
- 강조 : 그림에서 어느 부분이 눈에 확 들어오니?
- 움직임 : 강물이 어디로 흘러가는 것 같니?

2) 명곡감상

칸타빌레(D장조 Op.17)
(1824)

작곡가

니콜로 파가니니(Niccolò Paganini, 1782~1840)

이탈리아 출생의 작곡가·19세기 최고의 바이올리니스트이다. 대표작은 〈무반주 바이올린을 위한 24개의 카프리치오〉이다. 바이올린 작품뿐이며 모두 어려운 기교와 즉흥적인 화려함이 특색이다. 강렬한 표현으로 낭만주의 음악에 영향을 미쳤다.

작품 설명(Cantabile In D Major Op.17)

대표작품 중 하나인 이 곡은 노래하듯이라는 뜻의 칸타빌레로 여유와 동시에 거침없는 흐름의 아름다움이 묻어 나는 선율이 매력적인 곡이다. 바이올린과 피아노를 위한 작품으로서는 유일하게 원전 악보가 전해지는 작품이며 피아노의 잔잔한 흐름 속에 바이올린의 연주는 마치 바다를 향해하는 배의 모습으로 다가온다.

음악적 요소 질문

- 셈여림 : 음악의 흐름이 어떠니? 부드럽게 들리니? 강하게 들리니?
- 음색 : 어떤 악기의 소리가 들리니?
- 선율 : 음악의 높은 소리와 낮은 소리가 들리니? 리본 막대로 표현해 볼까?
- 리듬 : 음의 소리가 길게 들리니 짧게 들리니? 들리는 소리를 어떻게 표현해 볼까?

동작 요소 질문

- 신체 : 음악 소리에 맞추어 손, 팔을 사용하여 소리가 커질 때와 작아질 때를 표현해 보자.

- 에포트 : 긴소리와 짧은 소리를 걸음거리로 표현해 보자.
- 공간 : 음악을 들으며 아주 높은 소리가 나는 부분에서 두 손을 높이 들고 점프로 표현해 보자.
- 관계 : 리본 막대를 들고 음악에 맞추어 흐름을 제자리에서 표현해 보자. 이동하면서 표현해 보자.

3) 명화 + 명곡 감상

명화와 명곡을 함께 감상하고 이야기 나누기

4) 창의성 영역별 활동

(1) 소리 창의성

***바이올린 소리를 들으며 리본 막대 흔들기**

- 민감성 : 바이올린 소리가 어떠니? / 리본 막대를 만져 보니 어떠니?
- 상상력 : 바이올린 소리에 흔들리는 리본 막대를 상상해 볼까?
- 유창성 : 바이올린 소리가 길게(짧게) 들릴 때는 어떻게 표현할까?
- 유창성 : 음높이가 점점 올라갈 때(내려갈 때)는 리본 막대로 어떻게 표현하면 좋을까?

(2) 도형 창의성

＊대칭에 대해 알아보고 반쪽 그림 그려 보기

• 상상력 : [반쪽 그림만 제시] 반쪽 그림을 두 개 붙이면 어떤 그림이 될까?

• 정교성 : 그림 속 나머지 반쪽을 그려 볼까?

＊강물 건너 건물들을 도형을 이용해 재구성하기

(3) 동작 창의성

＊바람에 흔들리는 나무 표현하기

• 상상력, 유창성 : 바람이 세게 불 때는 나무가 어떻게 흔들릴까?

• 상상력, 유창성 : 나무에서 나뭇잎이 떨어진다면 어떻게 떨어질 것 같니?

• 융통성 : 낙엽끼리 서로 부딪히는 모습은 어떻게 표현하면 좋을까?

(4) 언어 창의성

＊파리지앵이 되어 아르장퇴유 소개하기

• 상상력 : 내가 파리지앵이라면 어떨까?

• 유창성 : 파리지앵이 되어 아르장퇴유를 어떻게 소개할 수 있을까?

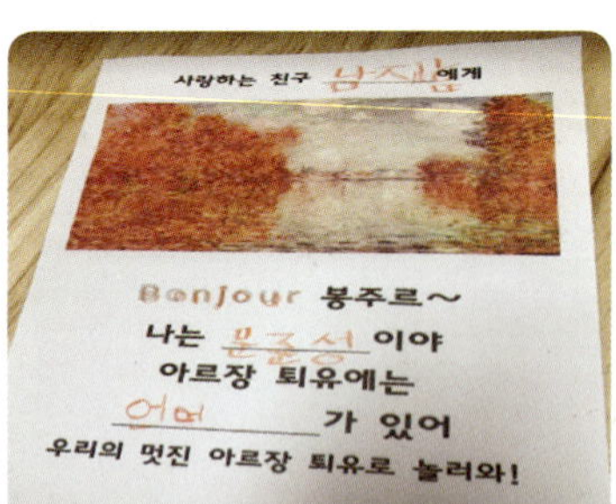

*만약 내가 그림을 선물해 준다면 누구에게 주고 싶은지 이야기 나누기

*명화감상하며 이야기 나누기

*풍경을 바라보며 그림을 그린 모네에게 편지 쓰기

*호수의 물결을 음악에 맞춰 손끝으로, 리듬 막대로 표현해 보기

*흩날리는 단풍잎을 색 스카프를 이용하여 표현하기

*흔들리는 물결 표현하기

(5) 조작 창의성

*계절에 따라 나무 표현하기(봄, 여름, 가을, 겨울에 따른 나무의 변화)

*다양한 계절의 나무의 모습으로 구성해 보고 느낌 감상해 보기

*자연물을 이용하여 명화 재구성하기

*만약 겨울이라면? 직접 그려 보기

- 상상력 : 그림 속 계절이 겨울이면 어떨까?
- 융통성 : 그림 속 나무는 겨울에 어떤 모습일까?
- 정교성 : 겨울의 강을 그려 볼까?

*강물 위에 떠다니는 것을 자유롭게 구성하기

(6) 기타

*손가락 점묘화 보며 이야기 나누기

[점]

- 민감성, 유창성 : 이 작품은 어떤 도구로 그렸을까?
- 융통성 : 붓을 어떻게 사용해서 그렸을 것 같니?

[색]

- 민감성 : 이 작품에서 어떤 색들이 보이니?
- 상상력 : 다른 색으로 작품을 그려 보면 어떨까?

11. 호쿠사이 〈가나가와 해변의 높은 파도 아래〉 & 드뷔시 〈바다〉

1) 명화감상

작가

카츠시카 호쿠사이(Katsushika Hokusai, 1760~1849)

프랑스 인상주의 화가들의 작품에 깊은 영향을 주었다. 그는 일본에서 가장 인기 있었던 '우키요에' 양식의 목판화 대가인 가쓰카와 순쇼의 공방에 들어가 수련했다. 그의 대표작은 〈모네 : 일본 전통의상을 입은 여인〉(우키요에 양식)이다.

우키요에 양식이란?

일본 에도 시대에 서민 계층을 기반으로 발달한 풍속화로, 우키요에의 '우키요'는 덧없는 세상, 속세를 뜻하는 말로 미인, 기녀, 광대 등 풍속을 중심 제재로 한다. 목판화를 주된 형식으로 대량 생산하여 서민의 수요를 충당했다.

작품 설명

다색 목판에 의한 명쾌한 색면 배치와 조각도의 생생한 각선의 표현은 일본의 미니어처라 불릴 만한 독특한 미적 형식을 개척했다. 1825년 무렵에 진행된 우키요에 연작 〈후가쿠 36경〉 중 하나로, 거대한 파도와 배, 배경에 후지산이 그려져 있다.

2) 명곡감상

교향시 '바다'(3악장 : 바람과 바다의 대화)
(1903)

작곡가

클로드 드뷔시(Claude Debussy, 1862~1918)

프랑스 출생의 작곡가로, 순수 음악적이고 프랑스적인 인상주의 음악을 만들어 냈다. 생활파리음악원에 입학하여 10~22살까지 피아노와 작곡을 배웠다. 반주자로 일하며 가곡·문학을 배우기도 했다. 1884년 칸타타 〈방탕한 아들〉로 로마 대상을 수상하였다. 대표작으로는 〈목신의 오후에의 전주곡〉, 모음곡 〈베르마스크〉 등이 있다.

작품 설명(La mer–3 Esquisses symphoniques: Dialogue Du Vent Et De La Mer)

〈바다〉는 일본의 화가 카츠시카 호쿠사이의 그림에서 영감을 얻어 탄생한 곡으로 바이올린과 피아노를 위한 세 개의 악장으로 된 곡으로 파가니니가 세상을 떠난지 82년이 지난 1924년 악보로 출판되었다. 1악장은 바다 위의 새벽부터 정오까지(De l'aube à midi sur la mer), 2악장은 파도의 희롱(Jeux de vagues), 3악장은 바람과 바다의 대화이다. 3악장 바람과 바다의 대화는 빠르게 스쳐 지나가는 구름과 바람에 일렁이는 바다의 모습을 묘사하고 있으며, 3악장의 중요한 의미는 어두움과 밝음의 대비를 통한 이원성 즉, 대조적인 두 개의 힘이 배열되거나 합쳐지지 않고 그대로 혼돈되는 움직임을 제시하고 있다.

3) 명화 + 명곡 감상

명화와 명곡을 함께 감상하고 이야기 나누기

4) 창의성 영역별 활동

(1) 소리 창의성 + 동작 창의성

- 민감성 : 음악을 들으며 몸을 좌우로 움직여 볼까?

*음악듣고 표현하기(이동/비이동 운동)

- 유창성: 높은 소리가 들려올 때는 신체의 어느 부분을 사용해 볼까?
- 유통성 : 바이올린의 높은 소리가 들릴때 신체를 어떻게 표현해 볼까?
- 독창성, 정교성: 음악을 들으며 명화의 파도를 리본 막대로 표현해 볼까?
- 독창성 : 친구와 함께 바이올린 소리와 피아노 소리가 되어 이동/비이동 동작으로 해 볼까?
- 상상력 : 음악에 맞추어 내가 파도가 되어 표현해 볼까?

*악기 연주하기(북, 마라카스, 방울)

*다양한 악기 특징 알아보기

*호른과 트럼펫 연주 놀이

*파란 비닐봉지 흔들며 파도 표현하기

*우리나라 민요 감상하기

(2) 도형 창의성

*배의 수 세기, 사람 수 세기

- 유창성 : 그림 속 배의 수를 세어 볼까?
- 유창성 : 그림 속 사람의 수를 세어 볼까?
- 정교성 : 배의 수를 손으로 표현해 볼까?

*가베를 이용하여 그림 재구성(7, 8, 9, 10가베)

*선, 곡선, 점으로 만들기

*다양한 도형 이름 알아보기

*예각, 둔각, 직각 물고기 놀이하기

*물방울 열 개씩 묶기

*도형 모양 찾아보기

*명화 퍼즐 만들기

*바다 미로 찾기

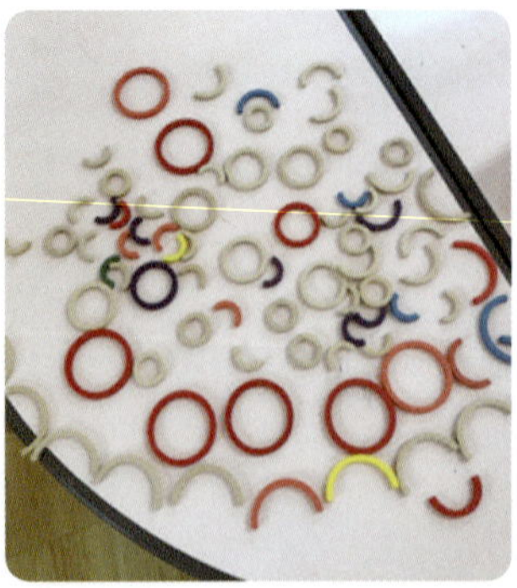

(3) 언어 창의성

*그림 보며 생각나누기

- 민감성 : 파도를 만져 보면 어떤 느낌일까? / 바닷물은 어떤 맛일까?
- 상상력 : 그림 속 배에 타 있다면 어떨 거 같니?
- 유창성 : 그림 속 배는 어떻게 될까?
- 정교성 : 파도에서 나는 소리를 표현해 볼까?

*바닷속 생물 퀴즈

*'파도' 동시 짓기

*악기 글자 플래시 카드

*파도와 관련된 단어 피라미드

*드뷔시 책 읽기

*소금이 나오는 맷돌 동화 연계하기

*극놀이하기

*바닷물은 어떻게 생긴 건지 알아보기

(4) 조작 창의성

*브레인스토밍

- 유창성, 융통성 : 바다를 떠올리면 무엇이 생각나니? 생각나는 것을 블록으로 만들어 볼까?
- 정교성 : 바다를 떠올리면 생각나는 것을 색종이를 오려서 표현해 볼까?

바다에 대한 유아들의 생각을 모아 보았을 때 바닷속 생물에 대한 관심도가 높았고, 해상교통 기관, 바다의 자연 현상에 관심을 가지게 되며 자연스럽게 명화와 음악을 이용하여 활동하였다.

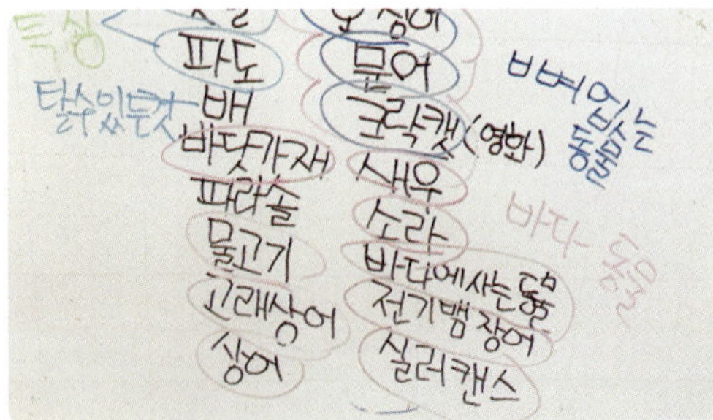

(5) 기타

과학

*파도의 성질 알아보기

*바다의 자연 현상 : 쓰나미, 해일

*해상교통 기관: 배

*물의 순환

- 상상력 : 내가 물이 되어 여행을 떠나 보면 어떨까?
- 융통성 : 우리가 사용하는 물은 어디로 갈까?

*하늘색이 변하는 이유 탐구하기

*후지산(11~3월까지 눈) / 눈의 모양 알아보기

미술

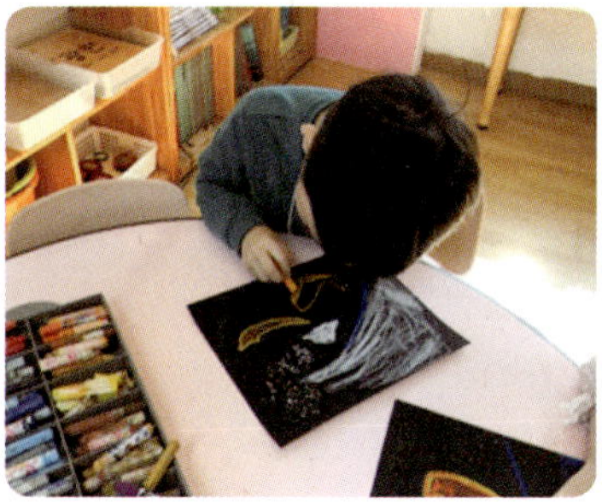

*사포에 명화 따라그리기

- 민감성: 사포를 만지면 느낌이 어떤 거 같니?
- 융통성: 사포 위에 무엇으로 그림을 그려보고 싶니?
- 유창성: 사포 위에 명화를 그려 볼까?

*먹지를 이용한 세밀화그리기

*바다 생물 만들기

*종이 배 접기

*협동 파도 그림 만들기

*프로타주 효과로 판화 체험하기

*골판지 조각 오려 종이 판화 만들기

*판화 〈우리나라의 판화 그림〉 알아보기

*우리나라의 활자 인쇄술(직지, 팔만대장경 등) 알아보기

*양초로 파도 그림 그려 물감 바다 완성하기

*바다 디오라마 만들기

*박스를 이용하여 큰 배 협동 조형 만들기

*노, 배 등 뱃놀이에 필요한 도구 만들기

12. 말레비치 〈운동선수〉 & 베토벤 〈환희의 송가〉

1) 명화감상

운동선수
(1928~1930)

작가

카지미르 말레비치(Kazimir Malevich, 1878~1935)

러시아 출생의 화가이자 교사, 절대주의 운동의 창안자로 추상 회화를 가장 극단적인 형태까지 끌고 감으로써 순수 추상화가 발전하는 데 핵심적인 역할을 하였다. 작품의 특징으로 절대주의 화가, 미술을 환영으로 보는 개념에 대해 반대하였고, 하나의 기하학적 형태에 하나의 색만을 사용함으로써 궁극적으로는 구상 미술을 부정하였다. 대표작으로 〈호밀 수확〉, 〈검은 사각형〉, 〈말 달리는 붉은 기병대〉, 〈절대주의〉 등이 있다.

작품 설명

〈운동선수〉는 인체를 각기 다른 색체의 기하학적 편면으로 분할하여 단순하고 감각적인 인물의 화사함과 색상의 대비를 통해서 운동선수의 활력을 강조하고 있다.

미술감상 단계

〈서술하기〉

- 그림에 무엇이 보이니?
- 몇 명의 사람이 보이니?
- 명화를 보면서 발견한 부분이 있니?

〈분석하기〉

- 어떤 색이 보이니?
- 반대되는 색은 무엇이니?
- 어떤 재료로 그림을 그렸을까?
- 직선이 있는 부분은 어떤 곳이니?
- 어떤 도형을 찾을 수 있니?

〈해석하기〉

- 이 명화의 제목은 무엇일 것 같니?
- 작가는 왜 이렇게 여러 가지 색으로 표현했을까?
- 한 가지 색으로 표현했다면 어땠을 거 같니?
- 왜 얼굴은 색깔로만 표현했을까?

〈판단하기〉

- 명화를 감상해보니 어땠니?
- 명화에서 어떤 점이 좋았니?
- 어떤 점이 기억에 남니?

2) 명곡감상

환희의 송가
(1824)

작곡가

루트비히 판 베토벤(Ludwig van Beethoven,1770~1827)

독일 출생으로, 고전주의와 낭만주의의 전환기에 활동한 주요 음악가이며, 작곡가로 널리 존경받고 있다. 대표작은 〈교향곡 3번〉, 〈교향곡 5번〉, 〈교향곡 6번〉, 〈교향곡 9번〉, 〈엘리제를 위하여〉, 〈비창 소나타〉, 〈월광 소나타〉 등이다.

작품 설명(Symphony No.9 Op.125 – "Choral" : IV Ode To Joy[An die Freude])

〈환희의 송가〉는 독일의 시인인 프리드리히 실러(Friedrich Schiller)가 1785년에 지은 송시 형식의 시를 베토벤이 1824년에 작곡한 교향곡 9번 4악장에 가사로 쓴 것이다. 단결의 이상과 모든 인류의 우애를 찬양하는 내용을 담고 있다.

음악적 요소 질문

＊음악에 대해 이야기 나누기

T: 이 음악을 들어본 적 있니?

C: 야구할 때 나오는 노래, 광고에서 나왔어요.

T: 음악을 들어 보니 어떤 기분이 들었니?

C: 노래가 너무 웃겨요. 노래가 재미있어서 브롤스타즈가 생각 났어요.

T: 음악을 들으니 어떤 모습이 떠올랐니?

C: 누군가를 축하해 주는 것 같아요.

T: 다른 나라 말로 노래를 불러서 가사를 알 수는 없지만 어떤 내용인 것 같니?

C: 사랑한다고 이야기해 주는 것 같아요. 무엇인가에 굉장히 놀라는 것을 표현한 것 같아요.

T: 이 음악의 제목은 무엇일까?

T: 환희의 송가를 들으니 어땠니?

T: 어떤 생각이 떠올랐니?

＊악기에 대해 이야기 나누기

T: 어떤 악기로 연주했을까? 어떤 악기 소리가 들렸니?

T: 곡의 소리는 어떻게 변하니?

T: 곡의 음은 점점 어떻게 변하니?

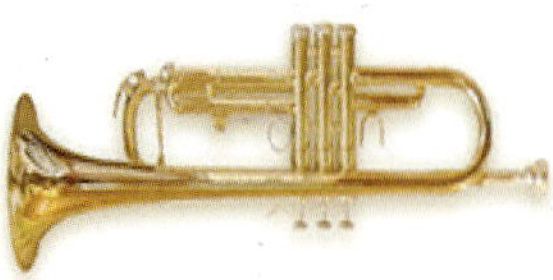

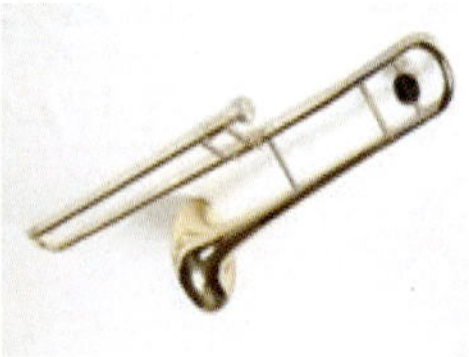

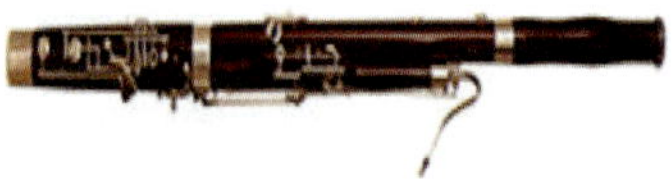

＊악기 편성

목관 악기	플루트, 오보에, 클라리넷, 바순, 콘트라바순
금관 악기	호른, 트럼펫, 트롬본
타악기	팀파니, 큰북, 심벌즈, 트라이앵글
현악기	바이올린1, 바이올린2, 비올라, 첼로, 콘트라베이스
혼성 4부 합창	소프라노, 알토, 테너, 베이스

3) 명화 + 명곡감상

T: 우리가 생각한 명화의 제목은?

C: 콜라주 / 마네킹(얼굴이 없어서) / 가면 쓴 사람 / 뒤 돌아있는 사람들

T: 명화와 명곡을 함께 감상해 보았는데 어떠니?

C: 노래에 맞춰서 걷는 느낌 / 경기가 끝나고 소리 지르는 느낌 / 사람이 움직이는 느낌 / 서로 손을 잡고 돌고 있는 듯한 느낌 / 경기를 이기고 나서 기뻐서 뛰는 느낌

4) 창의성 영역별 활동

(1) 언어 창의성

*명화보고 이야기 나누기

*음악 듣고 이야기 나누기

*우리나라 운동선수에 대해 알아보기

*운동선수에게 필요한 도구 알아보기

• 상상력 : 운동선수들은 무슨 생각을 하며 운동을 할까?

*명화를 보고 어떤 상황인지, 사람들이 어떤 생각을 하는지 이야기 나누기

• 상상력 : 명화 속 사람들이 어떤 생각을 하고 있을까?

• 유창성 : 명화 속 사람들이 어떤 이야기를 하는지 꾸며 볼까?

*음악에 나온 악기에 대해 알아보기

*올림픽 운동 경기 종류에 대해 알아보기

– 만 3세 : 올림픽에 대해 알아보기

– 만 4세 : 올림픽에 대해 이야기 나누고 어떤 운동 경기가 있는지 알아본다.

– 만 5세 : 올림픽 운동 경기 종류에 대해 알아보고 맞춰 본다.

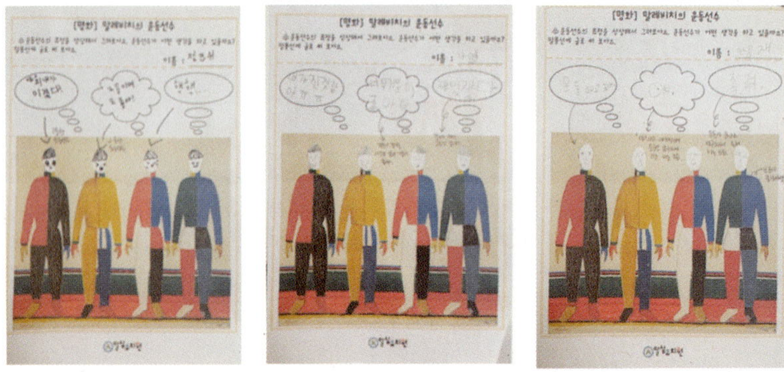

얼굴 표정을 꾸며 주고 어떤 생각을 하고 있을지 이야기 지어 보기

(2) 도형 창의성

***도형으로 얼굴 꾸며 주기**

- 상상력 : 도형으로 얼굴을 꾸며 보면 어떨까?
- 독창성 : 도형으로 명화를 다시 꾸며 볼까?

***명화 '운동선수' 배경 꾸며 주기**

***직선을 사용한 데칼코마니 해 보기**

***직선 그림 그려 보기**

***잡지를 사용하여 운동선수 콜라주 해보기**

- 민감성 : 잡지를 손으로 찢어 볼까?
- 정교성 : 찢은 잡지로 운동선수를 꾸며 볼까?

***도형을 사용한 운동선수 꾸며 보기**

***도형을 이용하여 운동 기구 그려 주기**

***명화 재구성해 보기**

– 만 3세 : 명화의 틀만 주고 유아가 색칠해 보기

– 만 4세 : 명화 부분을 없애 부분만 재구성해 보기

- 유창성 : 명화의 빈 곳을 꾸며 볼까?

– 만 5세 : 명화의 반 정도를 없애고 유아가 재구성해 보기

(3) 동작 창의성

***운동 종류를 말하고 운동하는 모습 몸으로 표현해 보기**

• 정교성 : 운동하는 모습을 표현해 볼까?

***운동하는 모습을 몸으로 표현하고 맞추기**

• 유창성, 독창성 : 어떤 운동인지 몸으로 움직여 퀴즈를 내 볼까?

***음악을 듣고 리듬 막대를 사용하여 신체 표현하기**

***음악에 맞춰 신문지를 찢고 뿌리기**

***지휘자가 되어 음악을 지휘해 보기**

***음악을 들으면서 여러 가지 감정 표현해 보기**

***운동하는 모습 표현하기**

***음악에 맞추어서 승리하는 모습 표현해 보기**

***미니 올림픽 해 보기**

- 만 3세 : 올림픽에 대해 알아보고 올림픽 종류 중 하나를 경험해 본다.
- 만 4세 : 올림픽에 대해 알아보고 미니 올림픽을 해 본다.
- 만 5세 : 올림픽에 대해 알아보고 미니 올림픽을 준비하고 실제로 경기를 해 본다.

(4) 소리 창의성

***음악 감상하고 선으로 표현해 보기**

***음악을 들어 보고 나만의 악보 만들어 보기**

• 정교성: 나만의 악보를 만들어 볼까?

- 만 3세 : 음악을 들어 보고 〈환희의 송가〉 악보에 대해 알아보기
- 만 4세, 만 5세 : 음악을 들어 보고 〈환희의 송가〉 악보를 보고 나만의 악보 만들어 보기

***음악을 감상하고 그림 그려 보기**

*분유통으로 만든 큰 북을 음악에 맞춰 연주해 보기

- 민감성: 북을 만져 볼까? / 북을 두드려 보니 어떠니?
- 상상력: 분유통을 두드려 보면 어떨까?
- 융통성: 어떤 물건으로 북소리를 연주해 볼 수 있을까?

*음악을 듣고 손바닥에 물감을 찍어 큰 소리에는 손바닥을 찍고, 작은 소리에는 손가락을 찍어 보기

*악기 소리 들어 보고 맞춰 보기

– 만 3세 : 악기 카드를 보고 악기 소리를 들어본다.
– 만 4세 : 악기 소리를 듣고 악기소리에 맞는 악기카드를 들어본다.
– 만 5세 : 악기 소리를 듣고 악기 이름 카드를 보고 악기 이름을 써본다.

(5) 조작 창의성

* 운동선수 유니폼 디자인해 주기

*운동선수의 얼굴 표정 꾸며 주기

*명화 퍼즐 맞추기

- 정교성: 퍼즐 조각을 맞추어 명화를 완성해볼까?

***지휘자가 사용할 지휘봉 만들어 보고 런웨이하기**

- 유창성: 지휘자가 사용할 지휘봉을 무엇으로 만들어볼까?
- 독창성: 지휘봉으로 무엇을 해보면 좋을까?

***분유통으로 큰북 만들어보기**

***대비되는 색 사용하여 색종이로 유니폼 꾸며보기**

***다양한 운동기구 조작해보기**

- 민감성: 운동기구를 만져볼까?
- 정교성: 운동기구로 운동선수처럼 운동해볼까?

***운동선수의 손에 운동기구 그려 넣기**

– 만 3세 : 여러 운동선수에게 필요한 운동 기구에 대해 알아본다.

– 만 4세 : 여러 운동선수에게 필요한 운동 기구에 대해 알아보고 알맞은 운동 기구 사진을 손에 붙여 본다.

– 만 5세 : 운동선수의 손에 알맞은 운동 기구를 그려 본다.

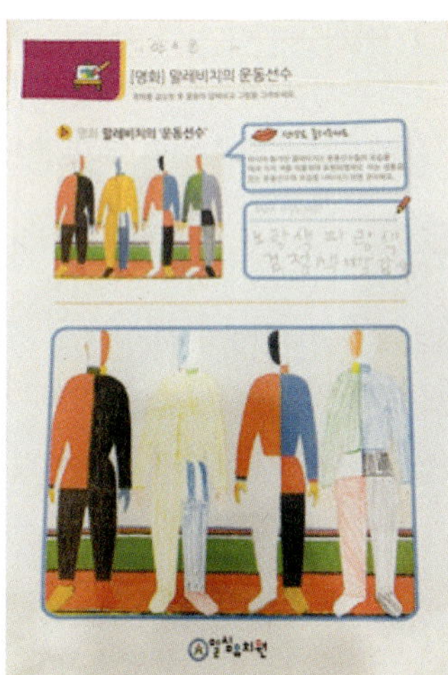

참고 문헌

강미희(2004). 유치원 교육과정에서 의미하는 통합과 실제 통합교육의 문제. 광주보건대학 논문집, 제29집, pp. 39-59.

강병직(2012). 미술 창의성은 영역 특수적인가, 영역 일반적인가?. 한국국제미술교육학회, 23(1), pp. 85-102.

강충인(2015). STEAM 교육의 이론과 실제. 서울: 과학사랑.

고경화(2013). 예술교육의 역사와 이론. 서울: 학지사.

곽영숙, 김규리, 조민희, 최정현, 황현지(2020). 유아융합(STEAM)교육. 서울: 어가.

교육과학기술부(2013). 3-5세 연령별 누리과정 해설서. 서울: 교육과학기술부, 보건복지부.

교육부, 보건복지부(2019b). 2019 개정 누리과정 놀이 실행자료. 세종: 교육부, 보건복지부.

권종애(2018). 영유아 예술교육. 서울: 공동체.

김광현(2018). 창의와 융합인재: 유아교육. 서울: 내하출판사.

김수현(2010). 예술과 창의성, 그리고 예술영재교육. 민족미학, 9, 79-97.

김연희(2007a). John Dewey의 질적 사유와 예술교육: 예술교육과 지식교육의 통합적 접근을 위하여, 홍익대학교 대학원 박사학위논문.

김연희(2013). 존 듀이의 교육미학. 경기: 교육과학사.

김연희(2014). 미적 교육의 관점에서 본 존 듀이의 미학. 한국미학회, 78, 67-106.

김영실, 김연화, 한세영(2009). 교사의 창의적 인성과 자기효능감이 유아의 창의성 증진을 위한.

김영연(2017). 예술의 본질과 소통에 기반을 둔 유아음악교육에 대한 의미탐색. 음악교육공학, Vol .32, pp. 59~71.

김영정(2002). 창의성과 비판적 사고. 인지과학, 13(4), 81-90.

김은심, 김정희, 손미애, 유지안(2019). 유아미술교육. 서울: 학지사.

김재은(2014). 아이들에게 예술을. 경기: 교육과학사.

김현정, 서성미, 홍희주, 고정리, 변선주, 구혜현, 이경혜, 이가경, 남현주, 김현애, 김숙자 (2017). 영유아교육과정. 경기: 양성원

김현희, 박은주, 정원정(2019). 4차 산업혁명 시대, 미래 인재 육성을 위한 학교 내 예술교육정책에 관한 탐색적 연구, 예술교육연구 2019, 제17권, 제3호, 47-67.

문미옥, 이용주 (2000). 유아의 창의성 증진을 위한 교사역할 평정척도 개발연구. 아동학회지, 20(2), 223-242.

박경주(2018). 통합예술교육이 유아의 배려적 사고에 미치는 영향. 공주대학교 교육대학원 석사학위 청구논문.

박선민(2018). 하버드 예술교육법. 경기: 별글.

박영태, 하수연(2004). 유아의 창의적 두뇌게임. 서울: 학지사.

박영태, 하수연, 장필희(2006). 확산적 사고와 초인지-사칙연산적 사고 훈련이 유아의 문제해결에 미치는 효과. 동아대학교 동아논문집, 제42권, 1, pp. 63-90.

박인영, 송승민, 전경원(2019). 창의성 기법을 활용한 유아의 사회적 창의 증진 프로그램 개발 : 창의성과 사회적 의사소통의 균형적 접근을 중심으로. 창의력교육연구, Vol. 19, no. 1, pp. 21-54.

박찬옥, 서동미, 곽현주(2014). 유아 교과교육론. 파주: 정민사.

박휘락(2003). 미술감상과 미술비평 교육. 서울: 시공사.

백령(2015). 통합예술교육이란 무엇인가, 서울: 커미니케이션북스.

백소진(2014).유치원 실외놀이 환경에 따른 유아의 창의성 및 놀이성 차이, 중앙대학교 대학원 석사학위논문.

서울문화재단 엮음(2016). 미적체험과 예술교육, p. 20.

손석춘(2015). 사람은 왜 그림을 그리고 노래를 부르고 시를 쓸까. 서울: 낮은산.

송민서(2018). 창의성 증진을 위한 예술통합유아과학교육 프로그램 개발. 경성대학교 대학원 박사학위논문.

신동호, 조은별, 문지원, 민지연, 최예은, 백근찬(2016). 창작과 감상 예술경험이 창의적 수행 및 동기에 미치는 영향. 창의력교육연구, Vol. 16, No. 1, pp. 1-22.

신샘이,(2018). 유아창의성 교육에 대한 교사의 인식과 교육의 실제: 사례연구. 이화여자대학교 대학원, 석사학위논문.

심광현, 노명우, 강정석 공저(2012). 미래교육의 열쇠 창의적 문화교육. 서울: 살림터.

심숙영, 문시연(2015). 예술교육에 대한 유아교사의 인식과 유아의 창의적 인성간의 관계. 한국보육지원학회지, 제11권, 제4호, pp. 109-125.

오병남(2003). 미학강의. 서울: 서울대학교출판부.

오은혜(2013). 듀이 경험적 예술론에 관한 예술교육의 담론과 시사. 문화예술교육연구, 제8권, 제1호 (2013. 3), pp. 61~76.

유효순, 조정숙(2001). 놀이이론과 실제. 서울: 한국방송대학교출판부.

윤근아(2018). 4차 산업시대의 예술적 창의성을 위한미술교육 프로그램 연구. 충남대학교 교육대학원 석사학위 청구논문.

윤덕순(2008). 슈타이너 교육이론에 기초한 유아예술교육 프로그램의 개발 및 적용 효과. 원광대학교 박사학위논문.

윤덕순(2009). 슈타이너 교육이론에 기초한 유아예술교육 프로그램의 개발 및 적용효과. 원광대학교 박사학위논문.

이경혜, 김미애(2019). 유아예술통합교육 프로그램 개발 및 효과 연구. 한국어린이미디어학회. Vol. 2019, No. 6.

이경희(2017). 발도르프 유아예술. 서울: 도서출판 씽크스마트.

이규선, 김동영, 류재만, 전성수, 최윤재, 권준범, 김정선, 손지현, 류지영, 강병직, 김정효, 이지연, 강주희, 최명수, 고흥규, 이은적(2019). 미술교육학. 파주: 교육과학사.

이기숙, 이경미, 김순환(1998). 효과적인 극놀이 운영에 관한 사례 연구. 이화여자대학교 교과교육연구소, 교과교육학연구, Vol. 2, No. 2.

이대균, 김주영, 임자영, 박지선(2018). 영유아언어교육. 경기: 공동체.

이모영(2011). 미적경험에 대한 심리학적 분석과 예술교육. 한국문화교육학회. Vol. 6, No. 4.

이민영(2018). 생각의 패러다임을 움직이는 창의융합 미술교육. 서울: 공동체.

이수경, 정현영(2010). 통합적 예술교육프로그램이 유아의 자아개념과 창의적 미술표현에 미치는 영향. 조형교육, 38, 189-214.

이원영, 임경애, 김정미, 강유진(2019). 유아미술교육(2판). 서울: 학지사.

이윤옥(2013). 누리과정에 기초한 영유아 창의성 교육. 서울: 신정.

이윤희(2018). 누리과정의 유아 예술경험활동이 창의성과 사회적 기술에 미치는 영향. 가톨릭대학교 대학원 박사학위논문.

이인화(2018). 누리과정 5개 영역에 기초한 유아 창의성 교육 평가 척도 개발 및 타당화. 인천대학교 박사학위논문.

이정화(2004). 유아기 예술교육에 대한 이해. 교육과학연구, 9, 297-310.

이혜영(2017). 인성관련 동화를 활용한 동극활동이 역통합교육 유아의 사회적 상호작용에 미치는 영향. 한국교원대학교 교육대학원 석사학위 청구논문.

임부연(2015). 누리과정, 미학을 만나다. 경기: 양서원.

임현희(2018), 통합예술교육 프로그램 적용과정에서 나타나는 유아의 심미적 경험 탐구. 한양대학교 대학원 박사학위논문.

장은희(2007). 동화에 기초한 유아음악극 프로그램 구성 및 효과 연구. 덕성여자대학교 대학원 박사학위 청구논문.

전경원(2014). 창의성교육의 이론과 실제. 서울: 창지사.

전경원, 김경숙(2014). 유아 창의성 교육. 서울: 정민사.

전경원, 조현서, 김누리(2015). 유아 누리과정의 활동목표에 나타난 창의융합 관련 요수분석. 영재와 영재교육, 14(1), 289-304.

전경원(1997). 창의성 프로그램이 대학생의 창의성 계발에 미치는 효과. 교육심리연구, 11(2), 223-253.

전경희(2007). 유아를 위한 창의적 학습 활동. 서울: 태영출판사.

정수기(2008). 하우젠(Housen)의 미적 발달단계가 미술 비평교육에 주는 시사점. 미술교육논총, 제22권, 2호, pp. 109-128.

정예진(2012). 예술교육측면에서 본 유아교사의 예술종합교육에 대한 인식과 실태. 총신대학교 대학원 석사학원논문.

정입선.최연철. (2017), 숲 사진 활동을 통한 유아의 심미적 경험에 대한 연구. 한국유아교육연구, Vol. 19, No. 2, pp. 53-82.

조선우(2019). 예술경험을 통한 감정교육의 가능성-듀이의 미적 경험과 유동적 감정에 대한 고찰. 한국예술연구, Vol. 19, No. 26.

조연순, 성진숙, 이혜주(2008). 창의적 문제해결력 계발과 교육방법. 이화여자대학교출판부.

조용기(2005). 교육의 쓸모. 서울: 교육과학사.

조은별(2019). 청소년의 예술경험과 창의성의 자기회귀교차지연 효과와 성별에 따른 차이분석. 창의력교육연구, Vol. 19, No. 3, pp. 1-20.

지성애(2007). 유아의 그리기 표상능력과 공간지각력, 언어능력 및 또래 작용과의 관계. 열린유아교육연구, 12(4), 235-254.

지성애, 오세경(2012). 유아동작교육에 대한 교사의 인식 및 실태 분석. 유아교육학회, 16(1), pp. 5-30.

철학아카데미 저(2013). 철학, 예술을 읽다. 서울: 동녘.

최경숙, 이철우(2018). 유아예술교육론. 서울: 양서원.

최승은(2014). 문화예술적 경험이 개인의 창의성과 업무성과에 미치는 영향에 관한 연구. 이화여자대학교 대학원 박사학위논문.

최옥순(2005). 유아를 위한 창의성 활동의 효과에 대한 메타 분석연구. 아주대학교 교육대학원 석사학위논문.

최지원(2016). 예술교육이 유아의 친사회적 행동에 미치는 영향. 한국외국어대학교 석사학위 논문.

최혜원, 서현아, 박소윤(2013). 명화감상과 연계된 확장활동이 유아의 창의성 및 정서활동에 미치는 영향. 한국보육지원학회, 9권, 4호, 통권 26호, pp. 5-29.

태진미(2010). 영재의 창의성 신장을 위한 예술 활동의 가능성 탐색: 음악 활동을 중심으로. 영재교육연구, 제20권, 제3호.

하정희, 조영진(2018). 유아예술교육의 통합적 접근. 서울: 공동체.

홍길회(2018). 창의성교육의 실제. 서울: 정민사.

황선숙, 이혜숙, 박경희(2019). 그림책과 미술활동을 활용한 의사소통 촉진 프로그램이 발달지체유아의 의사소통능력에 미치는 효과. 통합교육연구. Vol. 14, No. 1, pp. 81-106.

홍애령(2014), 삶속의 실천을 위한 예술 활동 탐색 : 예술 활동의 의미, 실천 방법 및 유형. 문화예술교육연구 제9권, 제1호, pp. 19-41.

황연주, 정연희(2005). 문화예술교육의 미술 교육적 논의. 미술교육논총, 19(1), 1-28.

황윤세, 신재한, 김언진(2015). 유아예술교육활동이 창의성에 미치는 효과에 대한 메타분석. 열린유아교육연구, Vol. 20, No. 5, pp. 251-271, 281.

Adomo, Th.W. (1981). Asthetische Theorie, Frankfurt a.

Amabile, T. M. (1983). *The social psychology of creativity.* NY: springer-Verlag.

Amabile, T. M. (1995). *The personality of creativity.* In Joyce, M. Isaksen, S., Puccio, G, Davidson, F., & Coppage, C. (Eds.), An introduction to creativity (pp.71-75). Action, Massachusetts: Copley Publishing Co.

Amabile, T. M. (1996). Creativity in context: Update to the social psychology of creativity. Boulder, Colorado: West view Press.

Amabile, T. M. (1998). 창의성과 동기 유발(전경원 역). 서울: 창지사. (원전 출판, 1989).

Bamford, A. (2009). 백령 역, 예술이 교육에 미치는 놀라운 효과. 서울: 한길아트. (원전 출판, 2006).

Bamford, A. (2010). 창의교육의 중요성. The 2nd Wored Conference on Arts Education 2010 유네스코 세계문화예술교육대회 국내행사 창의, 인성교육 학술대회 Program I. 창의인성함양을 위한 청소년 교육 포럼 자료집(pp. 13-54).

Charles, F., Maya, B., & Bernie, T. (2016). 4차원 교육, 4차원 미래역량: 21세기 무엇을 가르

치고 배워야 하는가?. 〈Four-dimensional education〉 Four-dimensional education : the competencies learners need to succeed(이미소 역). 서울: 새로운 봄. (원전 출판, 2015).

Cheung, R. H., & Mok, M. M. (2013). A study of early childhood teachers' conceptions of creativity at Hong Kong. Educational Psychology, 33, 119-133.

CNAEO (Consortium of National Arts Education Organizations) (2002). Authentic Connections : Interdisciplinary work in the arts. AATE, MENC, NAEA, NDEO.

Connell,G., & McCarthy, C. (2015). **몸놀이가 아이 두뇌를 바꾼다**(안진희 역). 서울: 길벗. (원전 출판, 2014).

Cropley, J. A. (1999). Education. In M. A. Runco & S. R. Pritzker (Eds.),Encyclopedia of creativity: Vol. 1 (pp. 629-642). San Diego, CA: Academic Press.

Csikszentmihalyi, M. (2003). **창의성의 즐거움**(노혜숙 역). 서울: 북로드. (원전 출판, 1996).

Dewey, J. (1938). Logic: the Theory of Inquiry, New York, Henry Holt and Co.

DeYoung, C. G. (2014). Openness/Intellect: Adimension of personality reflecting cognitive exploration. In M. L. Cooper & R. J. Larsen (Eds.), *APA handbook of personality and social psychology: Personality process and individual difference* (Vol. 4, pp. 369-399). Washington, DC: American Personality.

Feeney, S., & Moravicil, E. (1978). A thing of beauty: Aestetic development in young children. *Young children. 42*(6), 7-15.

Feldhusen, J. F., & Treffinger, D. J. (2003). **교사를 위한 창의적 문제해결**(전경원 편역). 서울: 창지사. (원전 출판, 1994).

Fromberg, D. P. (1995). The full-day kindergarten: Planning and practices a dynamic. NY: University of Columbia Press.

Gerd Schirrmacher, Hertha Kraus - Zwischen den Welten. Biographie einer Sozial-wissenschaftlerin und Quakerin (1897-1968). Frankfurt a. M. u. a. 2002.

Gene, D., & Martha, B. M. (2018) 예술융합을 위한 교사교육: 창의성이 중심이 되는 학습 〈Preparing educators for art intergration〉(백경미, 송보림, 이정원, 임경은, 장은정, 박하여 공역). 파주: 교육과학사. (원전 출판, 2017).

Gardner, H. (1993). *Multiple intelligences* : The theory of Practice. New York : Basic Books.

Gardner, H. (1983). Frames of mind : The theory of multiple intelligences. **다중지능의 이론과 실제**(이경희 역, 1993). 서울: 문음사.

Garnder, H. (1999). *Intelligence reframed*. NY : Basic Books.

Gardner, H. (2011). *Multiple intelligence* : New Horizons. 다중지능이론(문용린, 유경재 역). 서울: 웅진지식하우스. (원전 출판, 2006).

Goodman, N. (2002). 예술의 언어: 기호이론을 향하여(김혜숙, 김혜련 역). 서울: 이화여자대학교 출판부. (원전 출판, 1957).

Hui, A., He, M., & Ye, S. (2014). *Arts education and creativity enhancement in young children in Hong Kong*. Educational Psychology, 1-13.

Haines, B. J. E. & Gerber, L. L (1996). Leading young children to music(5th ed). Columbus, OH: Charles, E. Merrill Publishing.

Jalongao, M. R., & Stamp, L. N. (1997). *The arts in children's lives: Aesthetic education in early childhood*. Boston, MA: Allyn and Bacon.

Davis, J. H. (2013). Why our schools need the arts. 왜 학교는 예술이 필요한가(백경미 역). 열린책들.

Kaufman, J. C. & Bear, J. (2005). The amusement park theory of creativity. In J. C. Kaufman & J. Bear (Eds.), Creativity across domains (pp. 321-328). Mahwah, NJ: Lawrence Erlbaum Associates.

Liora, B., & Christine, M. T. (2013). 유아예술교육. 〈The arts in children' s lives〉(김상림, 김은심, 안효진, 황윤세, 강진주 공역). 경기: 정민사. (원전 출판, 2002).

MackKinnon, D. W. (1978). What makes a person creative? In D. W. Mackinnon (Ed.), In search of human effectiveness (pp. 178-186). New York: University Press.

Maxine Greene, The Dialectic of Freedom, Teachers College Press, 1988, p. 133; 서울문화재단 엮음, 「미적체험과 예술교육」, 서울문화재단, 2014, p. 19.

Pica, R. (2010). Experiences in Movement & Music. 출생부터 8세까지 유아을 위한 동작·음악교육(김은심 역). 서울: 정민사. (원전 출판, 2004).

Raines, S. C., & Isball, R.(1988). An Array of teaching ideas using wordless picture books, ACEI Annual Study Conference. Salt Lake City, LIT.

Read, H. (1985). 예술의 의미(박용숙 역). 서울: (주)문예출판사.

Read, H. (2007). 예술을 통한 교육(황향숙, 김성숙, 김지균, 김향미, 김황기 공역). 서울: 학지사.

Root-Bernstein, R. & Root-Bernstein, M. (2007). 생각의 탄생(박종성 역). 서울: 에코의 서

재. (원전 출판, 1999).

Schirrmacher, R. (2002). *Art and creative development for young children.* Albany, NY: Delmar Publishers Inc.

Schirrmacher, R., & Fox, J. E. (2009). *Art and creative development for young children*(6th ed.). USA: Thomson.

Silverstein, L.B., & Layne, S. (2010). Defining arts integration. Washington, DC: The John F.Kennedy Center for the preforming Arts. Retrieved from artsedge. kennedy-center.org/ /media /ArtsEdge/LessonPrintables/articles/arts-intergration/DefiningArtsIntergration.pdf.

Starko, A. J. (1995). *Creativity in the classrom: School of curious delight.* NY: Longman.

Sternberg, R. J. (2003). The development of creativity as a decision-making process. In R. K. Sawyer, B. J. Steiner, S. Moran, D. H. Feldman, J. Nakamura, & M. Csikeszentmihalyi(Eds.), *Creativity and development* (pp. 91-138). New York: Oxford University.

Sternberg, R. J. (2003). *Wisdom, intelligence, and creativity synthesized.* Cambridge University Press. University Press.

Sternberg, R. J., & Lubart, T. I. (1995). *Defying the crowd: Cultivating creativity in a culture of conformity.* New York: Free Press.

Sternberg, R. J., & Lubart, T. I. (1996). Creative giftedness: A multivariate investment approach. *Gifted Child Quarrely, 37*(1), 7-15.

Sternberg, Robert J., & Lubart, Todd I. (1999). Concept of creativity. In Robret J. Sternberg (Ed.), *Handbook of Creativity* (pp.3-15). Cambridge UK.Cambrige University Press.

Torrance, E. P. (2005). **토랜스의 창의성과 교육**(이종연 역). 서울: 학지사. (원전 출판, 1995).

Urban, K. K. (1991). On the development of creativity in children, *Creativity Research Journal, 4*(2), 177-191.

Von Oech, R. (1983). *A Whack of the side of the head.* New York: Warner Communications.

Walsh, H. M.(1984). Play and its role in the mental development of the child. *Soviet Psychology, 5*, 6-18.

저·자·소·개

안미숙(Ahn, mi-sook)

- 숙명여자대학교 대학원 음악교육전공 석사
- 숙명여자대학교 대학원 유아교육전공 수료
- 숙명여자대학교 대학원 교육학박사 수료

- 전) 백석문화대학교 실용음악학부 피아노과 교수
- 현) 백석문화대학교 유아교육과 교수
  코메프리마 상임교수
  사)한국생활음악협회 교육이사
  한국보육학회 이사
  백석피아노학회 이사
  마음경영학회 이사
  아동공동생활 행복한사람들 이사

영유아 창의예술교육

초 판 1쇄 인쇄 2020년 12월 15일
초 판 1쇄 발행 2020년 12월 20일

지 은 이 | 안미숙
펴 낸 이 | 김기섭
편 집 인 | 이윤희
펴 낸 곳 | 창지사 www.changjisa.com
08589 서울시 금천구 가산디지털 1로 83 파트너스타워 1차 9층
전화 (02)719-2211~3
팩스 (02)701-9386
등 록 | 1977년 4월 28일 · 제1-421호

ISBN 978-89-426-1414-1 (93370)

값 20,000원